KB275474

이사야가 본 환상

김 근 주

비블리카 아카데미아

2010

머리글 ··· 7

제1장 서론: 예수 그리스도와 예언 ··································· 11

　1. "제5복음서" ··· 11

　2. 이사야의 이름으로 전해진 책: 예언서의 형성 ················ 16

　3. 예언자의 말과 하나님의 말씀 ······································· 24

제2장 이사야와 그의 시대 ·· 26

　1. 이사야의 시대 ··· 26

　2. 이사야 개인 ·· 39

제3장 이사야서 개관 ·· 42

　1. 이사야서 연구의 동향 ·· 42

　2. 이사야서의 구성 ·· 49

제4장 소돔과 고모라(1장) ·· 59

　1. 1장 1절 "이상" ·· 59

　2. 1장 2-9절 ··· 61

　3. 1장10-20절 ·· 66

　4. 1장 21-31절 ·· 85

　부록: "미슈파트"와 "츠다카"/"체데크" ···························· 87

제5장 포도원의 노래(5장) ·· 94

　1. 5장 1-7절 ··· 94

　2. 이스라엘의 죄악 ·· 102

제6장 누가 우리를 위하여 갈꼬(6장) ································· 107

제7장 평화의 왕국(2장, 9장, 11장) ······· 122

  1. 2:2-5 보습과 낫의 나라 ······· 122

  2. 9:1-7 "한 아기가 우리에게 났으니" ······· 130

  3. 11:1-10 이새의 줄기 ······· 134

제8장 임마누엘(7-8장) ······· 146

제9장 이사야 묵시록(24-27장) ······· 162

  1. 24:1-20 현존 세상 질서가 무너짐 ······· 165

  2. 24:21-26:6 다가오는 세상 질서에서 예루살렘의 위치 ··· 169

  3. 26:7-21절 여호와의 심판의 필요성: 탄식시 ······· 176

  4. 27:1-13 이스라엘의 구원 조건 ······· 181

  부록: 제2성전기 문헌에 나타난 부활 신앙 ······· 185

제10장 히스기야 시대(28-39장) ······· 190

  1. 28-33장 ······· 190

  2. 34-35장 ······· 194

  3. 36-39장(비교: 왕하 18:13-19:37; 대하 32:1-23) ······· 199

  4. 이사야 1-39장 ······· 205

  부록: 히스기야의 연대 문제 ······· 206

제11장 40-55장: 바벨론 포로와 하나님 나라 ······· 209

  1. 40-55장의 시점 ······· 209

  2. 하나님 나라의 선포 ······· 222

제12장 여호와의 종 ······· 228

  1. 42:1-4 ······· 231

  2. 49:1-6 ······· 235

  3. 50:4-11 ······· 239

　　4. 52:13-53:12 ·· 242

제13장 주 여호와의 신이 내게 임하셨으니(61:1-3) ·············· 253

　　1. "가난한 자에게 아름다운 소식을 전하게 하려 하심이라" ···
　　·· 256

　　2. "마음이 상한 자를 고치며" ······························ 257

　　3. "포로된 자에게 자유를, 갇힌 자에게 놓임을 선포하며" 259

　　4. "여호와의 은혜의 해와 우리 하나님의 보복의 날을 선포하여"
　　·· 264

　　5. "모든 슬픈 자를 위로하되" ···························· 265

　　6. "무릇 시온에서 슬퍼하는 자에게 화관을 주어 …" ········ 266

　　7. 그의 사역의 결과 ··································· 268

　　8. 누가복음 4:16-21 ································· 269

　　부록: 스가랴 7장에 나타난 금식과 진실한 재판 ·············· 277

참고문헌 ··· 281

머리글

이사야서는 "이사야가 본 계시"로 시작한다. 여기서 "계시"로 옮겨진 단어는 '이상' 혹은 '환상'을 의미한다. 이에 따르면, 이사야서의 이 방대한 분량은 기본적으로 이사야가 본 것들이다. 그 시대에 하나님께서 이사야를 보내셨으나, 그 백성들은 보아도 알지 못하는 이들이었으되(6:9), 이사야는 보는 자였다. 제사가 풍성한 시대 속에서 그 제사를 거부하시는 하나님을 보았고, 부국강병의 시대 속에서 짓밟힌 공평과 정의를 본 자였다. 그가 본 것은 단지 이 백성들의 죄악과 다가올 심판만이 아니었다. 창기와 같이, 살인자들의 소굴 같이 된 현실 속에서, 이사야는 열방이 여호와의 성산으로 몰려와 여호와의 율법의 말씀을 듣게 될 것을 보았으며, 그들이 여호와의 다스림을 받을 때에 이루어지는 보습과 낫의 나라를 보았고, 여호와를 아는 지식이 온 땅에 충만해 지고 여호와의 영을 받은 새로운 다윗의 통치로부터 비롯되는 평화의 왕국도 보았다. 거기는 더 이상 약육강식의 나라가 아니며, 이리와 어린 양이 함께 뛰어 놀고, 사자가 소처럼 풀을 먹으며, 오랜 원수관계인 사람의 아이와 독사가 공존하는 세상이었다. 참으로 이사야는 "환상(vision)"을 보는 자였다. 요엘서의 한 구절은 환상을 보는 자들에 대해서 일러준다: "그 후에 내가 내 신을 만민에게 부어 주리니 너희 자녀들이 장래 일을 말할 것이며 너희 늙은이는 꿈을 꾸며 너희 젊은이는 이상을 볼 것이며"(2:28). 하나님의 신이 부어진 젊은이는 "환상(vision)"을 볼 것이다. 이 땅에 살면서 이 땅에 있는 것만을 바라보는 것이 아니라, 하나님이 보여 주시는 이상을 보는 자들이다. 이 땅에 살지만, 그들의 눈에는 하나님의 나라가 보인다. 풍요 속에서 무너진 정의를 보는 이들이며, 태평성대를 노래하는 말 속에서 눈물짓는 이들의 부르짖음을 보는 자들이다. 끔찍한 경쟁과 전쟁 같은 현실 속에서 어린 사자와 송아지가 함께 어린 아이의 이끌림을 받는 세상을 보는 자들이다. 사자는 사자인 채로, 어린 양은 어린 양인 채로, 함께 살아갈 수 있는 세상을 보는 자들이 있다. 이들이야말로 "영적인 눈(靈眼)"을 가진 이들이다. 그래서 이사야서의 말씀은 욕심을 신앙으로 치장한 채 하나님의 교회에 난무하는 온갖 '비젼'들이 실은 전혀 비젼이 아닌 것을 깨닫게 한다.

이 책은 이제까지 필자의 이사야 묵상과 연구의 작은 결과이다. 필자가 이사야서에 관심과 열심을 가지게 된 것은 전적으로 돌아가신 전진 원장님(대한수도원) 덕분이다. 1990년 대한수도원의 여름 집회에서 설교하셨던 이사야서의 내용은 아직도 기억에 생생하고, 그 때 이래 내가 구약을 계속 공부하게 된다면 이사야서를 하리라 마음먹었었다. 정작 신학교에 가서 구약을 공부하게 된 것은 필자가 1990년 이래 속하였던 은광교회 송시남 목사님과 최영자 사모님의 영향이었다. 성령의 뜨거운 역사와 더불어 구약의 율법과 규례들에 대한 강조는 이제까지 필자의 구약 공부의 근본에 있다. 이 지면을 빌어 부족한 자를 이제껏 이 믿음의 길에 서 있게 하신 필자의 영적인 선생님들에게 깊은 감사를 드린다. 필자를 구약의 학문적 세계로 이끌어 주시며 삶을 가르쳐 주신 선생님들인 장신대의 박동현 교수님과 영국 옥스포드 대학의 살베슨(Dr. A.G. Salvesen)교수님께도 마음 깊은 곳으로부터 존경과 감사를 드린다.

아울러 이 책은 필자가 속한 웨스트민스터신학대학원대학교에서 행한 강의의 결과이다. 그래서 부족한 강의지만 진지하게 들어 준 M.Div.과정의 전도사님들과 Th.M. 성경주해 과정의 목사님들에게 깊은 고마움의 마음을 전하고 싶다. 웨신을 하나님 앞에서 올바른 학교로 이루어 가기 위해 마음 쓰시는 한동숙 이사장님의 격려에도 감사드린다. 원고를 읽고 여기저기 적절한 논평과 제안을 해 준 전성민 교수님 역시 마땅한 감사의 목록에서 뺄 수 없다. 이 부족한 글을 책으로 출판하기로 결정해 주신 비블리카 아카데미아의 이영근 목사님, 그리고 엉성한 원고를 멋진 책으로 바꾸어 주신 신윤수 목사님께도 감사드린다. 은광교회 성도님들의 사랑도 이 책의 한 부분이며, 현재 섬기고 있는 푸른뜻교회 성도님들께도 감사를 드리며 이제 앞으로 하나님의 환상을 함께 나누며 살고 싶다.

하나님께서 허락하신 가족, 아내 김선희, 두 딸 하영이와 영진이와 함께 기쁨을 나누면서, 못난 아들 사위로 인해 늘 염려해 주시는 양가의 부모님들께 깊은 감사를 드린다. 하나님이 주신 환상이 오늘 우리 모두의 환상이 되기를.

2010년 1월
용인 동백

제1장 서론: 예수 그리스도와 예언

1. "제5복음서"

이사야서는 시편과 더불어 신약성경에서 가장 많이 인용되는 구약의 책이다. 신약성경에 반영되어 있는 이사야서의 중요성은 단지 양적으로 많이 그리고 빈번하게 인용되었다는 데에서 그치지 않는다. 열방 예언을 다룬 장들(13-23장)과 히스기야 시대 산헤립 침공을 둘러싼 상황을 다룬 장들(36-39장)을 제외한 이사야서의 모든 부분들이 신약성경에서 인용되고 있다는 점도 주목할 만하다. 무엇보다도 이사야서는 예수 그리스도를 상징하고 암시하고 가리키는 표현들로 가득 차있다. 이로 인해 일찍부터 초기 교회에서는 이사야서가 예언서라기보다는 마태복음이나 마가복음과 같은 복음서로 여겨지고 있다고 말할 수 있을 정도이다(Sawyer: 13-15). 이사야서가 "제5복음서"라는 별명을 가지게 된 것도 이러한 점을 생각하면 이해할 만하다(Sawyer: 77). 이사야서가 신약과 초대 교회, 그리고 이후의 역사에서 어떻게 이해되었는지에 관심을 가진 한 학자는 이사야서의 말씀들만을 가지고 예수 그리스도의 생애와 사역을 다시 적고 있다:

보라 처녀가 잉태하여 아들을 낳을 것이요(7:14 칠십인역, 벌게이트),[1] 이새의 줄기에서 한 싹이 나리라(11:1). 그의 이름은 "임마누엘"(7:14), "기묘자라 모사라 전능하신 하나님이라 영존하시는 아버지라 평강의 왕"(9:6), "다윗 집의 열쇠"(22:22), "그리스도"(45:1 칠십인역, 벌게이트, 역자주: 개역에서는 '기름 부음을 받은 (자)')로 불리리라. 우리에게 한 아기가 났도다(9:6). 소는 그 임자를 알고 나귀는 주인의 구유를 안다(1:3). 이방인들이 네 빛으로 나아오며 열왕들이 네 빛으로 나아오리니 … 그들이 금과 유향을 가지고 오리라(60:6). 애굽의 우상들이 그 앞에서 떨리라(19:1). 나의 종을 보라 … 내 마음이 그를 기뻐하였도다(42:1). 주의 신이 그 위에 강림하시리니 지혜와 총명의 신이라 …(11:2). 해변 길과 요단 저편, 이방의 갈릴리에(9:1), 주께서 내게 기름을 부으사 가난한 자에게 복음을 … 전하게 하려 하심이라(61:1). 그는 실로 우리의 질고를 지고 우리의 슬픔을 당하였노라(53:4). 그 때에 소경의 눈이 밝을 것이며 … 그 때에 저는 자는 사슴같이 뛸 것이라(35:5-6). 주의 영광이 네 위에 임하였도다(60:1). 그는 귀하고 견고한 기초돌이 될 것이나(28:16), 이스라엘의 두 집에는 거치는 돌, 걸리는 반석이 되실 것이라(8:14). 그가 가라사대, "가서 이 백성에게 이르기를 너희가 듣기는 들어도 깨닫지 못할 것이요 … "(6:9). 나는 슬피 통곡하겠노라 이는 내 딸 백성(즉, 예루살렘)이 패망하였음을 인함이라(22:4). 딸 시온에게 이르라 보라 네 구원자가 임하느니라(62:11 칠십인역; 벌게이트; 역자주: 개역에는 '네 구원'). 내 집은 만민의 기도하는 집이라 일컬음을 받을

---

1. 성경 구절 인용은 달리 표시하지 않은 경우 개역개정판을 사용한다.

것임이라(56:7). 나의 종들은 먹을 것이로되 너희는 주릴 것이
니라 보라 나의 종들은 마실 것이로되 너희는 갈할 것이니라
… (65:13). 너희 목마른 자들아 물로 나아오라 …(55:1). 그는
도수장으로 끌려가는 어린 양이었도다(53:7). 그 어깨에는 정
사(즉, '유대인의 왕'이라는 글이 새겨진 십자가)를 메었고
(9:6), 질려와 형극이 날 것이라(5:6). 나를 때리는 자들에게 내
등을 맡기며 나의 수염을 뽑는 자들에게 나의 뺨을 맡기며 수
욕과 침뱉음을 피하려고 내 얼굴을 가리우지 아니하였느니라
(50:6). 그가 찔림은 우리의 허물을 인함이요 그가 상함은 우
리의 죄악을 인함이라(53:5). 발바닥에서 머리까지 성한 곳이
없이 상한 것과 터진 것과 새로 맞은 흔적 뿐이로다(1:6). 범죄
자 중 하나로 헤아림을 입었느니라 … 범죄자를 위하여 기도
하였느니라(53:12). 그 묘실이 부자와 함께 되었도다(53:9). 그
의 무덤은 영화로우리라(11:10 벌게이트; 개역에는 '그 거한
곳이'). 주께서 가라사대 내가 이제 일어나며 내가 이제 나를
높이며 내가 이제 지극히 높이우리라(33:10). 그리하면 네 빛
이 아침같이 비췰 것이라(58:8). 너희는 주를 만날 만한 때에
그를 찾으라(55:6). 보라 내 종이 깨달으리니 받들어 높이 되
리라(52:13 칠십인역; 벌게이트); 그가 높이 들리리라(6:1). 내
가 그들 중에 징조를 세워서 … 도피한 자를 열방들과 바다, 아
프리카, 리디아, 이태리, 그리이스와 또 나의 명성을 듣지도
못하고 나의 영광을 보지도 못한 먼 섬들로 보내리니 그들이
나의 영광을 열방에 선파하리라(66:19) (Sawyer: 77).

그러므로 구약의 한 부분인 이사야서를 연구한다는 것은 달리 말
해 신약 교회를 이루고 있는 가장 근본적인 본문을 연구하는 것이
라고 말할 수 있다. 그런 점에서 이사야서는 구약과 신약의 접점이
라고 말할 수도 있을 것이다. 그러나 이러한 결론이, 예수의 생애와
사건을 가리키는 것을 발견하기 위해 이사야서의 구절 하나하나를
읽을 것을 말하고 있지는 않다. 달리 말해, 예수 그리스도를 통해 구

약 특히 이사야서가 성취되었다는 것은 이사야서의 개별 구절에서 나타난 특정 이미지나 사건이 성취되었다는 것을 넘어서, 이사야서가 전하고 선포하고 제시하고 있는 바, 보다 큰 무엇이 성취되고 실현되었다는 것을 의미한다. 이 점은 예수께서 그 공생애 사역을 시작하실 때에 사역의 성격과 내용을 단적으로 표현한 본문으로 이사야서의 구절들을 사용하고 있는 데에서 잘 나타난다:

> "주 여호와의 신이 내게 임하셨으니 이는 여호와께서 내게 기름을 부으사 가난한 자에게 아름다운 소식을 전하게 하려 하심이라 나를 보내사 마음이 상한 자를 고치며 포로 된 자에게 자유를, 갇힌 자에게 놓임을 전파하며 여호와의 은혜의 해와 우리 하나님의 신원의 날을 전파하여 모든 슬픈 자를 위로하되"(사 61:1-2; 참고 눅 4:18-19)[2]

예수께서는 스스로의 사역을 이사야서 구절의 성취라고 선언하셨다. 그런데, 이 이사야서 구절에는 수많은 의미심장한 표현들이 있다: "여호와의 신", "가난한 자", "아름다운 소식을 전하게", "마음이 상한 자", "자유", "갇힌 자에게 놓임을", "여호와의 은혜의 해", "신원의 날", "시온", "그 영광을 나타낼 자"… 이러한 표현들은 이사야서 안에서 그리고 나아가 구약 전체의 맥락 안에서 이해되어야 하는 표현들이라는 점에서, 예수께서 친히 행하신 사역 선언은 이사야서와 구약 전체의 맥락에 놓여져야 한다. 그러므로, 구약의 성취로서의 예수를 말할 때에, 단지 어떤 특정한 예언이나 사건의 성취가 예수를 통해 나타난다고 말하는 것으로 충분하지 않으며, 이사야서 전체를 통해 제시되고 선포되고 있는 그 무엇이 예수 그리스도의 생애와 사역을 통해 이루어지고 나타난다고 말해야 할

---

2. 이 구절의 의미와 누가복음에서의 사용에 대해서는 13장을 보라.

것이다. 거듭 확인하자면, 예수의 사역을 통해 개별 구절이 성취될 뿐 아니라, 개별 구절 안에 반영된 바, 이사야서와 구약 전체의 흐름과 맥락이야말로 예수 그리스도를 통해 성취된다. 이와 연관해서 나중에 살펴보겠지만, 위에 인용한 61장 구절의 중요한 주제의 하나는 "하나님의 나라"이다.3 비록 구약성경과 이사야서에 "하나님의 나라"라는 표현이 단 한번도 사용되지 않지만, 구약과 이사야서에 면면히 흐르는 주제는 바로 "하나님의 나라"이며, 특정 구절에 있는 글자를 넘어서 이사야서 전체의 흐름 속에서 발견된다. 달리 표현하자면, "하나님의 나라"야말로 동정녀 탄생에 대한 7장14절과 그리스도의 고난에 대한 53장 전체를 포괄하는 주제라고 할 것이다. 그래서 예수의 선포의 시작이 "하나님의 나라"였다는 것은 지극히 "이사야적"이라고 할 수 있다.

그런 점에서, 이사야서를 비롯한 구약의 본문들에 대한 연구는 개별 구절에 대한 연구를 넘어서 이사야서 전체와 구약 전체의 맥락에서 검토되어야 한다. 그러므로 그리스도인으로서 이사야서를 읽는다는 것은 예수를 가리키는 상징이나 사건을 하나하나 찾는 것으로 충분하지 않다. 그보다 훨씬 우선되어야 하는 것은 이사야서의 내용이 구약 시대에 실질적으로 무엇을 의미하고 의도하였는지를 탐색하는 것이다. 그렇게 이사야의 이름으로 선포되고 알려지고 전해진 말씀들과 이상들과 소망들이야말로, 예수 그리스도를 통해 성취되었다고 선언된 새로운 시대의 알맹이들이다. 본서에서 다루고자 하는 것은 바로 이에 대한 것이다. 이사야를 통해 선포된 내용들은 그 때 그 청중들에게 어떠한 의미를 지니고 있었는가? 하나님께서는 이사야를 통해 무엇을 책망하고 계신가, 그리고 이사야를 통해 무엇을 약속하고 계신가?

---

3. 이에 대해서는 11장 2항과 13장을 보라.

2. 이사야의 이름으로 전해진 책: 예언서의 형성

성경은 영원하신 하나님의 영원한 진리를 담고 있는 책이면서 동시에 구체적이고 특정한 역사의 시기를 살고 있는 사람들에 의해 선포되고 전해지고 기록되었다는 역사적 특수성을 지닌 책이기도 하다. 성경이 영원한 타당성과 역사적 특수성을 지녔음을 인식하는 것은 이사야서에 대한 우리의 접근과 해석에 끊임없는 긴장을 가져온다. 마치 예수의 신성과 인성이 어느 하나 훼손되거나 약화되지 않아야 하듯이, 성경에 대한 우리의 연구 역시 하나님의 말씀으로서의 성경과 인간에 의해 보존되고 기록된 글로서의 성경이라는 두 측면의 어느 하나를 훼손하지 않아야 할 것이다.[4]

보편타당한 하나님의 진리가 허물 많고 제약 많은 사람들에 의해 보존되고 기록되었다는 점에서 가히 성경은 "질그릇에 담긴 보배"(고후 4:7)라고 할 것이다. 나아가 바울이 계속 고백하고 있듯이, 이를 통해 "능력의 심히 큰 것이 하나님께 있고 우리에게 있지 아니함을 알게" 된다고 할 수 있다. 그러므로 우리가 성경에 접근할 때에도 이러한 자세가 필요할 것이다. 사람에 의해 보존되고 기록된 성경의 말씀이 진리이고 능력인 것은 하나님께로부터 말미암지, 저자의 능력이나 재능에 달려 있지 않다. 성경을 통해 높아지는 것은 하나님이지, 저자가 아니다. 모세 오경의 권위는 그 이름 모세에 달려 있지 않고, 오경을 통해 드러나는 하나님의 권위에 달려 있다. 이 점은 이사야서에도 마찬가지일 것이다. 이사야서의 권위는 그 참된 저자이신 하나님께 달려 있지, 주전 8세기의 한 시점을 살았던 이사

---

4. 성경의 신적 측면과 인간적 측면에 대한 올바른 안목에 대해서는 피터 엔즈(Peter Enns)의 탁월한 설명을 참고하라: Enns: 22-29.

야의 이름에 달려 있지 않다. 질그릇에 담긴 보배에서 소중한 것은 보배이지, 질그릇이 아니라는 점에서, 자칫 우리는 질그릇마저도 우상화하고 신성시하는 오류를 범할 수 있다.[5]

예언자들의 이름으로 책이 전해지는 것은 이스라엘의 초기부터 있었던 특징은 아니었다. 사무엘의 이름으로 전해지는 책이 있지만, 사무엘을 통해 선포된 말씀을 중점적으로 모은 책이 아니며, 나단이나 갓, 아히야, 그리고 엘리야와 엘리사 같은 예언자들의 활동이 두드러지는 시대에도 그들의 이름으로 전하는 책들의 존재 여부를 알 수 없다. 그런 점에서 아모스로부터 시작된 바, 이른바 "문서 예언"의 시작은 일찍부터 학자들의 관심사였다. 이전 시기 예언자들의 경우 그들에 대한 역사적 회상 정도가 존재하지만, 문서 예언 이래 수집의 초점은 예언자를 둘러싼 일화보다는 그들을 통해 선포된 메시지 자체였다. 아모스를 비롯한 구약의 예언자들은 근본적으로 말씀을 전하는 선포자이지, 기록자는 아니었을 것이다. 그렇다면 아모스와 같은 예언자들의 말씀이 최초로 기록되게 된 요인은 무엇이었을까? 이에 대해 두 가지 정도의 답변이 있다(Newsome: 16-17). 우선, 아모스의 선포의 급진적이고 비타협적인 본성 자체가 이전의 일화적인 회상과는 본질적으로 다른 매개를 요구했다는 것이다. 이전의 예언자들의 선포는 구체적인 상황과 직접적으로 연관되어 있어서 그 경우에만 해당되는 데 비해, 아모스 이래 예언자들

---

5. 질그릇을 가벼이 다루다가 보배를 훼손하는 경우는 적절한 비유가 아니다. 보배는 설령 흙덩이에 뒹굴더라도 보배이기 때문이다. "밭에 감추인 보화" 이미지는 그 단적인 예일 것이다(마 13:44). 흔히 어린 아이를 씻긴 물을 버리다가 아이까지 버린다는 비유를 들기도 하지만, 인간의 글로 표현된 하나님의 진리를 비유하기에는 적절하지 않다. 성경의 진리는 사람이 감싸고 지키고 보호하고 돌보아야 할, '물가에 내어놓은 어린 아이'이지 않다. 오히려 성경의 진리야말로 사람을 감싸고 지키고 보호한다.

의 선포는 특정한 시기나 사건을 넘어서는 보편성, 그리고 하나님의 가장 근본적인 요구를 담고 있다는 급진성이 반영되어 있었으며, 그로 인해 글로 기록될 필요성이 제기되었다는 것이다. 혹은 아모스 자신이 이전 예언자들의 길과는 다른 새로운 출발을 하고 있는 것으로 간주했다는 점이 제시되기도 한다. 암 7:14가 주된 근거로, 그는 자신을 이전의 직업적인 예언자들과 구별시키면서 그가 전하는 말에 이전예언자들의 말에는 해당되지 않는 하나님의 긴박한 마음이 담겨 있다고 느꼈다는 것이다. 이러한 새로운 길을 간다는 의식이 아모스의 추종자들 혹은 예언자 자신이 이전에 없던 방식으로 그 말들을 기록하게끔 했다는 것이다. 결국 아모스와 같은 문서예언자들의 글에는 한 왕의 미래를 넘어서 왕국 전체 혹은 나라 전체의 운명이 걸린 선포들이 담겨 있다는 점에서 이전의 예언자들의 선포와는 다른 것이 담겨 있다. 구체적인 사건을 다루고 있다는 점은 동일하지만 그 차원이 그 시점만을 보고 있는 것이 아니라 더 먼 미래를 내다보고 있다는 점에서 아모스 이후의 예언자들의 사역은 이전 예언자들과 차이가 있고 이러한 메시지의 차이가 문서로 형성되게 이끌었을 수 있다. 이와 연관해 예언자들에게 그들의 전한 말을 글로 적으라는 명령도 있다(사 30:8-14[6]; 렘 36). 이렇게 글로 적는 까닭은 그를 통해 예언자들의 말이 성취됨을 보여주는 증거를 삼기 위한 것이다.

또 다른 제안은 아모스의 예언 직후 이스라엘이 망한 것은 아니므로, 아모스를 알지 못하는 다음 세대에게 예언자의 말을 전할 필요가 있어서 그 말들을 기록 수집했다는 것이다. 이것은 공관복음서가 기록되는 과정과 유사하다. 이러한 제안들은 상호 배제하는

---

6. 사 30:8: "이제 가서 백성 앞에서 서판에 기록하며 책에 써서(inscribe חקק) 후세에 영원히 있게 하라".

것들은 아닐 것이다. 아모스 이래 예언자들의 선포의 근본적, 보편적 성격, 그리고 나라의 운명에 대한 선포의 요소들이 예언자들 자신이나 혹은 그를 따르고 기억하는 이들에 의해 기록되고 보존되었을 것이며, 이러한 방식은 호세아와 미가, 이사야, 예레미야, 그리고 다른 많은 예언자들의 이름으로 전해지는 책들로 결과하였을 것이다.

아마도 예언서들의 수집과 형성에 결정적인 영향을 미친 것은 북왕국의 멸망과 예루살렘의 멸망이었을 것이다. 특히, 예루살렘의 멸망이라는 전대미문의 상황을 경험하면서, 다윗 언약과 성전의 파괴라는 충격적인 상황을 어떻게 해석할 것인가에 대한 응답으로 이러한 예언서의 수집과 형성이 이루어졌을 수 있다. 예언서들에 담겨 있는 주된 내용이 이스라엘과 유다의 죄악상이라는 점은 그러한 배경을 짐작케 한다. 이미 이루어진 심판에 대한 해석과 더불어, 심판 이후의 구원에 대한 전망도, 예언서들 안에 담겨져 있는 회복과 구원을 향한 말씀 모음에서 찾아볼 수 있다.

예언자들에 의해 선포된 말씀들이 오늘날 우리가 지닌 대로의 예언서들로 형성되는 데에도 두 가지 주된 설명들을 들 수 있다 (Barton:21-26). 어떤 학자들은 예언자의 제자들이 일종의 학파를 이루었으며, 그들에 의해 예언자의 말이 기억되고 기록되었으며, 그 내용을 다른 제자들에게 가르치면서 예언서가 확장되었을 수 있다고 여긴다. 처음에는 아주 간략한 내용이 존재하던 것이 세대를 거듭하여 전해지고 가르쳐지면서 해설이나 주해와 같은 첨가들이 덧붙여지게 되었으며, 그로 인해 예언서들에는 여러 후대의 시기를 반영하는 층들이 발견된다고 주장하기도 한다. 이러한 예들은 랍비들의 전승에서도 볼 수 있는데, 자신들의 말을 그들의 선생의 이름으로 말하였고 원래의 고대 기록들에 이것들을 더하였으며 마침내는 원래가 어느 것이고 후대의 첨가가 어는 것인지 식별이 불가능한 지경에까지 발전하게 되었다는 것이다. 특히 이사야는 실제 이러한 제자들에 대해 언급하고 있고 그들에게 말씀들을 맡기는 것에 대한 언급이 있다는 점에서 더욱 그럴 듯하다(사 8:16)고 주장된다.[7] 이 입장의 장점은 이사야 같은 방대한 책의 형성을 설명하기가 쉽고 그와 더불어 이사야의 이름이 견지된 것에 대해서도 설명이 가능하다는 것이다. 그에 비해, 단 한 번 언급된 제자에 대한 것으로는 이들의 현실이 어떠한지 알 길이 없다는 점이 이 입장의 단점으로 지적된다. 그들이 사회적으로 이스라엘과 유다에서 어떻게 어디에서 살았는지, 그들은 예언자인지 아니면 평신도인지, 그들은 유배를 모면했는지, 언제 그들의 이러한 작업이 끝났는지 등등의 질문들에 대한 답도 찾기 어렵다.

예언서의 형성에 대한 또 다른 견해로는 서기관들에 의한 편집설을 들 수 있다. 서기관들은 중요한 문서들을 베끼는 사람들이었다. 새로운 예언의 수집에 관심이 있다기보다는 이미 쓰여진 본문을 정교하게 다듬고, 이 과정에서 아직 덜 완성된 문서들을 보게 되면 여기에 적절하다고 여겨지는 다른 것을 덧붙이는 것이 서기관들의 작업이었다. 그로 인해, 특정하게 예언자적 기원을 갖지 않는 문서들

---

7. 16절의 본문은 이어지는 17절 이하와 연결하여 읽을 때, 이사야가 스스로에게 혹은 그의 제자에게 이르는 말로 이해할 수 있다. 16-18절의 말씀은 이사야가 공적 영역에서 몰려나거나 제외된 상황을 떠올리게 하는데, 수리아-에브라임 전쟁과 연관된 상황에서 그의 사역으로 인해 쫓겨나거나 몰려난 후에, 자신이 받은 말씀을 기록하고 여호와의 행하심을 기다리고 있는 모습을 연상시킨다. 예언사역의 실패로 인해 사역에서 물러나게 된 상황이 예언의 말씀을 글로 기록하는 계기가 되는 것은 이사야 30장 8절 이하에서도 볼 수 있다. 예언자가 선포한 말씀이 글로 기록되는 정황을 보여주는 이 본문들에 대해서는 von Rad: 22-24를 보라.

도 이를 통해 예언서들에 덧붙여지게 되기도 한다. 최초의 예언서가 어떻게 생겨나게 되었는지에 대한 설명은 부족하지만, 일단 예언서가 존재하게 되면 그 다음 이의 보존과 확장은 전적으로 서기관의 영역이라는 점에서 흥미롭다. 그들은 오늘날 2판이나 3판처럼 완전히 새로 쓰는 경우는 없다. 그래서 예언서 본문들의 매우 복잡한 배열 같은 것은 이를 생각하면 설명된다. 세대를 넘는 학파의 존재를 가정할 필요 없이 본문의 복잡한 성장을 설명할 수 있는 것이다. 마치 눈덩이가 굴러가면서 여기 저기의 눈들을 모아서 점점 커지듯이 예언서들이 서기관들에 의해 새로운 자료들을 병합시키면서 계속 확장되고 커져 간다는 점에서, "rolling corpus"라는 용어도 제시된다(Barton: 24).

언제나 그렇듯이, 실제의 현실에서는 이 두 과정이 모두 이사야서의 형성에 연관되었을 것이다. 어떠한 본문들은 이사야 자신에 의해 혹은 이사야의 제자들에 의해 아주 빠른 시기에 기록되었을 것이며, 이후에도 그 제자들 혹은 이사야가 전한 선포를 기억하고 간직하고 있는 이들에 의해 기록되는 본문들이 있었을 것이다. 이렇게 쓰여진 본문들이 또 다른 제자들, 혹은 서기관들에 의해 함께 모여지고 합쳐졌을 것이다. 특히, 예루살렘 멸망을 거치면서 이사야의 이름으로 전하는 예언들의 중요성은 더욱 부각되었을 것이다. 나아가, 이사야서가 오늘날의 모양처럼 모이는 시기는 아마도 바벨론 포로기 혹은 포로 귀환 이후일 것이다. 이런 식으로 이사야서가 점점 더 모여가고 확장되어 간다는 것은 여러 장들에서 볼 수 있는 표제들에서도 나타난다. 1장과 2장의 표제들은 원래 2-39장 혹은 2-12장의 뭉치에 1장이 더해지면서 나름의 또 다른 표제가 붙었다는 견해를 가능하게 하며, 이러한 논의는 구두의 차원이 아니라 문서의 차원에서 어떠한 편집 작업이 있었다는 것을 암시하고 있다

(Barton: 25).

이사야서의 형성에 대한 논의는 필연적으로 이사야서 안에 담겨 있는 여러 부분들을 쪼개어 생각하는 것과 직결되어 있다. 이와 연관해, 이사야서가 서로 다른 시대, 서로 다른 저자를 반영하는 최소한 세 부분을 담고 있다는 고전적인 주장이 제기되어 왔다. 이에 따르면 1-39장은 주전 8세기 예루살렘 이사야와 연관되어 있지만, 40-55장은 바벨론 포로기를 살고 있는 익명의 예언자에 의해 씌어졌고, 56-66장은 포로 귀환 이후 귀환 공동체의 상황을 반영하고 있다는 것이다. 그래서 40-55장과 56-66장은 많은 학자들에 의해 각각 "제2이사야", "제3이사야"라는 이름으로 불리기도 한다.[8]

이사야서가 어느날 갑자기 하늘에서 완성된 채로 뚝 떨어진 것이 아닐 것이라는 점에서 이사야서의 기록과 형성에 대한 이상의 논의는 숙고할 만하다. 그러나 이사야서가 최초의 선포에서부터 어떻게 오늘날의 완성된 모양에까지 이르게 되는가에 대한 설명은 반드시 그 완결된 최종 형태로서의 이사야서가 전하고 있는 주제에 대한 숙고와 결합되어야 한다. "역사비평"이라는 말로 대표되는 기존의 이사야서 연구가 이사야서의 형성의 역사에 초점이 있었다면, 오늘날의 이사야서 연구는 압도적으로 최종 형태로서의 이사야서에 기울여져 있다. 예수님의 시대와 신약 교회들의 시대에는 오늘 우리가 지닌 것과 같은 1-66장의 완결된 본문이 존재하고 있었으며, 그 전체로서 하나님의 말씀으로 여겨졌다. 이사야서 전체에서 찾아볼 수 있는 통일적인 틀과 중요한 어휘들을 고려할 때에도 이사야서의 통일성은 이사야서 전체의 맥락을 이해하는 데에 결정적이라고 할 수 있다. 그렇지만, 통일성에 대한 강조가 부분에 대한 강조를 약화시키지는 않는다. 우리 눈으로 보기에는 직선이라도 실제로 모든

---

8. 이에 대한 상세한 논의는 11장을 보라.

선은 점들의 집합이듯이, 이사야서 전체의 명확한 통일성도 세부적으로 들여다보면 여러 다양한 상황과 역사가 반영되어 있다고 할 것이다. 이사야서 전체가 통일된 메시지를 담고 있다는 이해는 각 본문의 개별적인 차이와 다양함을 인식하고 난 후에 더 풍성하고 깊어질 수 있다. 그런 점에서 이사야서의 다양성에 대한 인식은 이사야서의 통일성에 대한 인식을 해치지 않고 보완한다고 할 수 있다.

여기서 한 가지 더 생각할 것은 이사야서가 오늘 우리가 지닌 모양으로 형성된 것은 언제일까 하는 점이다. 주전 8세기 이사야가 처음부터 1-66장 체제로 완전하게 글을 써서 전한 것이라고 생각하지 않는 한, 이사야서의 현재의 모양은 적어도 바벨론 포로 이후의 어떤 이들에 의해 이루어졌다고 할 수 있을 것이다. 예수 그리스도의 말씀과 행적이 모두 복음서에 기록된 것이 아니라, 복음서 기자들에 의해 선별되고, 그들에 의해 배열되었다는 점을 고려하면(눅 1:1-4; 요 20:30-31; 21:25), 이사야서 역시 후대의 공동체에 의해 이사야의 이름으로 전하는 말씀들이 선별되고 현재의 모양으로 배열되었다고 볼 수 있다. 이를 생각하면, 이사야서의 현재의 모양대로의 배열 자체는 주전 8세기 이사야가 의도하지 않은 의미를 창출하고 있다고 할 수 있을 것이며, 이러한 의미는 이사야서를 오늘의 모양으로 배열한 이들에 의해 형성된 의미일 것이다. 그런 점에서 현재의 이사야서는 이사야가 의도한 의미뿐 아니라, 이사야서를 최종적으로 수집하고 배열한 공동체의 의미도 반영하고 있다고 할 것이다. 나아가 신약성경에서의 이사야 사용은 신약 공동체의 기독론적 이사야 이해를 반영하고 있다. 그러므로 오늘을 살아가는 우리가 이사야서에서 직면하게 되는 것은 기본적으로 이러한 여러 의미들의 모음이라고 할 수 있다. 기억할 것은 이사야가 전한 말씀 자체 뿐 아니라, 이렇게 선별과 배열을 통해 생겨난 의미 역시, 오늘의 우리에게는 중요하고 의미깊다는 점이다. 이 점에서 "성경의 영감"은 단지 최초의 기록에만 한정되지 않는다. 후대 공동체의 수집과 배열에도 하나님께로부터 온 영감이 작용하고 있다. 우리가 완전하게 추적해낼 수는 없지만, 길고 복잡한 구약의 형성과정을 통해 이루어진 결과물이야말로 신약 공동체에서 하나님의 말씀으로 고백된 대상이다. 특히, 바울이 언급하고 있는 "모든 성경"(πᾶσα γραφή; 딤후 3:16)은 헬라어로 번역된 칠십인경 구약성경이었을 것이라는 점에서, 번역 조차도 영감의 대상일 수 있음을 보게 된다. 그러므로 최초의 글만이 영감된 글로 여겨지는 것이 아니라, 최초의 선포에서부터 최초의 기록을 거쳐, 수많은 자료들의 선택과 버림, 편집과 배열, 번역을 통해 제시된 이사야서 1-66장이 "하나님의 감동으로 된 것(θεόπνευστος)"이다.

3. 예언자의 말과 하나님의 말씀

예언서들에 나오는 중요한 형식의 하나는 "여호와의 말씀이 누구누구에게 임하였으니"이다. 이것은 예언자가 받은 말씀이 하나님께로부터 온 것임을 확인시켜준다. 또한 이 표현은 영원하신 하나님의 말씀이 제한적인 시점과 공간의 사람에게 임한 "사건"을 반영하고 있다. 폰 라트가 지적하듯이(66), 항상 정관사가 붙어 있는 이 "여호와의 말씀(the word of Yahweh)" 표현은, 수많은 여호와의 말씀들 중에서, 그 말씀을 받은 사람과 그 상황에 있어서 그 말씀이 유일하고 완전한 여호와의 말씀으로 의도되었음을 보여준다.

그런데 예언자들이 여호와께 받아서 전한 각각의 말씀들은 서로 동일하지 않고 예언자들마다 다르되, 이것은 내용뿐 아니라, 문체와 어투에 있어서도 다르다. 이사야서의 경우 이 모든 말씀의 제목을 "환상"(חזון, 개역에서는 '이상' 혹은 '계시')으로 적지만, 예레미야는 "예레미야의 말들(דברי ירמיהו)"로 적는다. 각자의 선호하는 표현이 있으며 그 속에서 하나님의 구체적인 상황과 결부된 말씀을 전하고 있다. 하나님께서는 당신의 말씀을 구체적인 사람을 통하여 전하시므로 그 사람의 전부를 사용하신다. 그래서 이사야와 예레미야는 서로 다르며, 아모스와 호세아도 다른 것이다. 따라서 동일한 하나님께로부터 나오는 말씀이지만, 우리는 이사야의 신학, 예레미야의 신학을 말할 수 있게 된다.

제2장 이사야와 그의 시대

1. 이사야의 시대

이사야서를 시작하는 첫 구절은 이사야가 활동한 시대를 개략적으로 알려주고 있다. 이에 따르면 이사야는 유다왕 웃시야 때로부터 시작하여 요담, 아하스, 히스기야에 이르는 동안 예언자로 사역하였다. 이사야 6장이 이사야의 소명 기사라면, 그의 사역은 웃시야 왕의 죽던 해, 아마도 주전 742년에 시작되었다고 할 수 있다. 또한 36-39장은 주전 701년 산헤립의 예루살렘 침공을 다루고 있는데, 이로 보건대, 이사야의 사역은 최소한 주전 742년부터 701년까지 40년이 넘는 긴 기간 동안 이루어졌다. 그는 예언자로서 흔치 않게 긴 시간을 지내며 유다의 존속과 연관된 많은 결정적 사건들을 겪었다. 그리고 그가 그의 시대의 정치적 군사적 경제적 역류에 의해 깊이 영향을 받았을 것이라는 점은 이사야와 연관된 자료들을 읽어 볼 때 명백하다. 1장 1절에 소개되고 있는 네 명의 유대 왕들은 이사야가 사역한 시기가 어떠한 때였는지를 보여준다.

열왕기하 15장 1-7절은 웃시야왕에 대해 아주 간략하게 전하고 있다. 그 부친 아마샤의 행위대로 여호와 보시기에 정직히 행한 왕이되, 산당은 없애지 않았고, 백성들은 여전히 산당에서 제사하며 분향하였다고 전한다. 하나님이 왕을 치매 문둥이가 되었고, 그 아들 요담이 섭정으로 나라를 다스린 일이 기록되어 있다. 그에 대한 열왕기 사가의 기록은 요담에 대한 기록(왕하 15:32-36)과 그 간결함에 있어 거의 대동소이하다. 그에 비해 역대기가 전하고 있는 웃시야 시대는 더 자세하다(대하 26:1-23). 역대기에 따르면 웃시야는 우선적으로 유다의 지경을 넓히고 여러 성들을 건축한 왕이다. 그는 즉위하자마자 엘롯을 건축한 이래, 블레셋의 성채들을 무너뜨리고 그 곳에 새로이 유다의 성채들을 세웠으며, 주변 민족들에 대한 지배를 공고하게 하였다. 대외적인 승리와 건설뿐 아니라, 대내적으로도 여러 사업을 펼쳤는데, 여기에는 예루살렘성을 견고하게 만든 것과 목축과 농사를 할 수 있도록 황무지들을 개간한 일이 포함된다. 그는 강한 군대를 거느렸으며, 예루살렘은 기이한 무기들로 방비되는 견고한 성읍이었다. 어느 나라이건 최대의 이상의 하나가 부국강병일찐대, 웃시야의 시대야말로 이러한 부국강병의 시대라고 할 수 있을 것이다. 이러한 추세는 요담의 시대에도 계속된 것으로 보인다. 이 역시 열왕기보다는 역대기에 보다 자세하게 서술되었다(대하 27:1-7). 요담 역시 유다 지역에 새로운 성을 건축하고 이미 있던 성을 증축하였으며, 암몬과의 전쟁에서도 승리하여 많은 조공을 바치게 하였다. 그의 건축 사업에는 성전 윗문 건축도 포함된다. 특히 역대기 기자는 요담의 시대를 평가하기를 "그 하나님 여호와 앞에서 정도를 행하였으므로 점점 강하여졌더라"고 적고 있다(대하 27:7). 웃시야와 요담의 시대가 부국강병의 시대였다고 역

대기에서 기술되지만, 어두운 그림자도 있다. 웃시야는 "하나님의
묵시를 밝히 아는 스가랴의 사는 날에" 하나님을 구하였으되, 아마
도 스가랴의 사후, 성전에서 직접 분향하려다가 문둥병에 걸려 별
궁에 유폐되고 만다. 요담의 시대에 대해서도 역대기 기자는 유다
백성들이 "오히려 *사악을 행하였다*(מַשְׁחִיתִים)"고 적어 두고 있다
(대하 27:2). '사악을 행하다'로 옮겨진 "샤하트"동사의 히필형은
'(하나님을 떠나) 패역하게 행하다', '부패하다'등의 의미를 지니고
있다. 노아 시대에 하나님이 온 땅을 홍수로 심판하신 까닭은 온 땅
이 "패괴"하였기 때문이다(창 6:11). 무엇보다도 하나님을 떠나 하
나님의 책망과 심판의 말씀을 들어야 하는 이스라엘을 표현하는 데
에 이 형태가 빈번하게 쓰인다(신 4:28; 31:29; 삿 2:19; 렘 6:28; 겔
16:47; 23:11; 습 3:7). 특히, 이사야 1장4절은 이스라엘을 가리켜
"행위가 부패한 자식(בָּנִים מַשְׁחִיתִים)"이라고 규정하고 있다. 역대
기를 특징짓는 긍정적인 시대 묘사에도 불구하고, 이사야와 역대기
는 모두 당시의 부패한 사회상을 분명히 증거하고 있음을 알 수 있
다. 사회 전반에 흐르는 낙관적인 분위기, 부국강병과 오랜 번영에
서 생겨나는 평화와 승리에 대한 확신에도 불구하고, 이사야서가
전하고 있는 이 시대는 "공의가 그 가운데 거하였더니 이제는 살인
자들뿐"(사 1:21)이라고 규정되는 시대였다. 이사야가 이렇듯 혹독
하게 그 시대를 책망한 주된 원인은 오랜 번영으로 인해 유대 사회
에 만연케 된 교만이었을 것이다. 은금과 보화, 마필과 병거가 무수
하므로 이들이 여호와를 떠나 교만하고 자만하였으되, 하나님께서
는 이들을 낮추실 것이다(사 2:6-22). 언제나 그렇듯이, 넘치는 부귀
영화가 가난하고 궁핍한 이들에게까지 미치기는 어려운 법이다. 부
귀가 넘치는 시대였지만 가난한 자를 학대하고 가난한 자들이 지닌
것을 모든 수단을 동원해서 약탈하는 데에 유다의 지도층들이 혈안

이 되어 있었고, 이러한 일들은 권력과 법을 이용해서 합법적으로 진행되고 있었다(사 1:23; 3:13-15; 5:8; 10:1-2). 웃시야와 요담 시대 부패한 사회상이야말로 하나님께서 이사야를 부르시고 보내시는 근본적인 배경이라고 할 수 있을 것이다. 이를 생각할 때, 이사야가 전하고 있는 유다의 실상에 대한 서술들은 놀랍다. 누구나 평화를 노래하고 번영을 찬송하던 시대이지만, 여호와께서 세우신 이사야의 눈에 비친 유다는 "부패한 자식"이었다. 대부분의 사람들의 눈에는 평화의 왕국이 이 땅에 임한 것처럼 보였을 수 있지만, 이사야의 눈에는 가난한 사람의 얼굴을 맷돌질하는 끔찍한 시대(사 3:15)이며, "창기"와 "살인자"가 되어 버린 나라였다. 그 점에서 예언자들의 안목에 대한 헤셀(A.J. Heschel)의 관찰은 의미가 깊다(47-49):

> 만일 정의가, 각 사람에게 받아 마땅한 것을 주는 것이라면 이스라엘의 예언자들의 비난은 그 폭과 엄격성에서 이 정의의 원리를 지켰다고 보기 어렵다. … 통계학적인 관점에서 보면 예언자들의 주장은 터무니없기 짝이 없다. 그러나 그들의 관심은 사실에 있지 않고 사실의 의미에 있다. 인간 행실의 의미, 인간 실존의 참 모습은 통계 숫자로 표현될 수 없다.

그 부친들을 따라 옳게 행하였다고 평가를 받고 있는 직전 왕들에 비해, 아하스의 경우는 부정적인 평가 일색이다. 무엇보다도 그의 시대는 군사적으로 유다가 큰 어려움에 처하였던 시기였다. 아하스의 유다를 포함하여 이 지역을 뒤흔든 결정적인 요인은 앗수르의 팽창이었다. 이미 북왕국은 므나헴이 다스리던 때부터 앗수르의 영향권 아래 놓였었다(왕하 15:19-20). 그로 인해 베가에 이르러서 앗수르의 영향권에서 벗어나려는 움직임이 생겨났었던 것으로 보이며, 아람과 맺은 동맹은 그 결과였을 것이다. 반앗수르 동맹을 결성한 아람왕 르신과 이스라엘왕 베가는 이 동맹에 남유다도 동참하기를 원하였지만, 아하스는 이를 거부한 것으로 보인다. 그로 인해 아하스를 제거하고 반앗수르 동맹의 취지에 찬성하는 인물로 여겨지는 "다브엘의 아들"을 유다 왕위에 세우고자(사 7:6)9 아람-이스라엘 동맹군이 유다를 침공하게 되니, 이것이 이른바 "수리아에브라임 전쟁"이다. 수리아에브라임과 동맹해서 앗수르에 저항할 것을 주장한 남왕국 유다인들의 수가 꽤 많았을 것이라는 점은 이사야 8장6절("이 백성이 … 르신과 르말리야의 아들을 기뻐하나니")에서 짐작할 수 있다.10 이들의 침공으로 인해, 아하스와 유다 백성들의 마음은 "삼림이 바람에 흔들림같이 흔들렸"고(사 7:2), 역대기의 경우 이들에 의해 유다가 크게 패배하였으며 많은 이들이 다메섹에 포로로 끌려갔고 왕의 아들을 비롯하여 수많은 이들이 죽임을 당하였다고 전하고 있다(대하 28:5-7). 이 점에서 열왕기나 이사야서의 내용과 차이가 있다. 열왕기의 경우 아람-에브라임 동맹군이 아하스를 공격했지만, "이기지 못하니라"고 전하고 있으되(왕하 16:5), 다만 웃시야 시대에 건축하였던 엘롯을 아람이 되찾았다고 적고 있다(왕하 16:6).11 아마도 역대기의 진술은 유다가 겪었던 두

---

9. 두로왕 "두바일의 아들"인 히람이 앗수르에 저항하여 르신과 손을 잡았다는 것이 앗수르 문헌에 전해진다. 아마도 이사야서의 "다브엘의 아들" 역시 "두바일"의 후손인 두로의 왕족일 수 있다. 이에 대해, Miller and Hayes: 410, 427을 보라.

10. 이 구절에 대해 8장의 각주 102를 참고하라.

11. 이 곳의 지명은 신 2:8에서는 "엘랏(אילת)"으로 표기되고, 왕상 9:26; 왕하 14:22; 대하 8:7; 26:2에서는 "엘롯(אילות)"으로 표기된다. 특히, 열왕기하 16:6에서는 두 표기방식이 함께 등장하면서 동일시되었다. 그런데 이 도시는 아카바만에 잇닿은 도시로, 주로 에돔과 연관된 지역이다. "에돔(אדום)"과 "아람(ארם)"은 히브리어 표기상 아주 사소한 차이만

려움과 위기에 대한 신학적 반성에서 비롯된 것으로 볼 수 있으며, 아하스의 극심한 우상숭배가 가져온 참담한 결과를 강조키 위해 수리아-에브라임 전쟁 위기시의 상황을 보다 극적으로 표현하고 있다고 할 수 있다. 그는 "바알들의 우상"을 만들고, 이스라엘에 의해 쫓겨난 이방족속들이 행하던 가증한 일들을 자행하였으며, 산당과 곳곳의 푸른 나무 아래서 제사하고 분향하였다(왕하 16:3-4; 대하 28:2-4). 우상숭배로 인해 큰 어려움을 겪었음에도 아하스는 여호와만을 믿고 의지하라는 이사야의 권면을 거부하고, 도리어 앗수르에게 도움을 청하였다. 그렇지 않아도 팔레스타인 지역의 패권을 장악하려고 노리고 있던 앗수르에게 아하스의 요청은 불감청(不敢請)이언정 고소원(固所願)이었다. 팔레스타인으로 진격한 앗수르의 디글랏 빌레셀은 아람을 멸망시켜 버렸고(왕하 16:9), 게데스와 갈릴리, 납달리 지경을 비롯한 북왕국의 여러 지역을 정복하고 그 지역에 살던 이스라엘 사람들을 포로로 잡아 앗수르 땅으로 끌고 가 버렸다(왕하 15:29)(*ANET* 283). 아마도 이 시기에 진격한 앗수르는 유다에도 위협을 가하였을 것이며, 이를 무마하기 위해 아하스는 더 많은 조공을 바쳐야 했을 것이다(대하 28:20-21; 사 8:7-8). 나라에 닥친 위험을 외세의 힘으로 해결한 아하스는 다메섹에 세워진 제단에 깊은 인상을 받았다. 역대기에 따르면, 아하스는 자신들을 위협하

있기에, 마소라본문과 칠십인경에서 종종 혼동되기도 한다(삼하 8:12,13; 왕상 11:25; 겔 27:16; 32:29[אֱדֹום → אֲרָם → Συρια → Ασσουρ]). 열왕기하 16:6에서도, 마소라 본문에 기록된 אֲרַמִּים("아람 사람들")을 אֲדֹמִים("에돔 사람들")로 고쳐 읽을 때에, 수리아-에브라임 전쟁 와중에 에돔이 기회를 노려 엘랏을 회복한 것을 가리키는 것으로 볼 수도 있다(공동번역, NRSV; 참고 - NIV; Tanakh). 에돔이 아하스 시대 유다를 공격한 일이 역대하 28:17에 기록되어 있다는 점에서도 이러한 읽기와 이해는 그럴 법 하다.

는 아람의 힘이 이 제단과 여기서 섬기는 신에게서 비롯된다 여겼
다고 서술되지만, 아하스가 디글랏빌레셀을 만나기 위해 다메섹을
찾았다는 점을 고려할 때, 그에게 깊은 인상을 준 다메섹의 제단은
앗수르왕과 그 신의 영향력을 상징하는 것으로 보아야 할 것이다.[12]
아하스는 자신이 본 제단의 "구조와 제도의 식양을" 그려서 예루살
렘에 있는 제사장 우리야에게 보내어 똑같이 만들도록 지시하였다
(왕하 16:10-11). 여기서 "식양"으로 번역된 히브리어 "타브니트
(תבנית)"는 성막을 만들 때와 솔로몬 성전을 지을 때에도 사용되는
단어이다. 모세는 하나님께서 그에게 보여주신 "식양"대로 성막을
만들었으며(출 25:9), 솔로몬은 다윗이 일러준 "식양"대로 성전을
건축하라는 명령을 받았다(대상 28:11-12). 여호와께서 모세에게
명하신 대로 모세가 다 행하였듯이(출 40:16), 우리야는 아하스왕이
명한 대로 다 행하였다(왕하 16:16). 이를 보건대, 아하스는 하나님
혹은 다윗의 역할을 하는 셈이며, 제사장 우리야는 모세 혹은 솔로
몬의 역할을 하고 있다. 하나님이 친히 일러 주신 것이 모세를 통해
지어진 성막이고, 솔로몬 성전 역시 "이 모든 것의 식양을 여호와의
손이 내게 임하여 그려 나로 알게" 하였다고 다윗이 고백하지만(대

---

12. 아하스가 앗수르왕을 위해 낭실을 옮겨 세웠다는 언급 역시(왕하
16:18), 이 제단이 앗수르식이었다는 것, 그리고 당시의 조치들이 앗수르
의 영향을 받아 이루어진 것임을 뒷받침한다. 노트(M. Noth)에 따르면, 성
소로 들어가는 왕의 문이 제거되었다는 것은 "성소에 대한 왕의 권위"가
제거되었음을 상징한다(Noth: 342). Miller-Hayes(431-2)는 이 제단이 아람
식의 제단이라고 여기며, 열왕기의 자연스러운 읽기와 역대기의 진술을
근거로 드는데, 이는 부적절하다. 역대기를 보면, 수리아의 제단을 본땄다
고 서술되지만, 이미 역대기의 진술의 흐름속에서 아람은 멸망당한 이후
라는 점에서, 유다의 위협거리였으며 이미 멸망한 나라의 제단을 본땄다
는 것은 이해하기 어렵다.

상 28:19), 아하스의 제단은 앗수르의 신을 섬기는 다메섹 제단을 보고 아하스가 그린 것이었다. 그런 점에서 아하스의 제단의 의미는 단지 제단 하나를 새로 세웠다는 것에서 그치지 않고, 모세의 성막과 솔로몬의 성전을 대치할만한 새로운 제사와 예배를 도입한 것으로 볼 수 있다. 또한, 번제와 소제, 전제, 수은제, 아침 번제와 저녁 소제, 왕의 번제와 소제, 모든 국민의 번제와 소제와 전제 등과 같은 구약의 전통적인 제사들에 대한 언급은(왕하 16:13,15) 이 새로운 제단에서 여호와께서 명하신 제사들이 드려졌음을 보여준다.[13] 그러므로 아하스의 제단은 강대국의 영향이 전통적이고 기본적인 제사 체계 내에 파고 들어와 기존의 여호와 신앙과 결합한 단적인 예를 보여준다고 할 수 있다. 그에 비해 역대기는 아하스가 새 제단에서 아람의 신에게 제사하였을 뿐 아니라, 아예 여호와 신앙 자체를 곳곳에서 파괴하였다고 전하고 있다는 점(대하 28:22-25)에서 열왕기의 진술과 차이가 있다. 역대기의 평가는 예배와 제사에 대한 역대기의 일관된 강조에서 비롯된 것으로 이해할 수 있다.

아하스 시대에 본격화된 앗수르의 위협은 그의 아들인 히스기야의 시대에 이르러 유다의 생존 자체를 뒤흔드는 것이 되었다. 열왕기의 진술에 따르면, 히스기야 4년 되던 해에, 앗수르왕 살만에셀의 군대는 북왕국을 짓밟았고, 삼 년간 사마리아를 포위한 끝에 마침내 히스기야 6년에 성을 함락시켰으니(주전 722년), 북이스라엘의 백성들은 앗수르 전역으로 흩어지고 말았다(*ANET* 284-5).[14] 비록

---

13. 제사장 우리야는 이사야 8장2절에서도 언급되는데, 거기서 그는 진실한 증인들(עֵדִים נֶאֱמָנִים) 중의 한 사람으로 소개된다. 이를 보건대, 새로운 제단에서의 제사는 여호와 예배를 의도하였다고 보는 것이 옳을 것이다.

14. 여기서의 연대는 열왕기하 18장 9-10절을 그대로 따른 것이다. 히스기야 6년이 주전 722년이라는 것은 그의 재위 14년에 일어난 산헤립의 침

아하스가 앗수르에게 조공을 바치고 도움을 얻었다 하나, 유다 역
시 앗수르의 기세로 인해 위축될 수 밖에 없었으며, 히스기야가 즉
위했을 때에도 유다는 앗수르의 조공국이었을 것이다. 히스기야가
"앗수르 왕을 배척하고 섬기지" 아니하였다는 열왕기하 18장 7절
의 언급은 그의 시대에 이르러 앗수르에게 조공을 바치기를 거부한
것을 의미할 것이다. 열왕기서의 서술로 보건대, 히스기야의 반 앗
수르 정책은 그의 종교개혁 조치들에 기반한 자신감 혹은 믿음에서
비롯되었을 것이다. 이전의 왕들과는 달리 히스기야는 산당을 제거
한 왕으로 기록되는데, 열왕기 역사에서 산당을 제거한 왕은 오직

공이 주전 701년이라는 점과 맞지 않는다. 아마도 북왕국의 멸망은 히스
기야의 시대가 아니라 아하스의 시대에 일어났을 것이다. 이를 위해 학자
들은 히스기야가 아하스와 공동으로 통치하던 시기가 있었다고 제안하기
도 한다. 가령, Harrison: 289-291. '공동 통치'를 고려하면 열왕기의 연대
문제의 많은 부분이 풀리게 된다는 점에서 유익하지만, '전가의 보도'같은
인상을 준다. 구약 본문 자체에서 명확히 드러나지 않는 '공동 통치'를 연
대 문제가 복잡한 경우마다 해결의 열쇠로 사용하고 있기 때문이다. 구약
에서 공동 통치가 명시되어 있는 경우는 웃시야와 요담의 경우뿐이다(대
하 26:16-21). 가령, 앞서 언급한 해리슨의 경우(292-293), 무려 8번이나 공
동 통치가 북왕국과 남왕국에서 이루어진 것으로 여기고 있다. 열왕기의
연대는 서로 상충되는 부분이 많아서 몇몇 구절들을 무시하지 않으면 해
결되지 않는 것으로 보이기도 한다. 앞에서 보았듯이, 열왕기하 18장 10절
은 히스기야 6년에 북왕국이 멸망하였다고 나온다. 하지만, 열왕기하 15
장 32절에 따르면 베가 2년에 요담이 왕위에 올랐다. 베가 17년에 아하스
가 왕위에 올랐고(왕하 16:1), 베가가 20년간 북왕국을 다스렸다면(왕하
15:27), 아하스 3년에 호세아가 북왕국의 왕위에 올랐다는 것이 된다. 이
경우, 호세아의 9년 통치는 아하스 시대에 끝맺게 된다. 그러나 열왕기하
17장 1절은 아하스 12년에 호세아가 왕위에 오른 것으로 나온다. 이 문제
의 복잡함은 16년을 통치한 것으로 알려진 유다왕(왕하 15:33) "요담 이십
년에" 호세아가 북왕국의 왕이 되었다고 적고 있는 열왕기하 15장30절에
서 극심해진다. 이에 대해 LaSor: 442-444를 보라.

히스기야와 요시야 뿐인 것으로 나타난다. 산당 제거는 신명기에서 명령되고 있는 성소의 중앙 집중화와 연관되어 있다. 아울러 그는 주상(המצבת)과 아세라상(האשרה)도 깨뜨리고 부순 것으로 기록 되는데, 이들을 제거하는 것도 신명기에서 요구되고 있는 중요한 명령이기도 하다(신 7:5; 12:3). 이 역시 열왕기서에서 오직 히스기 야와 요시야에 의해서만 단행된 것으로 서술되어 있다(왕하 23:14).[15] 그 뿐 아니라, 열왕기 역사에서 다윗이 행하였던 대로 행하였다 고 평가된 왕들도 이들이었다(왕하 18:3; 22:2; 참고: 아사 - 왕상 15:11).[16] 열왕기서가 히스기야와 요시야에게 유례없는 찬사를 주 고 있다면, 역대기는 어떻게 제사와 예배를 개혁하고 바로잡았는지

---

15. 북왕국의 멸망과 그 원인에 대해 서술하고 있는 열왕기하 17장의 경 우, 북왕국 왕들이 하나님을 떠나 우상숭배했음을 보여주는 주된 내용이 바로 주상과 아세라상을 세우고 산당에서 분향한 일이었다고 서술하고 있 다(왕하 17:9-11). 이로 인해 이들이 앗수르에 의해 멸망을 당하고 말았다 는 점은 이어지는 18장에서 히스기야가 산당을 폐하고 주상과 아세라상을 제거하였다는 점과 두드러지게 대조되고 있다. 그런 점에서 복잡한 연대 문제를 보는 중요한 관점이 되어야 할 것은 우리에게 주어진 구약 본문 스 스로가 제시하고 있는 연대를 통해 무엇을 말하고 있는가에 집중하는 것 이라고 할 수 있다. 히스기야 6년에 북왕국이 멸망하였다고 전하고 있는 열왕기하 18장의 언급은 청중 혹은 독자로 하여금 히스기야가 북왕국의 멸망을 목격하였고, 그의 개혁 조치가 이와 연관되어 있다고 볼 것을 제시 하고 있다고 여기게 한다. 북왕국의 멸망 원인이 산당과 주상으로 대표되 는 우상 숭배였고, 히스기야의 개혁 조치가 바로 이 산당과 주상의 철폐라 는 점은 히스기야의 개혁이 17장에서 설명한 북왕국의 멸망 원인에 대한 반성이라는 점을 독자들에게 전달하고 있다.

16. 열왕기기자에게 히스기야(왕하 18:6)와 요시야(왕하 23:25)는 모세 의 율법을 지켜 행한 유일한 왕으로 기록되고 있다. 아마샤의 경우도 모세 의 계명을 지킨 한 경우가 언급되지만, 그의 치세에 대한 총체적인 평가에 서는 다윗에 미치지 못하는 것으로 되어 있다(왕하 14:3,6).

를 길게 서술하는 것으로 이들을 두드러지게 만들고 있다(대하 29:1-31:21; 34:1-35:19). 열왕기서가 히스기야의 종교개혁을 높이 평가하고 있는 점을 고려하면, 주전 701년 산헤립이 유다에 진격했을 때에 히스기야가 대처한 방식은 예상 외라고 할 수 있다. 물론 이전에도 앗수르에 의한 위기의 조짐이 있었다. 블레셋 지역의 아스돗이 앞장서서 애굽과 결탁하여 앗수르에 저항하며 소요가 일었을 때에, 사르곤(2세, 주전 721-705)이 이 지역으로 진격하였다. 당시 애굽을 지배하던 구스 왕조의 왕 샤바코(Shabako, 주전 716-702)의 도움을 바랐던 것 같지만, 사르곤에 의해 아스돗을 비롯한 반란지역은 단번에 진압되었다(주전 712년). 아마도 이 시기에 히스기야의 유다 역시 블레셋 성읍들과 연관하여 앗수르에 대항하는 어떤 움직임을 취하였던 것으로 보인다.[17] 이사야 20장은 이러한 사건을 배경으로 하고 있다. 이 시기에 혹은 사르곤의 죽음 이후의 시기에 히스기야는 나름대로 앗수르에 맞서기 위한 준비들을 한 것으로 보인다(Miller and Hayes: 443-5). 그렇지만, 팔레스타인으로 진격하여 유다 인근의 국가들을 모두 굴복시켜버린 앗수르 군대 앞에 유다는 아무런 저항도 할 수 없었으며, 예루살렘만 남겨놓고 유다의 전 지역이 앗수르의 말발굽 아래 짓밟혔다. 그야말로 "딸 시온은 포도원의 망대같이, 참외밭의 원두막 같이, 에워 싸인 성읍 같이 겨우 남았"(사 1:8)으며,[18] 앗수르 군대의 위력은 "흘러 유다에 들어와서 가득하여 목에까지 미치"(사 8:8)게 되었다고 할 것이다. 앗수르에

---

17. *ANET* 287. 아스돗이 반란을 획책하면서 동맹을 촉구하는 사신들을 보낸 나라 가운데 유다를 비롯하여 에돔, 모압이 언급되어 있다.

18. *ANET* 288: "히스기야로 말하자면, 그가 내게 굴복지 않았기에 나는 그의 강한 도시들 46곳을 복속시켰다. … 내가 그 자신을 그의 왕실 거처인 예루살렘에 죄수처럼 만들었으니, 새장 속의 새와 같도다".

대한 조공 거부의 기세와는 달리, 히스기야는 앗수르에게 항복하면서 그들이 요구한 조공을 바치기 위해 성전의 금은을 내어 놓아야 했고, 심지어는 성전 문과 기둥에 입힌 금까지라도 벗겨서 바쳤던 것이다(왕하 18:13-16).[19] 그러나 열왕기서에 의하면, 히스기야가 바친 조공은 근본적인 문제를 해결할 수 없었다. 산헤립의 침공이 한 차례인 것인지 아니면 두 차례인 것인지 논란이 있지만,[20] 우리가 지닌 대로의 열왕기서의 서술은 히스기야가 바친 조공이 올바른 신앙의 행동이 아니었음을 분명히 하고 있다고 볼 수 있다. 앗수르 군대를 물리친 것은 성전의 금은으로 드린 조공이 아니라, 전적으로 여호와 하나님을 의지하며 드린 히스기야의 기도였다(왕하 19:15-19; 사 37:16-20). 죽을 병에 걸린 히스기야가 낫게 되었다는 일화는 하나님을 의지하여 드린 기도가 국가적인 재앙뿐 아니라 개인의 질병의 문제까지 해결함을 보여준다(왕하 20:2-3; 사 38:2-3). 국가적인 위기속에서 히스기야로 하여금 잘못된 판단을 하게 한 것은 단지 성전의 금은뿐이 아니었다. 히스기야가 앗수르에 조공을 바치기를 거부하였을 때에, 히스기야의 이러한 행동은 남유다의 독자적인 행동이라기보다는 몇몇 나라들에 의해 이루어진 반앗수르 동맹의 결과라고 볼 수 있다. 랍사게의 조롱속에 언급되는 대로, "네가 저 상한 갈대 지팡이 애굽을 의뢰하도다"는 내용(왕하 18:21; 사 36:6)은 앗수르에 맞서는 데에 애굽과 남유다가 연합하였음을 보여준다

---

19. 여호와 신앙을 굳게 지키며 올바른 개혁을 단행했던 히스기야의 예상밖의 굴복으로 인해, 역대기는 이 부분을 기록하지 않은 것으로 보인다(대하 32:1,9). 아울러, 히스기야를 이상적인 인물로 제시하고 있는 이사야서 역시 이 부분에 대한 서술은 포함하고 있지 않다(사 36:1-2; 비교 왕하 18:13,17). 기본적으로 역대기와 이사야는 히스기야를 평가함에 있어서 비슷한 시각을 반영하고 있다고 할 수 있다.

20. 이에 대해서는 Bright: 409-424를 보라.

(또한 왕하 19:9; 사 37:9). 또한, 히스기야가 여전히 앗수르로부터 위협을 받고 있을 때에, 그가 중병에 걸렸다 하여 바벨론의 사절단이 찾아왔다는 내용 역시 바벨론과 남유다의 동맹 관계를 알려 주고 있다(왕하 20:12-13; 사 39:1-2). 이를 보건대, 당시에 반 앗수르 동맹이 최소한 애굽과 남유다, 바벨론 세 나라에 의해 맺어진 것을 볼 수 있으며, 이러한 동맹이 히스기야의 조공 거부의 이면에 놓여 있다고 할 수 있다. 그렇지만, 열왕기서의 본문과 이사야서의 본문은 이러한 동맹이 아니라 히스기야의 기도와 여호와 하나님의 분노가 앗수르의 대군을 물리쳤음을 분명히 하고 있다(왕하 19:20-28; 사 37:21-29). 히스기야 이야기의 마지막에 놓여 있는 바벨론 사절단의 병문안 기사가 말하고자 하는 바는 바벨론과의 제휴가 유다의 앞날에 아무런 쓸모가 없으며 도리어 화근이 될 것이라는 점이다. 애굽으로 도움을 청하러 내려가는 수고의 헛됨과 도리어 임하게 될 재앙에 대해 선포하고 있는 이사야 30장과 31장은 히스기야 시대의 반 앗수르 동맹의 배경에서 읽을 수 있을 것이다.

이상에서 본 바와 같이 이사야의 활동의 배경이 되는 시기는 유다의 격변기이며 유다의 존재가 국제 정세의 소용돌이 속에서 이리저리 흔들리던 때였다. 사실, 강력한 열강의 틈바구니에서 이스라엘의 존립의 근본이 흔들리는 것은 단지 이사야의 시대에만 해당되는 일이 아니다. 이스라엘이 가나안땅에 정착한 이래, 그들은 숙명적으로 남쪽의 애굽과 북쪽의 메소포타미아 국가 사이에 놓이게 되었다. 애굽이 강성해지든, 아니면 메소포타미아 지역을 장악한 국가가 강성해지든, 상대 지역을 제패하고자 하였고, 그 길목에는 이스라엘이 자리한 팔레스타인 지역이 있었다. 강대국에 굴복할 것인지, 아니면 거부할 것인지에 유다와 이스라엘의 운명이 달려 있었기에 왕들은 언제나 이 문제에 직면해야 했다. 특히 앗수르에서 바벨론, 페르시아로 이어지는 초강대국의 출현은 유례없는 일이었고, 주전 8세기 이래 문서 예언자들의 출현은 이러한 유례없던 시기를 배경으로 하고 있다(von Rad: 10). 아하스는 굴복하여 그나마 나라의 명을 이어간 경우이고, 히스기야는 이에 반기를 들고 여러 나라들과 연합하여 독립을 쟁취하려 했지만, 이미 나라의 운은 기울어져 있는 상태였다. 더욱이 이러한 복잡한 현실 정치의 상황에서 하나님이 보내신 예언자 이사야는 한결같이 다른 나라들과 동맹을 맺지 말고 오직 여호와를 의지할 것을 촉구하였다. 그러므로, 국가 전체가 극히 어려운 상황에서 하나님을 의지한다는 것이 무엇이며, 뒤엉켜 있는 국제 정세속에서 하나님을 믿는 나라와 군주의 행할 바가 무엇인지를 이 시기가 잘 보여주고 있다고 할 수 있다. 이사야가 선포한 메시지는 이러한 현실 상황과 연관되어 있다. 이처럼 예언자의 사역과 메시지는 아주 구체적이고 특수한 역사적 상황 속에 주어졌다. 그러므로 예언자의 메시지를 이해할 때에 이러한 상황을 분리시켜 버린다면 그것은 이 예언을 이러한 상황에 주신 하나님의 뜻을 저버리는 일이 될 것이다. 그리고 하나님의 말씀이라는 영원한 진리가 구체적인 역사 현장의 특수한 상황 속에 적용되고 임한다는 것 자체가 오늘의 우리에게도 의미심장하다. 하나님의 말씀은 결코 역사와 현실과 분리될 수 없다.

2. 이사야 개인

사 1:1은 이사야가 아모스의 아들임을 전하고 있다. 그의 배경에 대해 거의 알 수 없지만, 제사장 가문이었을 가능성이 있다. 이 점은 그가 소명을 받은 장소가 제사장들이 출입하는 성전이었다는 데에서 볼 수 있다. 또한 그가 유다 궁정에서 쉽게 활동할 수 있었다는 점에서, 그의 가문은 예루살렘에서 사회적으로나 정치적으로 다소 지위를 가진 집안이었을 것이라고 여겨진다. 그는 어떤 "여선지자"와 결혼했으며(8:3), 최소한 두 명의 아이를 낳았는데, 그들은 각각 '남은 자가 돌아오리라'는 의미의 스알야숩과 '노략이 속함'이라는 의미의 마헬살랄하스바스이다. 아하스 시대의 위기와 연관하여 이 두 아들은 당대의 백성들을 향한 하나님의 "징조와 예표"였다(사 8:18). 에스겔에 미치지는 못하지만, 이사야 역시 그의 행동을 통해 하나님의 뜻을 알리는 상징 행동을 하기도 하였다. 이에 대해서는 이사야 20장이 알려 주고 있는데, 3년간 벗은 몸과 벗은 발로 다니면서, 유다가 의지하고 있는 애굽의 장차 신세가 이러할 것임을 드러내었다. 그는 수리아에브라임 전쟁의 급박한 상황 속에서 아하스를 직접 만나 다만 여호와를 신뢰할 것을 촉구하였을 뿐 아니라, 히스기야 시대 산헤립의 침공에 대해서도 여호와의 구원의 말씀을 왕에게 전하기도 하였다. 현실 정치 속에서 여호와의 뜻을 따라 행할 것을 요구하는 그의 개입은 39장에 있는 바벨론과의 친선에 대한 내용에서도 두드러진다. 그는 자신이 받은 하나님의 말씀과 뜻을 당대의 왕들을 향해 직언하던 예언자였으며, 아하스와 히스기야 시대의 위기가 닥쳐오기 전부터 유다에 임할 재앙을 미리 내다본 이였다. 아마도 그에게는 한 무리의 제자들이 있었을 것이며, 그가 여호와께 받은 말씀을 봉인하여 이들에게 맡겼다(사 8:16; 참고: Watts: 122). 이사야의 개인적인 행적에 대해서는 더 이상 알기 어렵다. 제2성전기 동안에 씌여진 문서들 중 하나인 *이사야 승천기* (*Martyrdom and Ascension of Isaiah*)에는 이사야의 최후의 모습이 전해진다(Charlesworth: 143-176). 이에 따르면 벨리알(Belial)의 조종을 받은 므낫세에 의해 이사야는 나무로 된 톱으로 썰려 두 조각나게 되고, 이사야를 대적하던 거짓 예언자들은 그를 비웃으며 조롱한다. 이들은 이사야에게 자신이 했던 말이 거짓이었다고 말할 것을 요구하지만, 이사야는 "당신들은 나에게서 이 육체의 가죽을 제외하고 빼앗을 수 있는 것이 없다"고 거부하였고(5:10), 소리치거나 울지 않되, 마지막까지 성령과 더불어 말하며 죽게 된다(5:14).[21] 초대 교회 순교자들을 떠올리게 하는 이사야의 순교에 대한 *이사야 승천기*의 서술은 신약성경 히브리서 11:37에 반영되어 있는 것으로 여겨진다.

---

21. 이사야가 므낫세에 의해 톱으로 썰려 죽임을 당하였다는 것은 랍비 문헌에서도 전해진다: *b.Yebamoth* 49b; 참고: *b.Sanhedrin* 103b. 또한 Ginzberg: 885-886을 보라.

제3장 이사야서 개관

1. 이사야서 연구의 동향[22]

　18세기부터 성경에 대한 역사비평적인 접근이 일반화된 이래 이사야서는 오경과 더불어 가장 치열한 논쟁의 장을 제공하였다. 초대 교회로부터 거의 이천년간 이사야서는 너무도 당연히 통일된 한 권의 책으로 여겨져 왔으며, 주전 8세기에 사역했던 예루살렘의 이사야는 이 비중있는 책의 저자로 받아들여져 왔다. 그러나 18세기 이후, 성경의 본문을 '역사비평적'으로 바라보는 학자들은 이사야서의 내용들이 최소한 세 덩어리, 즉 1-39장, 40-55장, 56-66장 정도로 뚜렷이 구분될 수 있음을 주장하였다. 나아가서, 내용이 그렇게 구분될 뿐 아니라, 각각의 구분된 덩어리들의 경우 쓰여진 시대와 저자 역시 주전 8세기 예루살렘 이사야와는 거리가 멀다는 점도 제

---

22. 이사야서 연구의 동향과 여러 학자들의 방법론에 대한 보다 자세한 설명은 김회권: 56-82; 장세훈: 17-104 를 보라.

기되었다. 서로 다른 시대에 서로 다른 저자에 의해 각각의 부분들이 쓰여졌다는 주장이 활발해 지면서, 그렇게 나뉜 세 부분 안에 후대의 영향들이 침투해 있다는 점도 제기되었다. 이에 따르면, 1-39장이라고 하여 모두 예루살렘 이사야에 의해 쓰여진 것이 아니라, 40장 이후를 형성한 익명의 저자들에 의해 1-39장이 수집되고 재배열되었을 뿐 아니라, 어떠한 내용들은 새로이 덧붙여지게 되기도 했다는 것이다. 20세기 초반에 이르기까지 서구의 이사야 연구는 이사야서를 할 수 있는 한 잘게 쪼개고, 초기 자료들에 포함되어 있는 후대 자료들을 구분해 내는 데에 초점이 있었다고 할 수 있다. 그러나 이러한 연구는 필연적인 난관에 봉착하게 된다. 학자들의 연구에 따라 쪼개어지는 내용과 단락들이 서로 다르다는 점은 그러한 분석적 접근 방식 자체의 효과에 대해 의문을 제기하게 만들었다. 그리고 특정한 본문에서 발견되는 신학적 사고나 사상에 기반하여 다른 본문들의 시대를 결정하는 방식은 근본적으로 순환논리(circular reasoning)에 사로잡히기 쉽다. 즉, 본문에서 발견한 논리로 다른 본문들의 시대를 결정하고, 그렇게 결정되어 같은 시기라고 여겨지는 본문들에서 볼 수 있는 신학적 사고를 그 시대의 특징적인 사상으로 정리하게 되며, 다시 이렇게 정리된 신학 사상으로 또 다른 본문들의 시기를 판단하게 되기 때문이다. 나아가, 이사야서에 대한 분석적 접근이 간과하고 있는 최대의 문제점 중의 하나는 이미 초대 교회가 생겨나기 이전부터 이사야서는 한 권의 책으로 전해져 왔다는 점이다. 제2성전기 이래 한 권으로 존재하고, 유대교 공동체나 기독교 공동체에 의해 한 권으로 읽혀진 이사야서의 상태를 무시한 채, 현재의 이사야서 이전의 상태와 역사에 대하여 연구하는 것은 실질적으로 현실에 존재하지 않는 어떤 것에 대한 연구라고 할 것이다. 그런 점에서 20세기 중반 이래, 이사야서 연구의 초점은 자연스레 이사야서의 통일성에 대한 연구로 옮겨가게 되었다. 이전까지의 연구가 이사야서의 각 부분이 어떻게 서로 다른지에 초점이 있었다면, 이후부터의 연구는 이사야서가 어떻게 한 권인지, 서로를 묶어주고 연결해 주는 통일적인 요소가 무엇인지에 초점이 놓이게 된 것이다.[23] 여기에는 각각의 본문이 왜 특정한 자리에 놓이게 되었는지에 대한 연구가 주된 역할을 하고 있으며, 그런 점에서 개별적인 본문을 현재의 자리에 위치시킨 '최종 편집자'의 역할과 이러한 배열에 반영된 신학이 부각되게 된다. 아울러 최종적인 이사야서의 형태를 그 전체로 다루고 있다는 점에서 편집비평적 접근, 정경적 접근과 문학적 접근이 최근의 이사야 연구의 중요한 흐름이라고 할 수 있을 것이며, 이들을 공통되게 묶어 주는 요소는 본문에 대한 문학적인 세밀한 분석이라고 할 것이다(Gitay: 101-127). 오늘 교회의 회중들이 받아들이고 읽고 있는 대로의 이사야서가 전하고자 하는 바가 무엇인지에 초점을 두는 최근의 경향은 교회를 위한 성경 연구라는 관점에서도 적절한 입장이라고 할 수 있을 것이다.

그러나, 이사야서의 통일성에 대한 최근의 경향이 단순히 역사비평 이전 시기에 이사야서를 한 권으로 보던 방식으로 되돌아갔음을 의미하는 것은 아니라는 점에 유의해야 할 것이다. 이전 시기에 하나의 직선으로 이사야서를 이해했다면, 오늘의 이사야서 연구는 그 직선이 자세히 보면 수많은 점들로 연결되어 있다는 것을 인식하고 있다는 것으로 풀이할 수 있을 것이다. 이사야서 안에 서로 다른 시대에 적용될 수 있는 부분들이 있는데, 그럼에도 불구하고 이사야서를 한 권으로 묶어주는 요소가 무엇인지, 이사야서 전체를 통일

---

23. 전체로서의 이사야서의 통일성을 보여주는 요소들에 대한 스위니(M.A. Sweeney)의 간결한 요약을 참고하라(41-42).

시키는 중심이 무엇인지를 모색하고 있기 때문이다. 그런 점에서 오늘의 이사야서 연구는 다양성을 인식하는 위에서 통일성을 찾기라고 단순화시킬 수도 있을 것이다(참고: Dillard and Longman: 411 -412). 이 점에서 오늘날 이사야서의 통일성을 연구하는 데에 널리 활용되고 있는 문학적 접근의 의의를 재고하게 된다. 이사야서가 어떻게 최종 형태로 발전하게 되었는지를 다루기 보다는, 본문을 '하나의 전체'로 읽을 것을 강조하는 것이 이러한 문학적 접근의 기본적인 전제라고 할 것이다. 그래서 이러한 연구자들은 본문에서 반복되는 수사학적 기법과 문학적 장치들에 주목하고 있으며, 본문의 원래의 청중이 누구고 어떠한 상황에 있었는지를 재구성하기보다는 오늘날에 주어진 본문을 읽고 있는 현재의 독자와 본문에 암시되어 있는 독자에 집중한다(Powell: 27; Conrad: 53-62, 233-243; 장세훈: 64-69). 그런 점에서, 문학적 접근은 이사야서의 의미를 찾기 위한 연구자들의 관심을 편집자로부터 독자로 옮겨놓고 있다고 할 수 있다. 그러나 수사적 문학적 분석을 통해 개별 본문에 담긴 의미들을 찾아내고 이러한 발견들이 이사야서 전체의 통일성과 어떻게 연관되며, 이사야서 전체에서 어떠한 기능과 역할을 하는지를 연구한다는 점에서, 문학적 접근 방식 역시 편집비평과 공통된 점이 있다고 할 것이다. 다만 문학적 접근 방법 혹은 문학 비평이 역사비평의 한 흐름인 편집비평과 두드러진 차이가 있다면, 본문이 의도하고 있는 저자, 본문이 의도하고 있는 청중이 구체적으로 어떠한 시대와 상황속에 있었는지를 분석하려고 하지 않는다는 점을 들 수 있다(McNight:: 335-337; Conrad: 58-59).[24] 문학적 접근은 주어

---

24. 본문을 문학적으로 접근하는 이들 가운데는, 그 관찰과 발견에 근거하여 본문 형성의 배경이 되는 구체적인 시기를 특정하려는 이들도 있다. 가령, 다아(Darr: 30)의 경우 본문의 구체적인 독자를 "주전 4세기 초기에

진 본문을 대상으로 할 뿐이되, 어떠한 과정으로 개별 본문이 이렇게 놓이게 되었는지를 다루지 않는다(Gitay: 109). 아울러, 이사야서에 대한 문학적 접근은 성경에서 다루고 있는 시대에 대해서는 아무 것도 말할 수 없다. 오직 현재의 모양으로 배열된 1-66장 전체만을 대상으로 하기에, 이를 통해 주전 8세기의 상황을 알 수도 없고 알려고 해서도 안된다. 다만, 최종적인 형태의 본문이 제시하고 있는 대로의 역사만을 말할 수 있을 뿐이다. 근본적으로 문학적 접근을 위주로 하는 연구자들에게 있어서, 이사야서는 최종 형태 전체가 한 권의 책으로 묶여진 이후 시기의 의미들을 담은 책일 뿐이다. 그런 점에서 문학적 접근은 철저하게 오늘 21세기 현대의 독자들에게 주는 의미를 발견하는 데에 유익하지만, 이사야와 당시의 청중들이 놓여 있는 상황이 어떠했는지에 대해서는 발견할 수도 없고, 발견하려 하지도 않는다. 이러한 점에서 차일즈가 비평하였듯이(Childs 1996: 369), 편집비평이나 문학비평 모두 최종 본문 전체를 꿰뚫는 일관성을 근본 전제로 삼고 있다는 점에서, 현대적인 이론을 가지고 고대의 본문을 분석함으로 말미암아 고대 본문들의 다양함과 깊이를 온전히 드러내는 데에 문제가 있다고 할 수 있다.[25]

속한 사람으로, 법적으로 보장된 권리와 사회적 지위를 지니고 있던 서기관 혹은 종교 지도자요 교육자"로 간주한다. 그러나 이렇게 독자를 해석학적인 차원에서 재구성하는 순간, 이러한 문학적 접근은 편집비평과 실질적으로 동일한 작업을 하고 있다고 여겨진다(참고: Melugin 1996: 20).

25. 역사비평적인 접근이 구약성경을 고대의 문서의 하나로 다룬다는 점에서 구약의 정경성을 훼손시킨다는 비판을 흔히 듣지만(가령, Gunn: 66), 문학적 접근 역시 성경을 일반 문학 작품을 다루는 방법과 안목으로 다룬다는 점에서(가령, McNight: 310; Powell: 95-101; Conrad: 50-53,56), 역사비평이 받는 비판을 피할 수 없다. 그러므로, 성경의 의미를 밝혀 내는 어떤 "성경적 방법(biblical method)"이 있는 것이 아니라, 어떤 방법이든 주의 깊게 활용되어야 한다고 할 수 있다.

그러나 본문 자체의 진술들과 짜임새를 통해 발견할 수 있는 내용들은 오늘 우리로 하여금 왜 이렇게 진술하며 본문들을 구성하였는지를 묻게 하며, 그를 통해 이러한 진술과 편집의 배경을 모색하게 한다는 점에서 본문에 대한 역사적 관심은 본문 자체에서 나온다고 할 수 있다. 즉, 본문 자체가 우리로 하여금 본문의 배경이 되는 시대를 추론하게끔 이끈다는 것이다. 이를 통해 역사비평적인 접근은 하나님의 영원한 말씀과 구체적인 역사가 어떻게 서로 맞물리게 되는지를 두드러지게 보여주고 있다(김회권: 80-81). 물론 본문에 대한 역사적 관심에 의한 재구성이 학자들마다 상이하다는 점에서 그 타당성이 의문시될 수 있지만, 이 점은 문학적 접근에서도 마찬가지이다. 동일한 본문에 대한 문학적 접근 역시 서로 다른 결론들을 도출하는 경우가 허다하며, 이러한 차이들이 문학적 접근의 타당성을 부인하게 할 수는 없을 것이다. 그러므로 본문의 최종 형태에 집중하면서 본문의 문학적 수사학적 기호와 장치들을 다루는 문학적 접근은 이사야서의 의미를 발견하기 위한 유익한 방법임에 분명하지만, 유일한 방법일 수는 없다. 한 가지 더 덧붙여 둘 말은 언제나 이사야서의 최종적인 형태의 중요성을 말하는 이들은 역사비평적인 접근이 위낙 전문적이어서 일반적인 독자들이 결코 쉽게 다가갈 수 없는 방법이 되었음을 지적하지만(가령, Conrad: 229), 이러한 칼날은 정도의 차이는 있지만 오늘날의 고도로 세밀화된 문학적 접근에도 똑같이 향하고 있다는 점이다.

묘하게도 이사야서의 장들의 수는 기독교회에서 정경으로 인정하고 있는 성경 책들의 권수와 일치되게 전해져 왔다. 더욱이 구약이 39권이요, 신약이 27권이듯, 이사야서 역시 39장까지와 40장 이후에 중요한 내용의 차이를 보여준다. 기독교회의 성경 66권이 서로 다양한 시기에 다양한 사람들에 의해 기록되었지만, 전체로 하나님의 말씀이듯이(그 가운데는 전적으로 사람들이 하나님께 드린 고백인 시편과 같은 책도 있지만, 이 역시 하나님의 말씀으로 고백된다), 이사야서 역시 서로 다른 시대를 반영하는 본문들이 있을 수 있지만, 전체로 하나님의 말씀이다. 각 책들의 말하고자 하는 바가 분명히 드러날수록 성경 전체의 말하고자 하는 바가 더욱 두드러질 것이다. 마찬가지로, 이사야서의 각 부분의 특징이 뚜렷해질수록, 이사야서 전체의 통일적인 선포가 확연해질 것이다. 그러므로 개별 부분에 대한 연구는 전체에 대한 연구에 기여하게 된다. 이를 생각할 때, 이사야서의 통일성에 대한 오늘의 연구는 부분의 독자성과 특징에 대한 연구와 분리되지 않아야 할 것이다. 이것은 양자택일의 문제가 아니라, 상호보완의 문제임이 분명하다.26 딜러드와 롱맨이 명시하듯이(Dillard and Longman: 414), 적어도 "이사야서의 저작권에 대한 문제가 '신학적인 십볼렛'(삿 12:6)이나 정통성의 시금석이 되어서는 안 된다".27 본문의 최종 형태를 강조함으로 인해 본문 형성의 역사적 단계들을 소홀히 하였다고 종종 비판을 받는 것에 대한 차일즈의 답변은 오늘 우리에게도 의미가 있다:

---

26. 김회권(82)은 이 점에 대해 "이사야서와 같은 복합적인 예언서 저작물을 연구하는 데는 단일 방법론보다 복수의 방법론이 채택되는 것이" 훨씬 자연스럽고 유익함을 지적하고 있다.

27. 사실, 이사야서에 대한 문학적 접근을 하는 학자들도 근본적으로 이사야서가 여러 저자들에 의해 이루어졌음을 전제하기도 하고(가령, Darr: 14), 전체적인 이사야서의 구성이 포로 후기에 이루어졌다는 점에 동의한다(가령, Miscall: 11). 이사야서를 문학적으로 접근할 지, 아니면 전통적인 역사비평적 방법으로 접근할지는 전적으로 이사야서의 의미를 어떻게 찾아내는 것이 보다 효과적이고 타당할 수 있는가에 달린 결정이다. 그 점에서 이사야서에 대한 문학적 접근이 종종 성경에 대한 "보수적 신앙"과 일치하는 방법으로 여겨지곤 하는 경향은 그리 정당해 보이지 않는다.

구약을 교회의 거룩한 문서로 이해하려고 노력하는 것과 종
교사적 관점에서 성경 연구를 이해하는 것은 별개이다. 두 과
제 모두 적법하지만, 그들은 목적과 과정에서 구별된다. … 두
접근방식은 목적과 가정, 결과에 있어서 구별된다. 그러나 복
잡한 점은 이 둘이 서로 섞여서도 안 되지만, 서로 분리되어서
도 안된다는 점에서 두드러진다(Childs 2003: 321).

2. 이사야서의 구성

이사야서는 처음부터 그 백성들에 대한 하나님의 심판 선포로 시
작하고 있다. 그러나 이러한 맹렬한 심판 선포만이 이사야서의 내
용의 전부는 아니다. 백성들의 죄악상에 대해 강력하게 드러내면서
심판을 선포하는 1장은 훗날에 이루어질 하나님의 구원과 새로운
세상에 대한 기대를 담은 2장과 나란히 놓여 있다. 이렇듯이, 이사
야서의 전반부는 심판에 관한 말씀이 주를 이루면서도 훗날의 회복
에 대한 말씀이 교차되어 있다. 그렇지만, 40장 이후로 가게 되면,
이러한 심판과 구원의 교차는 사라지고 전적인 하나님의 구원과 회
복의 메시지가 선포된다. 40장을 시작하는 말씀인 "위로하라 위로
하라"는 이러한 경향을 단적으로 보여주고 있다. 그로 인해, 이사야
서의 내용은 39장까지와 40장 이후로 크게 구분된다고 볼 수 있으
며, 이렇게 이사야서의 내용을 구분하는 것은 비평적인 입장에 있
는 이사야 연구자들이나 보수적인 입장에 선 연구자들 모두에게 대
체로 일치된다고 할 수 있다.[28] 그렇지만, 이러한 구분은 오늘날에

---

28. 이사야의 이름으로 전하는 책이 한 권이 아니라 여러 권이라는 언급
은 유대 역사가인 요세푸스(Flavius Josephus)에게서도 볼 수 있다: …
ἅπανθ' ὅσα προεφήτευσεν ἐγγράψας βίβλοις κατέλιπεν … ("… 그
는 그가 예언하였던 모든 것을 적었고 책들로 남겼다 …": *Antiquities*

점점 절대적이지 않게 되어간다고 할 수 있다. 32-33장, 34-35장, 36-39장이 "전이적인 기능"을 하고 있다는 점에 주목하면서 스위니(M.A. Sweeney)는 이사야서를 1-33장까지의 실현된 예언과 34-66장까지의 아직 실현되지 않은 예언으로 나눌 것을 제안한다(43).[29] 쿰란 동굴에서 발견된 이사야 두루마리(1QIsa)가 1-33장과 34-66장으로 구별되어 있다는 점에서 이사야서를 그렇게 둘로 나누려는 시도들은 복음주의 계통의 학자들에게서도 발견된다.[30] 한편, 비평적

10.35).

29. 32-39장이 지니는 특별한 기능 외에도, 33장과 34장 사이에서 이사야서를 가르는 것에 대해 스위니는 몇 가지의 이유를 제시한다(43-44): 1. 1-33장과 34-66장의 두 부분이 모두 여호와의 심판에 대한 증인으로 세상을 불러내는 것으로 시작한다. 2. 1-33장은 예루살렘과 유다, 이스라엘에 대한 심판과 이어지는 회복을 예견하고 있으며, 34장 이후는 심판은 완결되었고, 회복이 이제 일어나려고 하고 있음을 다루고 있다는 점을 비롯해서 전반부에서는 예고되고, 후반부는 그러한 예고의 실현이 전제되어 있음을 볼 수 있다. 또한 1-33장에서 "여호와의 날"은 이스라엘과 바벨론 모두를 향한 심판으로 거론되지만, 34장 이후에서 "여호와의 신원의 날"은 에돔을 비롯한 사악한 이들에 대한 예견된 심판을 의미한다. 3. 1-33장에서 의로운 다윗의 후예가 가져올 새로운 평화의 시대가 예견되지만, 34장 이후에서 시온에서 이루어질 여호와의 의로운 통치의 시작으로 고레스의 통치가 그려진다. 이러한 여호와의 온 세상에 대한 주권이 1-33장에서는 미래의 일로 그려지지만, 34장 이후에서는 이미 그러한 과정이 시작된 것으로 그려진다.

30. 쿰란 두루마리에 존재하는 간격에 대해 최초로 주목한 이는 칼레(P. Kahle)이지만, 브라운리(W.H. Brownlee)는 이를 보다 상세히 다루면서 이사야서가 두 권으로 전해져왔음을 주장하였다(247-259). 특히, 그는 1-33장과 34-66장 사이에 뚜렷한 평행이 존재한다는 점도 지적하고 있으며, 36-39장은 6-8장에 나오는 전기적인 기록들과 짝을 이루고 있음을 보여준다. 에반스(C.A. Evans)는 브라운리가 제시한 평행을 보다 상세하게 검토하며 수용하고 있고(1988: 132-145), 해리슨(R. Harrison: 351-353)과 딜러드-롱

인 이사야 구분을 반대하는 또 다른 학자인 모티어는 이사야서를 세 부분으로 나누되, 1-37장; 38-55장; 56-66장으로 나누며, 각각의 부분에 "왕의 책", "종의 책", "(기름부음 받은) 정복자의 책"이라는 이름을 부여하고 있다(Motyer 1993; 1999). 그에 의하면, 왕과 종, 정복자는 메시야의 세 가지 모습의 구현이다(Motyer 1993: 13-16).

34-35장이 행하고 있는 역할, 그리고 36-39장이 그 앞과 그 뒤의 내용을 연결해 주고 있다는 점에도 불구하고, 36-39장이 앗수르 시대를 다루고 있다는 점에서, 그리고 다가올 심판을 내다 보고 있다는 점에서, 이 글에서는 36-39장을 그 내용상 1-35장과 연결시키는 전통적인 견해를 따르기로 한다.31 적어도 40장 이후의 내용이 실현

맨 역시 브라운리의 분석을 받아들이고 있다(424-427). 그렇지만, 브라운리의 경우, 34장 이후부터를 담고 있는 이사야서의 2권은 포로기 이후에 이사야의 제자들 가운데서 등장한 예언자에 의해 쓰여졌다고 주장하고 있는데 비해(딜러드-롱맨은 브라운리의 주장을 그대로 인용하고 있고, 에반스의 경우도 브라운리를 따라 34장 이후의 편집자가 1-33장의 패턴을 따라 34장 이후를 편집했다고 여긴다), 해리슨은 제1이사야와 제2이사야를 구분하는 견해를 비판하기 위해 브라운리의 주장을 사용하고 있다는 점에서 특이하다. 해리슨은 이에 대해 브라운리가 "자유주의 비평학의 의심스러운 가설을 인정하는 불행한 양보를 하고 말았다"고 평가하고 있다(353). 와츠(J.D. Watts) 역시 그의 주석서를 1-33장까지와 34-66장의 두 권으로 쓰면서 열 두 개의 막을 가진 드라마로 이사야서를 분석하지만, 여전히 그는 1-39장까지와 40-66장의 두 개의 덩어리(1부는 "이전 시대: 심판, 저주", 2부는 "나중 시대: 구원, 축복")로 나누고 있다(1-li). 이상을 고려하건대, 해리슨을 제외한다면, 33장을 경계로 이사야서를 둘로 나누는 접근이, 제1이사야와 제2이사야를 주장하는 전통적인 역사비평적 접근에 대한 거부에서 나온 것으로 볼 수 없음을 알 수 있다.

31. 36-39장의 중요성에 대한 최근의 연구들은 이 장들이 1-35장의 내용을 결론짓기보다는 이어지는 40장 이후의 내용과 보다 연관되어 있음을 제시하고 있다: Melugin: 77; Seitz 1990: 229-247; Seitz 1991; Sweeney: 42.

된 심판을 전제하고 있기에 분명히 이전의 내용과 구분된다는 점에서도 이러한 전통적 구분이 타당하다고 여겨진다. 40장 이후의 본문 내용에 대해서는 나중에 보다 세밀한 논의와 더불어 살펴보기로 한다.

이사야 1-39장까지의 내용들은 대체로 분명하게 구분된다.

1. 1장: 1장 1절에도 표제가 있지만, 2장 1절에도 표제가 등장한다. 그러므로 1장 1절의 표제는 이사야서의 보다 큰 부분을 포괄하는 표제로 볼 수 있다. 아울러, 1장에서 다루고 있는 내용은 서로 다른 두 시대를 배경으로 하고 있음을 알 수 있다. 2절에서 9절까지는 앗수르의 침공으로 인하여 유다 전역이 그 영향 아래 놓이게 되고, 겨우 예루살렘만 남아 있는 상황을 보여준다는 점에서 36-39장과 비슷한 히스기야 시대를 배경으로 하는 것으로 여겨진다. 그러나 10절 이후의 본문은 보다 풍성하고 넘치는 제사와 더불어 사회에 가득한 불의와 불법에 대한 고발이 쟁점이 되어 있다는 점에서 웃시야-요담 시대를 배경으로 하고 있다고 볼 수 있다. 그렇다면, 1장의 내용은 대체적으로 이사야가 사역하던 전 시기를 포괄하고 있는 셈이며, 바로 그러한 점 때문에 이 본문이 이사야서의 첫머리에 놓이게 된 것으로 여겨진다.

2. 2-12장: 이 본문은 이사야 사역의 시작에서부터 아하스 시대까지 대략 10년간의 활동과 선포된 말씀들을 담고 있는 것으로 보인다. 기본적으로 유다의 불의에 대한 책망과 심판의 선포가 주를 이

그러나 36-39장이 차지하고 있는 중요성은, 1-35장에 보다 연관되는지 혹은 40장 이후에 보다 연관되는지의 결정에 있다기보다는, 이 장들이 35장까지의 내용과 40장 이후의 내용을 연결시키고 있는 가교의 역할을 한다는 점에 있다고 할 것이다. 그런 점에서 36-39장의 편집적 역할과 기능에 대한 연구들이, 39장까지와 40장 이후를 그 다루는 시기와 내용에 따라 나누는 데에 부정적인 요인이 될 것 같지는 않다.

루고 있지만, 다가올 회복과 새로운 시대에 대한 구원의 말씀이 사이사이에 놓여 있다(2:2-5; 4:2-6; 9:1-7; 10:20-27; 11:1-11, 12-16). 첫 부분에는 심판에 관한 말씀이 압도적이지만, 뒷 부분으로 가면서 심판을 경험한 백성들을 향한 회복과 구원의 말씀이 보다 많은 분량으로 주어지며, 11장 12-16절에서 볼 수 있듯이, 흩어진 이스라엘의 회복과 귀환에 관한 약속이 그 절정이라고 할 수 있다. 이어지는 12장은 그 약속대로 돌아온 백성들이 부르는 감사의 노래라고 할 수 있을 것이다. 12장 1절의 경우("그 날에 네가 말하기를 여호와여 주께서 전에는 내게 노하셨사오나 이제는 그 노가 쉬었고 또 나를 안위하시오니 내가 주께 감사하겠나이다 할 것이니라"), 2-12장에 나타나는 심판과 회복의 내용 모두를 다 반영하면서 정리하고 있음을 알 수 있다(Barton: 97-98). 바튼(J. Barton)의 지적대로, 1-12장에서 볼 수 있는 심판과 회복의 교차 배열 그리고 축복 말씀의 마무리 같은 점은 1-39장에서도 볼 수 있다. 나아가 오늘 우리가 지닌 이사야서 전체가 심판과 회복으로 배열되며, 회복과 구원에 대한 말씀으로 마무리되어 있다는 점도 언급할 수 있다. 대략적으로 1-39장을 하나님의 진노라고 할 수 있다면, 40-66장은 하나님의 위로[32]라고 말할 수 있을 것이기 때문이다.

3. 13장의 첫머리에도 표제가 있다. 이스라엘을 둘러싸고 있는 열방들에 대한 하나님의 말씀들이 모여 있다. 여기에서는 바벨론(13:1-14:23), 앗수르(14:24-27), 블레셋(14:28-32), 모압(15:1-16:14), 다메섹과 북이스라엘(17장), 구스(18장), 애굽(19:1-20:6), 해변 광

---

[32]. 12장 1절에서 하나님의 위로를 표현하고 있는 동사 "나함(נחם)"의 피엘형은 심판과 연관되어 쓰인 22장4절을 제외한다면, 모두 40장 이후에 쓰이면서 심판받은 그 백성 이스라엘에 대한 하나님의 회복을 반영하고 있다: 40:1; 49:13; 51:3,12,19; 52:9; 54:11; 61:2; 66:13.

야(21:1-10), 두마(21:11-12), 아라비아(21:13-17), 두로(23장)와 같은 나라들이 다루어 지고 있다. 22장의 경우 예루살렘에 임할 재앙에 대한 말씀이 있다는 점에서 열방 예언 부분에 포함되기는 특이하다고 할 수 있는데, 열방에 의해 예루살렘에 임할 심판을 다루고 있다는 점에서 이 자리에 놓인 것으로 볼 수 있다. 22장은 열방 예언의 성격을 잘 보여준다. 즉, 열방 예언은 기본적으로 지극히 신학적이다. 구체적으로 해당 열방들이 어떠한 상황에 있으며 어떠한 일들이 일어나게 될지 이 본문을 통해 알기 어려운데, 실질적으로 이 말씀 모음들은 열방에 대한 어떤 객관적인 사실을 전달하는 것이 목적이 아니라, 열방에 대해 두신 하나님의 뜻을 전하는 데에 목적이 있기 때문이다. 열방을 향해 선포된 말씀은 기본적으로 그들에게 임할 재앙인데, 이를 통해 열방에 일어난 일들이 여호와 하나님에 의한 것임을 확인시키는 것이 이들 열방 말씀의 주된 의도라고 볼 수 있다(Sweeney 2005:40). 그러므로 이 말씀 모음의 청중은 열방이라기보다는 이스라엘이라고 할 수 있다. 열방 예언이 해당 열방 보다는 오히려 이스라엘에 초점이 있다는 것을 단적으로 보여주는 예는 바벨론의 멸망에 대한 말씀 선포를 둘러싼 예레미야서의 서술에서 볼 수 있다(렘 51:59-64). 바벨론이 하나님의 심판을 받게 되는 까닭은 그들이 교만하였으며(렘 50:31), 하나님의 백성들을 과도하게 학대하였기 때문이다(렘 51:34-35). 예레미야는 바벨론에 대한 심판의 말씀을 선포하였고, 이 말씀은 두루마리에 기록되어 바벨론에 사절로 가는 스라야의 손에 보내어진다. 스라야는 유프라테스 강을 건너자 말자 이 말씀을 낭독하였고, 곧바로 이 두루마리를 돌에 묶어 강 바닥으로 던져 넣는다. 돌에 매달린 두루마리가 바다 깊이 가라앉듯이, 바벨론도 그와 같이 멸망하며 다시 회복되지 않을 것을 상징적으로 보여주고 있다. 여기에서 보듯이, 바벨론에 대한 심판 말씀은 당사자인 바벨론에 대한 것이라기 보다는 예레미야를 비롯한 이스라엘 백성들을 위한 것이다. 이사야서 뿐만 아니라, 아모스서(1:3-2:3)를 비롯하여, 예레미야서(46:1-51:64), 에스겔서(25: 1-32:32)에도 이러한 열방 말씀들이 한 곳에 모여 있는데, 이 말씀들의 주된 목적은 여호와 하나님께서 그 뜻을 따라 온 열방을 심판하시며 주관하신다는 것을 드러내는 것이다. 그러므로 이들에 대해 하나님이 심판을 선포하시는 주된 이유는 그들의 교만이다(사 13:11; 14:12-14; 16:6).[33] 비록 열방이 강할 때가 있고, 이스라엘을 좌우할 때도 많지만, 결국 세상을 주관하시는 분은 이스라엘의 하나님 여호와이시며, 강하고 힘 센 열방은 하나님의 손에 들려진 도구일 뿐이다. 그럼에도 열방들이 하나님의 백성들을 위협하며 하나님을 대적하게 될 때에, 예언자들을 통하여 선포된 말씀들은 이 교만하고 하나님을 거역한 이들에 대한 하나님의 뜻이 무엇인지를 알려주고 있다(Barton: 89).

4. 24-27장은 이제까지의 말씀과는 그 성격이 구별된다고 할 수 있다. 이 장들에서는 단지 이스라엘과 그 주변 민족들만이 아니라, 온 세상 전체가 하나님의 심판과 회복의 대상으로 나타난다. 현재 세상 질서에 임할 궁극적인 변화를 다루고 있는 이 장들은 "이사야 묵시록"이라고 불린다. 23장까지의 열방에 대한 말씀에 뒤이어 배열되어 있다는 점에서, 열방에 대한 하나님의 심판이 우주적 보편적 차원으로 확장되어 있음을 이 장들이 말하고 있다고 할 수 있다.

---

33. 열방에 대한 심판의 근거가 그들의 교만이라는 것은 다른 예언서들에서도 볼 수 있다: 렘 48:26,29,42; 49:4,16; 50:29; 겔 28:2-6; 29:2-7,9; 31:10; 32:12. 그외에 그들이 이스라엘에 행한 죄악도 하나님의 심판의 이유이며(렘 50:17-18; 51:24,34-36,49; 겔 25:3,6,12; 26:2; 35:12), 아모스서의 경우, 지나친 잔혹함과 패역함이 열방에 대한 심판의 원인으로 서술되어 있다.

28장 이후부터는 다시 이스라엘과 유다의 구체적인 상황에 대한 말씀이 등장한다는 점에서 24-27장은 앞 뒤에 놓인 말씀들과 뚜렷이 구분된다.

　5. 이전까지의 장들이 열방에 대한 말씀들과 온 세상에 대한 말씀들을 담고 있는데 비해, 28장부터는 다시금 구체적인 현실과 연관된 말씀들이 제시되고 있다. 이 부분을 특징짓는 것은 28장의 첫머리를 시작하고 있는 "화 있을찐저"이다. 이에 해당하는 히브리어 "호이(הוי)"는 구약에서 모두 51회 쓰이는데, 열왕기서 13:30을 제외하고는 항상 예언서들에서만 나타나고 있다는 점도 특이하다.[34] 이 표현은 말하는 이의 탄식을 나타내기도 하지만(왕상 13:30; 사 1:4; 17:12), 백성들의 특정한 행동이나 태도를 책망하면서 그들에게 임할 하나님의 심판 선언을 여는 말로(Sweeney 2005:41) 널리 쓰인다(사 5:8,11,18; 10:5; 렘 22:13; 암 5:18). "호이"는 28장의 첫머리뿐 아니라, 29장, 30장, 31장, 33장들의 첫머리에 사용되면서, 28-33장을 하나의 덩어리로 보게끔 한다. 특히, 30장과 31장에서 애굽에 도움을 청하려는 노력에 대한 심판 말씀의 선포를 볼 때, 28-33장의 말씀들은 히스기야 시기의 반 앗수르 동맹을 둘러싼 유대의

---

34. "호이"는 구약 중에서도 이사야서에 22회로 가장 빈번하게 쓰인다. 40장 이후에는 세 번만 쓰이고 있으며, 그 중의 한 번은 탄식이나 심판과는 무관하게 주의를 환기시키는 감탄사로 쓰이고 있다(55:1). 나머지 두 번은 나란히 45장에서 쓰이면서, 창조주 혹은 그 낳은 부모와 싸우는 어리석은 이에 대한 안타까움을 표현한다(45:9,10). "호이"의 용법을 볼 때에도 39장까지와 40장 이후의 본문의 방향과 주된 흐름이 뚜렷이 구분되는 것을 알 수 있다. 특히, 39장까지에서도 열방에 대해 쓰이고 있는 두 번을 제외한다면(17:12; 18:1), "호이"는 이스라엘의 구체적인 현실의 불법을 다루는 내용들에 사용되고 있다(1:4,24; 5:8,11,18,21,22; 10:1,5; 28:1; 29:1, 15; 30:1; 31:1; 33:1).

상황을 그 배경으로 생각할 수 있다. 13-23장의 열방 말씀들이나, 24-27장의 이사야 묵시록 같은 본문들의 구체적인 배경과 연대를 발견하기는 어렵지만, 28-33장은 시대적 배경에 대해 보다 구체적으로 파악할 수 있다는 점에서 2-12장의 본문과 비슷한 성격이라고 할 수 있다.

6. 34-35장의 내용은 28-33장, 36-39장과는 확연히 구분된다. 이전에 24-27장에서 온 세상에 대한 하나님의 심판에 관한 내용들이 있었는데, 34장에서도 그와 비슷하게 온 세상과 열국에 대한 하나님의 진노가 다루어지고 있다. 24-27장에서 하나님의 심판을 받게 되는 열국의 상징으로 모압이 거론되었다면(25:10-11), 34장에서는 동일한 역할로 에돔이 언급되고 있다(34:5-17). 또한 24-27장에서 온 세상에 대한 심판과 더불어 하나님의 백성들에 대한 온전한 회복이 제시되었듯이, 35장에서 세상 질서의 역전과 하나님 백성들의 온전한 구속에 대한 말씀이 선포된다. 이러한 공통점들로 인해, 34-35장은 "소묵시록"이라고 불리기도 한다. 에돔으로 대표되는 열국에 대한 심판과 이스라엘의 회복은 동전의 양면처럼 함께 묶여져 있다. 이것은 에돔이 야생 동물들이 짝을 지어 거하는 광야로 바뀌게 되지만, 광야 같은 이스라엘은 백합화처럼 피어나게 된다는 대조에서 두드러진다. 백성들의 죄악과 그로 인한 하나님의 심판을 피할 수 없지만, 그럼에도 불구하고 마침내 여호와께서 그 백성을 회복하실 날을 오게 하실 것이라는 기대와 희망을 이 장들이 전하고 있다. 특히, 35:10의 말씀이 51:11과 동일하다는 점에서, 이사야서의 전반부를 사실상 마무리짓고 있는 35장이 40장 이후의 회복과 구원에 대한 말씀을 내다 보고 있다고 할 수 있다(참고. Barton: 92-95).

7. 1-39장에 이르는 이사야서의 전반부의 마지막은 36-39장에서

볼 수 있는 대로, 히스기야 시대 산헤립의 침공과 여호와께서 예루
살렘을 지키신 일로 채워져 있다. 특히, 유다가 바벨론에 포로로 끌
려가게 될 것을 다루는 내용이 마지막 39장에 놓이면서, 40장 이후
의 바벨론 포로들을 향한 말씀으로 넘어가게 하는 교량 역할을 하
고 있다. 그러므로, 36-39장은 앗수르 시대에 종언을 고하면서, 바
벨론 시대를 바라 보게 한다.

제4장 소돔과 고모라(1장)

1. 1장 1절 "이상"

예언서들을 시작하는 표제에는 대개 예언자들이 활동하던 시대나 시기, 예언자의 인적 사항, 예언자가 전한 말씀의 성격에 대한 간략한 정보가 담겨 있다. "경고(משא)"라고 이름 붙여진 예언서들이 있는가 하면(나훔, 하박국, 말라기),[35] "여호와의 말씀(דבר־יהוה)" 으로 된 책들도 있다(에스겔, 호세아, 요엘, 요나, 미가, 스바냐, 학개, 스가랴). 어떤 책들은 예언자의 "말들"로 제목이 특이하게 붙여져 있기도 하다(예레미야, 아모스). 한편, 이사야서처럼 "異像(חזון)"이라고 되어 있는 책들도 있다(오바댜; 참고. 나훔). 특히, 이사야서의 경우 "이상"을 꾸며주는 동사에도 "하자(חזה)"가 쓰이고 있다는

---

35. 예언서들의 제목은 아니지만, 본문의 내용에서 예언자들이 전한 말씀이 "경고"로 불린 경우들이 있다: 사 13:1; 15:1; 17:1; 19:1; 21:1,11,13; 22:1; 23:1; 30:6; 겔 12:10; 슥 9:1; 12:1; 참고 잠 30:1; 31:1.

점에서 특이하다고 할 수 있다(cf. 겔 12:27). 근본적으로 이사야의 선포는 그가 본 것이다. 그가 임의대로 본 것이 아니라, 하나님께서 그에게 보여 주신 대로 본 것이다. 이 점은 구약의 예언을 이해하는 데에 중요하다. 예언자는 현실을 객관적으로 냉철하게 설명하는 데에 관심이 없다. 그래서 이사야에게 보여진 유다의 모습은 비유적인 언어들과 상징적인 표현들로 가득하다. "온 머리는 병들었고 온 마음은 피곤하였으며 발바닥에서부터 머리까지 성한 곳이 없이 상한 것과 터진 것과 새로 맞은 흔적 뿐이어늘 …"(1:5-6). 그의 표현에는 과장법이 사용되고 있으며 부분적인 사실에 근거한 전체적인 판단이 도처에 나타난다.

> "여호와께서 그 백성의 장로들과 방백들을 국문하시되 포도원을 삼킨 자는 너희며 가난한 자에게서 탈취한 물건은 너희 집에 있도다 어찌하여 너희가 내 백성을 짓밟으며 가난한 자의 얼굴에 맷돌질하느뇨 주 만군의 여호와 내가 말하였느니라 하시리로다"(사 3:15)

아마도 "장로들과 방백들" 모두가 이러한 책망의 대상이 되는 것은 아닐 것이다. 더욱이 그들이 말 그대로 "백성을 짓밟으며 가난한 자의 얼굴에 맷돌질"하지도 않았을 것이다. 실제적인 사실은 지도층의 어떤 이들이 자신들의 권력을 이용하여 가난한 자들로부터 포도원을 비롯한 것을 아마도 합법적으로 빼앗은 일일 것이다. 이러한 예는 나봇의 포도원에서 볼 수 있다. 그렇지만, 이에 대해 이사야는 이 일이 지도층 전체의 일인 것처럼 선포하고 있고, 가난한 자의 얼굴을 맷돌질한 짓이라고 규정하고 있다. 이러한 예언자의 선포를 들으면서 그 선포들의 과학적 타당성을 따진다면 우리는 전혀 예언자의 선포를 이해할 수 없을 것이다. 근본적으로 이사야를 통해 선포된 말씀은 "이상"이며, 그런 점에서 하나님의 눈으로 바라본 현실에 대한 선포라고 할 수 있을 것이다. 특히 이사야의 소명을 다루고 있는 6장을 보면, 보냄받은 예언자로서 이사야가 맞닥뜨리게 되는 현실의 핵심은 보아도 알지 못하는 백성들이었다는 점에서, 무엇을 보고 무엇을 깨닫는가는 이사야서 전체에서 반복되는 중요한 주제라고 할 수 있다.[36] 백성들이 그 눈으로 보는 현실이 있지만, 하나님과 이사야에게 있어서, 그들은 보지 못하는 이들이었다. 그에 비해, 이사야는 보는 자이며, 이사야서의 내용은 그가 본 것들이다. 당대의 백성들과 동일한 시대를 살아가고 있지만, 이사야가 본 것은 그들이 본 것과 달랐다. 그런 점에서 예언자가 된다는 것은 같은 현실을 보지만, 다른 것을 보는 자들이라고 할 수 있을 것이다. 동일한 현실을 살아가지만, 예언자들이 보는 것은 다르다. 그래서 이사야의 눈에는 열방이 여호와의 산으로 몰려오며 더 이상 칼과 창이 필요없는 보습과 낫의 나라(2:2-5)가 보였으며, 이리와 어린 양이 함께 뛰어노는 평화의 왕국(11:6-9; 65:17-25)이 보였다.

2. 1장 2-9절

1:2-9이 28-39장에서 볼 수 있는 대로 히스기야 시대 앗수르 위기 시의 유다의 처참한 상황을 다루고 있다면, 1:10-31은 경제적으로나 정치적으로 히스기야 시대에 비해서 훨씬 안정된 시기를 반영하고 있다는 점에서 2-12장의 배경인 웃시야로부터 아하스에 이르는 시기를 다루고 있다고 볼 수 있다. 그러므로 1장은 2-39장 전체를 대표하고 요약하고 있으며, 이로 인해 현재의 위치에 놓이게 되었을 것이며, 이 두 본문을 한 자리로 묶어주는 것은 9절과 10절에 있

---

36. 이에 대해서는 6장의 논의를 보라.

는 소돔과 고모라에 대한 언급이었을 것이다(Barton: 26; Loader: 58). 1장이 현재의 자리에 오게 된 것은 적어도 2-39장의 배열이 이루어진 이후일 것이다.

하늘과 땅을 증인으로 부르신 채, 하나님께서 유다를 고발하시는 내용이 2-3절에 나타난다. 유다는 하나님이 지으신 땅 위에서 살아가며, 유다의 살아가는 모습은 하늘 아래에 있다. 그러므로 하늘과 땅은 그들이 살아가는 공간이면서 그들이 행하는 모든 일들의 목격자라고 할 수 있을 것이다. 흔히 하는 말처럼, 사람들의 모든 행실은 "하늘이 알고 땅이 안다". 사람들의 삶과 이 공간은 서로 분리되지 않는다. 하나님의 백성들이 하나님과 더불어 행하며 하나님을 찬양하면 하늘과 땅이 함께 기뻐한다(대상 17:31; 시 96:11; 사 49:13). 그러나 사람들이 죄를 범하면 온 땅이 패역하게 되며(창 6:11), 하늘의 문이 닫히게 된다(신 11:17; 28:23; 학 1:10). 특히 이사야 40장 이후의 본문에서 하나님이 하늘과 땅을 지으셨다는 점이 포로된 백성들을 향한 하나님의 구원 능력의 기초이다(42:5; 44:24; 45:12; 48:13; 51:16; cf. 렘 51:15; 슥 12:1). 그러므로 이제 하나님께서 이스라엘의 죄악상을 드러내실 때에, 하나님이 지으신 하늘과 땅이 그 증인으로 호출된다(욥 20:27). 지음 받은 이와 지으신 이의 관계는 그 주인에 대한 소와 나귀의 관계로 비유되면서, 이스라엘의 패역함이 두드러지게 강조되고 있다. 소와 나귀조차도 자신들에게 먹을 것을 공급하는 주인을 알고 있는데, 이스라엘은 이를 깨닫지 못하고 있다. 결국 하나님이 지으신 피조 세계에서 사람을 비롯하여 동물, 하늘과 땅이 모두 등장하고 있는데, 유독 하나님께서 자녀로 양육하신 이스라엘만이 그 부모된 하나님을 알지 못하고 있는 것이다. 이스라엘의 실상을 적나라하게 표현하는 말들로 죄를 가리키는 여러 말들이 4절에서 쓰이고 있다: "범죄한 나라요 허물 진 백성이요 행악의 종자요 행위가 부패한 자식이로다". 이렇게 극심한 죄악의 본질은 그들을 지으신 여호와 하나님을 버린 것이다. 이스라엘은 하나님으로 말미암은 백성이므로, 하나님을 버린 것이야말로 그들의 모든 것을 버린 것이며, 그들의 존재의 근본을 부정한 것이다. 그러므로, 그들은 그야말로 "발바닥에서 머리까지 성한 곳이 없을" 수 밖에 없다. 추상적이고 상징적인 표현의 실상은, 이스라엘의 땅이 황무하게 되고 성읍마다 불타며 이방인에게 짓밟히고, 이스라엘에게 주어졌던 토지는 이방인들의 차지가 되어 버린 현실이었다. 그 지으신 부모인 하나님을 버린 백성에게 미친 처참한 현실이 이사야서의 첫머리를 채우고 있다는 점은 주목할 만하다. 이사야서를 통해 하나님의 은혜와 구원을 발견하기를 원하는 모든 시도들은, 하나님을 떠난 죄악에 대해 머리부터 발끝까지 철저하게 치시는 하나님의 심판을 무엇보다도 먼저 직시해야 한다. 비록 하나님의 은혜가 임하지만, 그 은혜는 결코 심판을 무효화시키지 않는다. 이 점은 8절과 9절에 담긴 긴장에서 볼 수 있다.

처참한 유다는 8절에서 "딸 시온"으로 불린다. 이것은 시온 혹은 예루살렘을 의인화한 표현이며 이런 식으로 도시를 부르는 경우들을 구약에서 흔히 볼 수 있다.[37] 시온이 처하게 된 고립 상황과 연관하여 "딸"이라는 표현은 독자들로 하여금 시온의 상황을 보다 애처롭게 느끼게 한다(Williamson 2006: 70). 나아가 이렇게 애처로운

---

37. "딸"을 의미하는 히브리어 "바트"가 도시이름과 함께 쓰일 경우에는 대체로 그 도시나 나라의 거민을 의인화하여 표현하고 있다. 가령 "딸 시온"(시 9:15; 사 1:8; 10:32; 16:1; 62:11; 미 1:13; 4:8; 4:10; 4:13; 렘 4:31; 6:2; 6:23; 애 1:6; 2:1; 2:4; 4:22; 습 3:14; 슥 2:10; 9:9); "딸 다시스"(사 23:10); "딸 시돈"(사 23:12); "딸 디본"(렘 48:18); "딸 갈림"(사 10:30); "딸 애굽"(렘 46:11,19,24); "딸 에돔"(애 4:21,22); "딸 갈대아"(사 45:1,5); "딸 바벨론"(시 137:8; 사 47:1; 렘 50:42; 51:33; 슥 2:7).

지경에 놓인 시온을 가리키는 비유어로 "포도원의 망대", "참외밭의 원두막", 그리고 "에워싸인 성읍"이 제시되고 있다. 포도원에서 망대만 남았고, 참외밭에서 원두막만 남았다면 그것은 모든 것이 다 짓밟힌 것을 의미한다. 포도원과 참외밭의 존재 의미는 그 원두막에 있지 않고 포도와 참외에 있을 것이 너무나 당연하기 때문이다. "에워싸인 성읍"도 이러한 맥락에서 이해된다. 대적들에 의해 사방이 둘러싸여 봉쇄된 성읍은 곧 함락되고 패배하게 되고 말 것이다. 동일한 동사가 쓰인 또 다른 구절인 예레미야 4:16 및 에스겔 6:12 모두 곧 다가오게 될 패배를 가리키고 있다. 그러므로 8절이 의미하는 바는 임박한 멸망, 전적인 심판에 압도적인 무게가 실려 있다. 이렇게 8절을 이해하는 것은 7절까지의 문맥과도 일치하며, 비슷한 표현이라고 할 수 있는 "산 꼭대기의 깃대 같겠고 영 위의 기호 같으리라"는 말씀(사 30:17)의 맥락과도 일치한다(Williamson 2006: 57). 이렇게 볼 때, 9절은 이상하게 들리는데, 8절과는 달리, '남겨졌다'는 것에 초점을 맞추고 있기 때문이다. 윌리암슨(71)은 이에 대해 9절이 8절의 말씀에 대한 백성들의 응답일 수 있다고 지적한다. 8절의 말씀은 황폐와 심판에 초점이 있는데, 백성들은 교묘하게 예언자에 의해 선포된 심판에 쓰인 단어를 다시금 말하면서 ("남았도다 נותרה" →"우리를 위하여 남겨 두지 הותיר לנו"), 자신들의 상황을 소돔과 고모라로부터 분리시킨다. 그런 점에서 9절은 청중들의 착각 혹은 헛된 기대로 해석될 여지가 있다. 이것을 뒷받침하는 것은 10절에 다시 반복되는 소돔과 고모라에 대한 언급이다. 백성들은 9절에서 자신들의 남겨졌음을 강조하면서 그들이 소돔과 고모라와는 처지가 다르다고 강변하지만, 곧바로 하나님께서는 10절에서 그들을 향해 소돔과 고모라라고 부르신다. 심판의 말씀을 듣는 청중들이 그에 대해 헛된 기대를 품는 경우는 30:15-17에서도 볼 수 있다. 앞에서도 언급하였듯이, 참된 구원의 말씀은 전적인 심판에 대한 인정과 고백 위에서 의미가 있다. 그렇지만, 헛된 기대를 품은 이들은 언제나 남은 자를 두시는 하나님의 은혜를 말하고 의지한다. 정작 그들에게 요구되는 회개는 하지 않은 채, 현재의 참상 속에서 자꾸 "은혜"를 찾아낸다. 은혜에 대한 이러한 기대가 가져오는 것은 두려운 심판을 외면하는 것이며, 마땅히 해야 할 회개를 완화시키거나 미루어 버리는 것이다.

이상의 논의를 따라서 9절이 백성들의 안일한 고백과 회피를 반영한다고 볼 수 있지만, 이러한 견해는 그리 일반적이지는 않다. 가령, 9절은 로마서 9:29에서 인용되었다:

칠십인경 이사야 1:9
καὶ εἰ μὴ κύριος σαβαωθ ἐγκατέλιπεν ἡμῖν σπέρμα ὡς Σοδομα ἂν ἐγενήθημεν καὶ ὡς Γομορρα ἂν ὡμοιώθημεν

로마서 9:29
καὶ καθὼς προείρηκεν Ἡσαΐας· εἰ μὴ κύριος σαβαὼθ ἐγκατέλιπεν ἡμῖν σπέρμα, ὡς Σόδομα ἂν ἐγενήθημεν καὶ ὡς Γόμορρα ἂν ὡμοιώθημεν.

"생존자 조금을(שָׂרִיד כִּמְעַט)"에 해당하는 구절에서 "씨"를 의미하는 σπέρμα를 지니고 있다는 점에서 바울은 칠십인경을 참고하고 있음을 알 수 있다. 여기에서 바울은 구원받을 자와 그렇지 않을 자에 대한 선택이 전적으로 하나님의 권한임을 역설하고 있다. 이러한 맥락에서 이사야서를 인용하면서 이스라엘 가운데 씨를 남겨두신 것 역시 전적으로 하나님의 선택에 있지, 이스라엘에게 있지 않음을 분명히 하고 있다. 그러므로 바울은 9절의 말씀을 백성들의 반응이 아니라 이사야의 말로 이해하고 있다. 로마서의 이해와 맥을 같이 하여, 이사야서의 본문에서도 9절 말씀을 긍정적으로 이해할 수 있을 것이다. 대부분의 주석들의 경우, 그러한 해석을 채택하고 있기도 하다. 그렇더라도, 9절에서 전하고 있는 "남은 자"는 만군의 여호와께서 행하신 전적인 주권적 은혜의 행동의 결과이지, 이스라엘에게 어떠한 기대할 만한 것이 있어서가 아님에 유념해야 할 것이다. 그런 점에서 2-9절의 말씀에서 남은 자 사상의 시작을 보기에 앞서, 하나님의 백성된 이스라엘의 거역과 그로 인한 두려운 심판에 직면하는 것이 중요하다는 점은 거듭 강조되어야 할 것이다. 이 말씀은 히스기야 시대 산헤립으로부터의 구원을 가리키기도 하지만, 처참하게 황폐화되나 훗날에 여호와께서 그 남겨놓은 자들을 통해 이루어가실 역사를 미리 내다보고 이사야가 전하는 말씀이라고 볼 수도 있을 것이다.

3. 1장 10-20절

10절 "들으라 여호와의 말씀을 소돔의 관원들아 / 귀기울여라
　　 우리 하나님의 법을 고모라의 백성아"

10절은 A-B-C-a-b-c로 배열되어 평행관계를 잘 보여주고 있다. 현재 우리가 지닌 대로의 이사야서는 9절에서 느낄 수 있는 안도의 한숨을 10절에서 곧바로 뒤집고 있다. 전반절에서는 "관원"이 거론되고, 후반절에서는 "백성"이 거론되면서 결국 유다 사회의 모든 사람들이 그 대상으로 호출되고 있다. 특히 제사와 거룩한 모임에 대한 말씀들이 그 내용으로 다루어지고 있는 것을 볼 때, 10절 이하의 말씀의 청중은 예루살렘 성전에 모인 제사 공동체라고 할 수 있

으며(Fischer: 18), 이사야는 그들이야말로 다름아닌 소돔과 고모라라고 규정하고 있다.[38] 소돔과 고모라는 폭력과 죄악의 상징이며(창 18:20), 그로 인해 하나님께서 "그 성들과 온 들과 성에 거하는 모든 백성과 땅에 난 것을 다 엎어 멸하신" 장소이다(창 19:25). 구약의 다른 본문들에 언급되고 있는 소돔과 고모라 역시 이 두 가지의 이미지를 반영하고 있다. 소돔과 고모라는 하나님의 진노를 불러 일으키는 죄악의 상징이며(창 13:13; 렘 23:14), 그로 인해 하나님의 두렵고도 완전한 심판으로 인해 생명이 살 수 없도록 멸망당한 곳을 상징한다(신 29:23; 32:32; 렘 49:18; 50:40; 암 4:11; 습 2:9). 덧붙여서, 소돔과 고모라가 겪게 된 황폐함은 이 도시들이 원래 지니고 있던 풍요로움 때문에 더욱 두드러진다(창 13:10).[39] 이사야서의 다른 구절들에서도 이 도시들은 그 노골적인 죄악상과(사 3:9) 그에 대한 하나님의 완전한 진멸을 겪은 곳으로(사 13:19) 다루어진다 (cf. Loader: 60-61). 이를 고려할 때, 예루살렘 성전에서 여호와 하나님께 예배하는 제사 공동체가 바로 소돔이고 고모라라고 외치는 이사야의 선고는 참으로 충격적이라고 할 수 있다. 이사야 승천기에 따르면(3:6-10), 이사야의 대적인 벨키라(Belkira)는 므낫세왕에게 이사야를 고발하면서, 그 이유로 이사야가 예루살렘과 유다에 대해 황폐케 될 것이라고 거짓 예언하였으며, 또한 예루살렘을 소

---

38. 소돔과 고모라가 구약성경과 초기 유대교, 초기 기독교 전통에서 어떻게 언급되고 있는지에 대한 포괄적인 연구는 Loader를 참고하라.

39. 창세기 14장에서 소개되고 있는 소돔과 고모라가 연루된 전쟁 역시 이 지역의 풍요로움이 발단이 되었을 것이다. 소돔과 고모라가 패배하자, "소돔과 고모라의 모든 재물과 양식을" 약탈당하였다는 언급(창 14:11)과, 아브라함에게 도움을 받은 소돔왕이 그 빼앗겼던 물품들을 아브라함에게 주려고 하는 것도(창 14:21) 그러한 소돔의 풍요로움을 보여준다고 할 것이다.

돔이라 부르고 유다와 예루살렘의 지도자들을 고모라의 백성이라 고 선언하였다는 점을 든다. 이것은 이사야 승천기가 쓰여진 시기 에 이사야의 말이 얼마나 과격한 말로 여겨졌는지를 보여주면서 (Loader: 59), 동시에 이사야의 표현이 당시에 예루살렘에 모인 제 사공동체인 청중들에게도 얼마나 충격적이었으며, 그들을 분노케 하였을지를 짐작하게 한다.[40]

그들이 듣고 귀 기울여야 할 것은 여호와의 말씀이며 우리 하나 님의 법("토라 תורה")이다.[41] 하나님께서 듣기를 요구하시는 것은 어떤 다른 별도의 가르침이 아니라 바로 이제껏 이스라엘이 들어온 여호와의 말씀 그것이다. 여호와의 말씀이야말로 그들의 법, 그들 의 토라이다. 특히 신명기 29:22-29를 보면, 소돔과 고모라가 당한 심판을 기억하게 하는 것은 "토라"의 말씀을 준행케 하기 위함이라 고 서술된다. 현재의 이사야서의 맥락에서 백성들이 귀 기울여야 할 하나님의 말씀, 토라는 무엇인가?

> 11절 "너희의 무수한 제물이 나에게 무엇이냐 여호와께서 말 씀하신다 내가 숫양들의 번제들과 살찐 짐승들의 기름에 물 려버렸고 숫소와 어린양과 수염소들의 피를 기뻐하지 않노 라"

"무수한 제물"의 내용으로 번제들과 기름, 피가 언급되고 있다.

---

40. 예루살렘 성전이 실로처럼 무너지리라는 예레미야의 예언을 듣자, "제사장들과 선지자들과 모든 백성"이 그를 반드시 죽여야겠다고 응답하 는 것을 보면(렘 26:1-8), 이사야의 선포에 대한 청중들의 반응도 상상할 만 하다. 예레미야 역시 예루살렘의 선지자들과 거민들을 가리켜 소돔과 고모라의 백성이라고 부른 적이 있다(23:14).

41. 이사야서에 사용된 "토라"의 의미에 대해서, Jensen; Fischer를 참고 하라.

살찐 짐승들("므리임 מריאים")의 기름이 드려지는 제사는 속죄제와 속건제, 화목제들이다. 그렇지만, 속건제의 경우, 어린 암양이나 암염소가 제물이 되고(레 5:6), 속죄제의 경우도 암염소와 어린 암양이 제물이 되는 경우들이 있다는 점에서(레 4:27-28, 32), 남성복수형으로 표현된 "살찐 짐승들"과 숫소, 어린 양, 수염소와 같은 표현들은 번제와 화목제가 여기에서 염두에 두어져 있음을 보여준다.42 이 모든 제사에서 피는 가장 중요한 부분을 차지하고 있다. 숫양, 어린 살찐 짐승, 숫소, 어린 양, 수염소가 제물이 되는 동물로 언급되고 있으며, 모두 복수형으로 되어 있어서 그야말로 넘치는 제물을 보여주고 있다. '배부르다'를 의미하는 동사와 '기뻐하지 않다'가 앞과 뒤에 쓰여서 교차댓구를 이루고 있다. 넘치는 제물, 넘치는 제사가 드려지지만, 도리어 하나님께서는 이러한 제사에 질려버리셨으며, 하나도 기쁘지 않다고 선언하신다. 하나님은 그러한 제사를 받지 않으신다(시 40:6; 51:16). 이 모든 것은 하나님께 아무 쓸모가 없다. 제사를 절차대로 드린 이스라엘은 당연히 하나님께로부터 그에 맞는 사죄와 은혜의 선포를 기대하였겠지만, 그들이 들은 것은 하나님의 거절이었다. 문제가 된 것은 절차가 아니었다. 이러한 구절을 읽으면서 제사의 중요한 것은 예배자의 정성 어린 마음이라는 식으로 풀이하는 것은 타당치 않다. 이사야서의 내용은 그들의 마음이 형식적이었다는 아무런 암시를 보여주지 않는다. 도리어 살찌고 좋은 제물로 넘치는 제사를 드린다는 것에서 그들의 정성과 마음이 열심이었다고 읽는 것이 타당할 것이다. 그러므로

---

42. 아모스 5장 22절에서도 이사야 1장11절, 13절에서처럼 번제와 화목제 그리고 소제가 대표적인 제사로 언급되고 있으며, 특히 화목제의 경우 "살진 희생("므리임 מריאים")의 화목제"로 표현된다는 점에서 이사야 1장 11절과 공통점이 있다.

제사 드리는 사람의 마음도 문제가 아니고, 제물의 흠이나, 제사의 불법함도 하나님께서 그들을 거부하신 까닭이 아니었다. 거듭 말하거니와, 이사야에게 있어서 하나님께 드리는 예배의 관건은 제사의 양이 아니거니와 제사의 질이나, 제물의 순전함, 혹은 예배자의 진심어린 마음도 아니었다.

> 12절 "이는 너희가 내게 보이려고 나아옴이라 누가 너희들의
> 손에서 이것을 찾았느냐 나의 뜰을 밟고 있도다"

모든 이스라엘은 적어도 일 년에 세 차례 예루살렘 성전으로 올라와서 그 하나님께 예배해야 했으며, 그렇게 하나님께 나아올 때 결코 빈 손으로 와서는 안 되었다: "너의 가운데 모든 남자는 일 년에 세 번 곧 무교절과 칠칠절과 초막절에 네 하나님 여호와께서 택하신 곳에서 여호와를 뵈옵되 *빈손으로*[43] *여호와를 뵈옵지 말고* (לֹא יֵרָאֶה אֶת-פְּנֵי יְהוָה רֵיקָם)"(신 16:16; 참고. 출 23:15; 34:20). 이사야 1장 12절의 개역에서 "너희에게"로 옮겨진 말은 직역하면 "너희들의 손에서"인데, 이 표현은 빈 손으로 오지 말고 제물을 가지고 하나님께 와야 한다는 규정이 염두에 두어져 있음을 보여준다. 그러므로 유다의 지도자들과 백성들이 성전으로 나아와 풍성한 제물로 제사를 드릴 때 이 모든 일은 규정과 법을 따라 진행되었다고 할 수 있다. 그렇지만 이사야는 이들의 제사가 하나님께서 요구하신 것이 아니라고 선언하며, 그렇기에 그들의 제사가 그저 하나님이 계신 곳의 마당만 밟고 갈 뿐이라고 전한다. 즉 그들이 드린 것은 제사와 예배가 아니라는 것이다. 그들이 율법의 규정을 따라 제대로 제물과 제사를 드렸고, 율법에 담긴 하나님의 요구대로 빈 손

---

43. 창 31:42; 출 3:21; 신 15:13; 룻 1:21; 3:17; 삼상 6:3; 욥 22:9

으로 나아오지 않았음에도, 그들의 제사는 제사가 아니며 단지 땅을 짓밟는 행동 이상이 아니라는 선포를 들었을 때에, 백성들의 당황스러움을 짐작할 수 있을까? 이 단락을 시작하는 10절에서 "하나님의 법"에 귀 기울일 것이 명령되지만, 이것은 하나님의 법의 표면을 듣는 것과는 무관하다. 율법대로, 말씀대로 행하지만, 전혀 말씀과는 거리가 멀 수 있다. 오늘날의 경우로 따지자면, 성경대로 한다고 해서 성경적이라고 말할 수 없는 경우가 있다고 할 것이다. 성경의 글자를 지키는 것이 성경을 지키는 것이 아닐 수 있다. 여기에서 이사야가 구약 시대의 제사 일체를 부정하거나 거부하는 것이 아님은 당연할 것이다. 이사야의 말씀은 이러한 요구들을 새롭게 해석하고 있다. 아니, 이러한 요구들의 본질을 바르게 해석하고 있다.[44]

> 13절 "거짓된 예물을 더 이상 가져오지 말라 분향은 내게 가
> 증한 것이라 월삭과 안식일과 대회를 소집하는 것 – 악과 모
> 임을 내가 견디지 못하겠노라"

"예물"로 옮겨진 "민하 מנחה"는 흔히 곡식으로 드리는 제사인 "소제"를 의미하지만(출 30:9; 레 7:37; 민 18:9 등), 동물로 드린 제물이나 식물로 드린 제물 모두를 포괄하여 쓰이기도 한다(창 4:3; 민 16:15; 삼상 2:17; 시 96:8 등). 12절에서 동물 희생 제사가 거론되었다는 점에서 13절에서는 곡식으로 드리는 소제가 거론되고 있다고 볼 수도 있을 것이다(cf. 암 5:22). 보다 중요한 것은 이것을 꾸며주는 것이 "헛된" 혹은 "거짓된"이라는 점이다. 하나님께 드려진 제물인데, 이를 가리켜 헛된 제물, 아무런 쓸모도 소용도 없는 제물

---

44. 이러한 올바른 해석의 노력은 예수의 율법에 대한 해석(마 5:21-48)과 상통한다: "율법이나 선지자나 … *폐하러 온 것이 아니요 완전케 하려 함이라*(οὐκ ἦλθον καταλῦσαι ἀλλὰ πληρῶσαι)"(마 5:17).

이라고 일컫고 있다. "분향"은 성소 안에서 항상 피워져야 하는 것이다(출 30:7-8; 레 16:13). 그럼에도 이 "분향"을 꾸며주는 말로는 "가증한"이 쓰이고 있다. 여기에 해당하는 히브리어는 "토에바 תועבה"인데, 우상숭배하거나, 이방신들에게 절하는 것은 하나님 앞에서 가증하다(신 7:25; 12:31; 18:12; 27:15; 왕하 16:3; 23:13; 대하 28:3; 34:33; 36:14; 사 41:24; 44:19; 렘 16:18; 32:35; 44:4, 22; 겔 8:6; 14:6; 16:36; 18:12; 말 2:11). 이러한 가증한 일들은 여호와께서 쫓아내게 하신 이방 백성들이 행하던 일이었으나 도리어 이스라엘이 그들의 가증한 행실을 본받았다(신 20:18; 왕상 14:24; 왕하 21:2, 11; 대하 33:2; 스 9:1). 또한 하나님을 떠나 악을 행하면 가증하며(신 24:4; 왕상 14:24; 렘 2:7; 6:15), 하나님의 규례를 따르지 않음도 가증한 것이다(레 18:22; 20:13; 신 17:1; 23:18; 겔 16:50; 22:11; 33:26). 잠언에서는 이 단어가 "악" 혹은 "불의"로 옮겨지면서 탈(脫)제의화되고 일상화되었다고 할 수 있을 것이다(3:32; 8:7; 13:19; 16:12; 21:27; 24:9; 26:25; 28:9; 29:27). 그래서 이웃에 대하여 불의를 행하는 것도 가증하다고 선포된다(신 25:16; 겔 18:12). 그러므로 하나님께서 '가증하다'고 선언하시는 것은 우상숭배, 그리고 하나님의 규례를 떠나 악을 행하는 것이라고 정리할 수 있다. 그런 점에서 본문에서 하나님께서 명령하신 "분향"을 꾸며주는 말로 "가증한"이 쓰였다는 것은 놀라운 일이다. 12절은 동물 희생 제사를 하나님이 기뻐하지 않는다고 선언하였으나, 13절은 아예 소제와 분향은 '헛된 소제'와 '가증한 분향'으로 수식하여 표현한다. 하나님께서 제사와 분향을 단지 기뻐하지 않으실 뿐 아니라, 이제는 제사가 죄가 되었다. 이 점은 이어지는 거룩한 날들에 대한 표현에서도 나타난다. 월삭은 하나님께 제사를 드리며 기념해야 하는 특별한 날이다(민 10:10; 28:11,14; 29:6; 대상 23:31; 대하 2:4; 8:13; 31:3; 스

3:5; 시 81:3; 사 66:23; 겔 45:17). 안식일은 창조질서의 한 부분이며 (창 2:1-4), 안식년과 희년에 이르는 특별한 시간들의 근본이 되는 날이기도 하다. 그래서 절기에 대해 다루고 있는 성결 법전의 절기 규정은 안식일 규례로 그 처음과 끝이 맺어져 있기도 하다(레 23:1-3; 26:1-2). 이러한 날들과 절기 때에 거룩한 모임이 열리게 되는데, 이 모임들은 "대회(미크라 מקרא)"로 불리기도 하고(출 12:16; 레 23장; 민 28장등), 몇몇 경우에 "성회(아차라 עצרה)"로 불리기도 한다(레 23:36; 민 29:35; 신 16:8; 느 8:18). 이러한 절기와 거룩한 모임들 역시 분명히 율법에 따라 규정된 것이었지만, 하나님께서는 이러한 것들을 견딜 수 없다고 선언하신다. 그 까닭은 이러한 성회 들과 더불어 그 백성들에게 악이 함께 있기 때문이었다. 여기서도 하나님께서 제사와 절기 자체를 거부하는 것이 아님을 알 수 있다 (Williamson 2006: 88). 문제는 제사와 절기가 악과 함께 존재한다 는 점이다. 그럴 경우, 그 악만이 문제인 것이 아니라, 제사와 절기 전체가 하나님께서 견딜 수 없는 죄악으로 규정된다. 제사가 악을 정결케 하는 것이 아니라, 이스라엘이 행한 악이 제사를 합당치 못 하게 만들어 버린다. 이 악은 무엇인가?

> 14절 "너희의 월삭과 너희의 절기를 내 영혼이 싫어한다 그것
> 들이 내게 짐이라 내가 받기에 지쳤노라"

개역에서 "정한 절기"로 번역된 말은 순례축제(חג)를 포함하여 정해진 절기 전체를 가리킨다. 가령 레위기 23장은 안식일로 시작 하여, 유월절과 무교절, 칠칠절, 초막절, 나팔절, 대속죄일 등을 가 리켜 "여호와의 절기"로 열거하고 있다. 이러한 "정한 절기"들의 출 처는 여호와 하나님이다. 그러나 이러한 절기 역시 이제 하나님이 싫어하시는 것이 되었다. 신명기 12:31에서 하나님께서 이방민족들

의 우상숭배를 가증히 여기시며(תועבה) 싫어하신다(שנא)고 되었는데, 이제 이스라엘의 제사와 절기가 가증한 것과 싫어하시는 바가 되었다. 여호와께 규정에 따라 드려진 안식일, 월삭 그리고 절기의 모임들인데도, 우상숭배에 대한 여호와의 평가가 내려진 것이다. 여호와의 이름으로 드림에도 우상숭배와 마찬가지의 평가를 받는다. "내 영혼(נפשי)"과 같은 신인동형론적 표현은 하나님께서 그 존재의 중심에서 얼마나 이러한 절기를 싫어하시는 지를 확연히 강조하고 있다.[45] 특히 잠언 6:16-19에서도 '(여호와의) 영혼', '가증스러움("토에바")', '싫어하다("사나")'가 결합되어, 여호와께서 참으로 싫어하시는 가증한 것들을 열거하고 있다. 이것들은 교만한 눈, 거짓된 혀, 무죄한 자의 피를 흘리는 손, 못된 꾀를 꾸미는 마음, 악을 행하기에 빠른 발, 거짓을 말하는 망령된 증인, 형제 사이를 이간하는 자들이며, 모두 이웃과의 관계 속에서 발생하는 것들임을 알 수 있다. 이웃에 대한 이러한 죄악들에 대해 여호와께서 평가하시는 표현들이 이스라엘에 의해 여호와께 드려진 제사와 절기에 동일하게 사용되고 있다는 것은 심각하게 고려되어야 한다. "대회(미크라)", "성회(아차라)", "절기(모에드)"는 모두 이스라엘의 거룩한 절기와 모임을 가리키는 단어들이다. 그리고 모든 종류의 거룩한 모임들에 대해 하나님께서 명확하게 거부하고 계신다. 이러한 여호와의 싫어함은 제사의 개혁으로, 절기의 개혁으로 해결될 수 없다. 그들의 제사와 절기 준수 자체가 잘못되었다고 지적되고 있지 않기 때문이다. 문제는 이들과 더불어 존재하는 "악"이다(13절).

15절 "또 너희가 너희의 손을 내뻗을 때에 내가 나의 눈을 너

---

45. 참고: 여호와께서는 악인과 폭력을 좋아하는 이들을 '심중에 미워하신다'(시 11:5).

희로부터 닫으리라 참으로. 너희가 기도를 많게 할 때라도 내
가 듣지 않으리라 너희의 손은 폭력으로 가득찼도다"

'손을 뻗는 것'은 기도의 자세이다.[46] 하나님의 이름을 두신 성전
을 향해 그 손을 하나님께 펴서 기도할 때 여호와께서 들어주시기
를 솔로몬이 구하였고(왕상 8:38), 그의 기도에 하나님이 응답하셨
지만, 이사야서의 구절에서 하나님은 심지어 성전에서 풍성한 제사
와 함께 드려진 기도조차도 정면으로 거부하신다. 하나님께서는 그
들의 간절한 기도의 자세를 보지 않겠다고 하시며, 그들의 많은 기
도를 듣지 않겠다고 선포하신다.

　손을 뻗어 기도하는 것에 대한 언급은 손에 가득한 피에 대한 고
발로 이어지면서, 이제까지의 내용들을 16절과 긴밀하게 연결시킨
다. 복수로 쓰인 "피(다밈 דמים)"는 거의 항상 부당한 폭력에 의해
흘려진 피를 가리킨다(*GKC* §124 n). 여기에는 질투와 시기에 사로
잡힌 가인에 의해 죽은 아벨의 피(창 4:10)가 있으며, 탐욕스러운 권
력에 의해 죽임 당한 우리야의 피(삼하 16:8)와 나봇의 피가 있고
(왕하 9:26), 성읍을 피로 건설하는 제왕들이 있다(합 2:12). 종종
"강포"로 번역되는 히브리말 "하마스(חמס)"는 쉽게 말해 누군가의
피를 흘리게 한 '폭력(violence)'을 가리킨다(겔 7:23). 손에 피흘림
이 가득하다는 것은 이 백성들 가운데 폭력이 가득하다는 것이며,
이러한 폭력은 힘있고 부하며 강한 이들이 그보다 약한 이들을 억
울하게 짓밟고 희생시키는 것을 의미한다. 여호와 하나님께 나아와
풍성하고 넘치는 제사를 드리는 이스라엘, 그리고 하늘을 향해 두
손을 뻗어 기도하는 이스라엘의 손에 피가 가득하다. 제사하는 그
들의 삶에 폭력이 가득하다는 것이며, 힘없고 약한 이들을 짓밟아

---

46. 출 9:29; 왕상 8:22,38,54; 스 9:5; 욥 11:13; 시 44:20.

피흘리게 하였다는 것이다. 사실, 하늘을 향해 뻗은 이스라엘의 손에 묻은 피는 희생 제사를 드리는 과정에서 묻은 제물의 피였을 것이다. 그런데, 이사야는 그 손에 묻은 피를 주목하면서, 그 피가 제물 짐승의 피가 아니라 그들이 저지른 폭력으로 인해 흘려진 이웃의 피임을 깨달은 것이다. 13절에서 거룩한 모임들과 함께 존재하는 "악"에 대한 언급이 있었는데, 이제 그 "악"의 구체적인 내용이 언급된 셈이다. 아마도 실질적인 '사실(fact)'은 희생제물의 피이겠지만, 예언자의 눈에는 그것이 억울하게 흘려진 이들의 피였다. 예언자가 보는 것은 세상이 보는 것과 같지 않다. 그가 육안으로 본 것은 넘치는 제사와 그로 인한 피이지만, 하나님께서 그로 보게 하신 것은 억울한 이웃의 피였다. 이러한 안목이야말로 영안(靈眼)이라 할 것이다. 그에 비해 이스라엘은 "정의를 제사로 대체하는" 자들이다.[47]

기도에 대해 언급하면서, 손이 상징적으로 사용되었고, 그 이미지를 그대로 사용하여 그 손에 피가 가득하다는 표현으로 이어지고 있다. 그리고 이 이미지를 받아서, 16절에서는 '씻는 것'에 대한 명령으로 이어진다. 그러므로 10-15절의 말씀이 15절의 "손"으로 모아졌다면, 16-17절의 말씀은 '씻는 것'에서 시작하여 넓어지고 있다.

> 16절 "씻어라 자신을 깨끗이 하라[48] 너희 행실의 악을 내눈앞
> 에서 치워라 악을 멈춰라"

---

47. 제의와 정의에 대한 이사야의 관점과 지혜문학과의 연관에 대해서, Jensen: 73-83.

48. "자카 זכה"동사의 히트파엘형. 유일하게 히트파엘의 "타우(ת)"가 "자인(ז)"으로 동화된 경우이다(*GKC* §54d).

15절에서의 피묻은 손에 대한 언급에 뒤이어 16절부터 등장하는 명령은 자연스럽게 피묻은 손을 씻는 것으로부터 시작된다. 죄악과 함께 존재하는 제사에 대한 책망이 손에 가득한 피로 모아졌고, 올바른 행함은 손에 가득한 피를 해결하는 것으로 시작한다. "씻다"라는 표현은 제의와 연관된 표현이지만(예컨대 출 29:4, 17; 특히 30:20),[49] 여기에서 그러한 또 다른 제의가 염두에 두어진 것이 아님은 분명하다. 하나님께서 이 백성들의 제사를 거부하시는 것을 또 다른 형태의 제사로 해결하려고 해서는 안될 것이다. 우리 손을 씻는 제사 혹은 예배가 필요한 것이 아니다. 본문의 기자는 앞에 나온 피와 연관해서 자연스럽게 제의적 관심사에서 삶의 관심사로 옮겨가고 있다.

처음 쓰인 두 단어는 사실상 동일한 의미이며 15절을 다음에 이어질 명령형들과 연결시키고 있다. 씻는다는 것의 실제적인 의미는 다음에 이어질 내용에서 보다 구체적으로 규명될 것이다. '내 눈앞에서 너희들의 못된 행실의 악을 치워라'는 명령은 씻는다는 것의 의미를 달리 표현하고 있다. 씻는다는 것의 의미가 제의적인 것이 아님을 이러한 명령에서 확인할 수 있으며, 이를 통해 하나님께서 진정으로 원하시는 것이 무엇인지 제시될 것이다.

> 17절 "선행하기를 배워라 공평을 추구하라 학대받는 자를 도와주라 고아를 변호하라 과부를 변론하라"

16절에서 악을 멈출 것이 요구되었고, 17절에서는 선을 행하기를 배울 것이 명령된다. 이를 위해서는 무엇보다도 무엇이 선이고

---

49. 이 단어는 레위기에만 26회 가량 쓰이고 있는데 모두 제의와 연관하여 제물을 씻고 제사장을 씻는 것에 사용된다. 출애굽기에서도 비슷한 제의적 용도를 위해 10회 가량 사용된다.

무엇이 악인지를 분명히 알아야 할 것이다(Williamson 2006: 100). 오히려 당시의 사회는 악을 선하다 하고 선을 악하다 하는 상황이었다(사 5:20). 특히 이렇게 선을 악이라 하면서도 이들은 여호와의 이름을 운운하기도 한다(사 5:19). 그러므로 무엇이 악이고 무엇이 선인지, 어떻게 하는 것이 선을 행하는 것인지 배워야 한다(렘 4:22).[50] 여기서 "선"과 "악"이라는 지극히 평범하고 단순한 것을 예언자가 명하고 있다는 점은 놀랍다. 현재 이스라엘에게 요구되는 것은 정교한 율법체계와 조항들이 아니다.

'선을 구하고 악을 버리라'라든지, '살려면 여호와를 구하라'(암 5:6, 14)는 식의 말씀들은 제사체계로 상징되는 정교한 율법에 따른 삶을 원하는 이들의 말이라고 할 수 없다. 여호와께서 원하시는 것은 명확하다. 그렇지 않다면 어찌 아모스나 다른 예언자들이 "선" 과 같은 막연한 말로 표현할 수 있을까! 넘쳐나는 제의에도 불구하고 하나님께서 원하시는 것은 분명하다는 점은 미가의 유명한 본문에서도 잘 드러난다(6:6-8). 여기서는 제의 대신에 윤리식으로 말하는 것이 아니다. 뭔가 아주 단순한 것과 결국에는 멸망으로 끝나게 되는 정성스러운 행실이 대조되어 있다. 그 단순한 것은 여호와 앞에서 살아가는 삶이다(von Rad: 155).

여호와께서 명하시는 것은 아주 단순하고 분명하게 '선을 구하는 삶'이지만, 사람들은 더 복잡하고 굉장한 헌신과 제사를 여호와께 드리려고 한다. 선과 악의 구별에 관한 말씀은 앞에서 언급한 이사

---

50. 마태복음 9장 13절을 보면, 예수께서 호세아 6:6을 인용하시면서 긍휼을 원하시되 제사는 원치 않는다 하신 하나님 말씀을 "배우라"고 촉구하신다(Williamson 2006: 100).

야 5장 19-20절뿐 아니라, 아모서의 한 구절에서 보는 것처럼 세상 살이 속에서의 공의를 행하는 것과 연관되어 있다:

> 너희는 살기 위하여 선을 구하고 악을 구하지 말찌어다 만군 의 하나님 여호와께서 너희의 말과 같이 너희와 함께 하시리라 너희는 악을 미워하고 선을 사랑하며 성문에서 공의("미슈파 트 מִשְׁפָּט")를 세울찌어다 만군의 하나님 여호와께서 혹시 요 셉의 남은 자를 궁휼히 여기시리라(암 5:14-15).

아모스의 구절과 이사야 1장의 공통점은 똑같이 '추구하다, 찾 다'는 의미의 동사 "다라쉬 דָּרַשׁ"와 "공의/공평"을 뜻하는 "미슈파 트 מִשְׁפָּט"가 쓰이고 있다는 점에서도 볼 수 있다. "공의"와 "구하 다"가 함께 쓰이는 또 다른 예는 이사야 16장 5절뿐이다:[51] "다윗의 장막에 왕위는 인자함으로 굳게 설 것이요 그 위에 앉을 자는 충실 함으로 판결하며 공평("미슈파트")을 구하며 의("체데크 צֶדֶק")를 신속히 행하리라". 그 곳에서 "공평"으로 된 미슈파트는 "의"로 번 역된 "체데크"와 함께 쓰인다. "미슈파트"와 "체데크" 혹은 "츠다 카 צְדָקָה"는 구약에서 함께 쓰이는 경우가 많다. 이에 대해서는 이 장 마지막에 있는 "미슈파트"와 "츠다카"에 대한 보충설명을 보라. 본 구절과 16장 5절에서 볼 때, 이사야서에서 미슈파트는 찾고 구해 야 하는 것이다. 이것은 훨씬 더 적극적이며 능동적으로 이를 추구 해야 한다는 것을 말하고 있다. 그저 내게 기회가 오면 행하겠다 정 도가 아니라, 찾아 나서서 미슈파트를 행하고 세우기 위해 애써야

---

51. 참고: 미 6:8 "사람아 주께서 선한 것이 무엇임을 네게 보이셨나니 여호와께서 네게 구하시는 것이 오직 공의를 행하며 인자를 사랑하며 겸 손히 네 하나님과 함께 행하는 것이 아니냐". 여기서 '구하다'에 쓰인 동사 가 "다라쉬"이고 "공의"로 번역된 단어는 "미슈파트"라는 점에서 맥락상 이사야서의 구절과 통한다고 할 수 있다.

한다는 것을 말하고 있다. 미슈파트는 기본적으로 올바른 재판이
다. 미슈파트가 올바르게 행해진다는 것은 억울한 사람의 경우에
대해 정당한 판결이 내려지는 것이며 그를 통해 그의 억울함이 해
결되는 것이다. 이렇게 될 때, 미슈파트가 확립되었다고 말할 수 있
다. 그러나 본문에서의 요구는 이렇게 재판에 회부된 경우에 바르
게 세우는 것을 넘어서서 찾아 나서라고 명하는 것이다. 기다리지
말고 나아가서 올바른 미슈파트를 세우는 것이 바로 미슈파트를 구
하는 삶일 것이다. 특히, 16장 5절에서는 이것이야말로 다윗의 장막
의 왕위와 연관되어 있음을 보여준다. 다윗의 장막은 "미슈파트"와
"체데크"의 실행에 있다. 이것이 이루어지지 않는다면 그것이 어찌
다윗이라 할 수 있을까.

　미슈파트를 구한다는 것의 구체적인 의미는 계속되는 내용에서
볼 수 있다. 개역에서 "학대 받는 자를 도와 주며("앗슈루 하모츠
אַשְּׁרוּ חָמוֹץ")"로 번역된 부분은 조금 문제가 있다. 왜냐하면, 현재
인쇄된 히브리어성경(BHS)의 본문은 능동형 "하모츠"로 되어 있
어서, 그 의미가 '학대하는 자' 즉, '억압자, 압제자'를 가리키고 있
음에 비해서, 이 히브리어 성경을 편집한 이들의 제안이 실린 비평
란(apparatus)에서는 "학대 받는 자"를 의미하는 수동형인 "하무츠
חָמוּץ"로 이 부분을 고쳐 읽을 것을 권하고 있기 때문이다. 칠십인
경을 비롯해서52 개역, 공동번역, 표준새번역, KJV, NIV, NRSV등
은 모두 이 비평란의 제안을 따라 수동형으로 읽고 있지만, NASV
같은 경우는 마소라 본문을 따라 능동형으로 읽고 있다. 함께 쓰이
는 동사인 "아쏴르 אשׁר"의 피엘형은 '똑바르게 하다, 이끌다'를 의

---

52. LXX: αδικουμενον ("wronged"); Aquila βλαπτομενον
("injured"); Symmachus πεπλεονεκτημενον ("exploited"); Theodotion
=LXX.

미하는데, 이 경우 수동형의 '학대 받는 자'와 결합하면, 그 의미가 석연치 않다. 그래서 이 동사를 한 번 더 의역해서 '학대 받는 자를 돕다'에 까지 이르게 된다(Williamson 2006: 80-81). 그렇지만, 마소라 본문의 읽기대로 받으면 덜 수고롭다: '학대하는 자를 바로잡으라'. 이렇게 보면, 17절은 미슈파트를 구하는 것의 내용으로, 억압자를 바로잡는 것과 고아, 과부와 같은 이를 돕는 것의 두 가지를 제시하는 셈이 되는데, 이것은 정확히 시편 72편 4절에서 다윗의 후예인 왕이 해야 할 임무를 가리키는 말씀과 일치한다: "저가 백성의 가난한 자를 신원하며 궁핍한 자의 자손을 구원하며 압박하는 자를 꺽으리로다". 특히 이 왕의 통치의 근본은 하나님께로부터 받은 "미슈파트"와 "츠다카" 즉, 공평과 정의이다(시 72:1-2).[53] 이사야 11장 4절에서도 여호와의 영이 임한 자의 다스림은 가난한 이들에 대한 올바른 재판과 악한 자를 치심으로 나타난다는 점에서, 본 구절은 능동형으로 읽는 것이 보다 나아 보인다. 개역을 따라 수동형으로 다루는 경우라도 동사를 직역으로 반영하면, "학대받는 자를 바로 가게 하라/바로 잡아 주라"가 된다. 개역처럼 '학대 받는 자를 도와주라'고 할 수도 있지만, 여기서의 도움은 자선이나 시혜를 의미하지 않는다는 것을 알 수 있다. 오히려 '바로 잡아 주다/바로 가게 하다'라는 것은 학대 받는 자들이 원래 받아야 할 바른 몫, 바른 권리를 찾게 해 주는 것을 의미한다. 이 점은 이어지는 내용에서 고아와 과부에 대한 행함에서도 분명히 드러난다. 학대 받는 이들에

---

53. 아쉽게도 개역성경은 여기에 쓰인 "미슈파트"와 "츠다카/체데크"를 제대로 반영하고 있지 못하다. 개역한글판은 1절의 "미슈파트"와 "츠다카"는 "판단력"과 "의"로 옮기고, 2절의 "체데크"와 "미슈파트"는 "의"와 "공의"로 옮겼다. 개역개정판도 1절은 "판단력"과 "공의"로, 2절은 "공의"와 "정의"로 옮겼다. 이 용어에 대해서 이 장의 부록을 참고하라.

게 필요한 것은 동정이 아니다. 하나님의 형상대로 지음 받은 이들이 각기 자신의 몫과 자신의 권리를 누리고 살아가는 것이야 말로 하나님께서 이스라엘에게 주신 은혜일 것이며(왕상 4:25; 미 4:4; 슥 3:10), 그런 점에서 가난한 이들에게 가장 기쁜 소식은 하나님의 나라의 도래이다(사 61:1-2).[54]

고아와 과부는 나그네를 포함하여 고대 이스라엘 사회 내에서 가장 곤경에 처한 사람을 가리키는 대표적인 표현이다. 고아는 보호해 주고 권리를 지켜줄 부모가 없고, 과부는 곤경에서 그를 보호해 줄 남편이 없으며, 나그네는 자신과 함께 해줄 동포가 없는 존재였다. 그러므로 이들은 누구보다도 착취당하고 억울한 일을 당할 가능성이 높았다. 그래서 구약의 많은 구절들은 하나님께서 고아와 과부, 나그네의 보호자가 되심을 증거하고 있다(신 10:18; 시 10:14, 18; 68:5). 또한 하나님께서 이들의 보호자이시므로, 하나님이 세우신 왕과 지도자들 역시 하나님이 하시는 이러한 역할을 해야 했다(욥 29:12; 31:16-18,21; 시 72). 이들의 보호자가 된다는 것 역시 단지 자선이나 동정만을 의미하지 않는다. 핵심은 이들이 억울한 일을 당하지 않게 하는 것, 억울한 일을 당했을 때에 그들의 권리를 바르게 회복할 수 있도록 하는 일이었으며, 그런 점에서 법정에서 그들의 권리를 지켜주는 일이었다(Williamson 2006: 101-102). 그러므로 "미슈파트"와 "츠다카", 공평과 정의는 이스라엘 사회를 지탱하는 가장 근본적인 원리이다. 공평과 정의의 근본에는 여호와 하나님께서 공평과 정의에 근거해서 세상을 통치하심이 있다(시 89:14; 97:2). 다시 말해 "하나님 나라"의 두 기둥이 바로 공평과 정의이다. 하나님께서 이 땅에 세우신 왕과 지도자들은 이러한 하나님의 통치, 하나님의 나라를 따라, 공평과 정의로 통치해야 한다는

---

54. 이에 대해서는 13장을 보라.

점에서, 공평과 정의는 "하나님을 닮아가는 것(Imitatio Dei)"이다. 흥미로운 사실은 '재판하다'를 의미하는 동사들인 "샤파트 שפט", "리브 ריב", "딘 דין"과 같은 동사들의 목적어로 "고아"나 "가난한 자"와 같은 사회적 약자가 오게 될 때, 이 동사의 실질적인 의미는 그저 기계적으로 중립적 재판을 하라는 것이 아니라 그들을 '위하여' 재판하라는 뜻이 된다는 점이다(시 10:18; 68:5; 72:2, 4; 82:3; 140:12; 잠 29:14; 31:5, 9; 사 10:2; 11:4; 렘 5:28; 22:16). 개역성경은 여러 곳에서 이를 살려 "신원(伸寃)하다"라고 적절하게 번역하고 있다.55 시편 72편 4절; 82편 3-4절에서, "샤파트"동사는 '구원하다'를 의미하는 "야샤 ישע"와 "팔라트 פלט" 같은 동사들과 평행되어 있다. 그런 점에서 '고아를 위해 재판하며 과부를 위해 변론하라'가 보다 적합한 번역일 것이다. 이러한 명령이 오직 이들만을 위한 명령이 아님은 분명하다. 그리고 이러한 요구는 당연히 사회의 힘이 있는 사람들을 향한 것이다. 10절에 나오는 "관원"과 "백성"은 적어도 고아와 과부보다는 힘이 있는 사람들일 것이다. 결국 자신보다 어려운 처지에 있는 사람들을 위해 올바로 재판하고 보호하는 것이 이 명령들의 요구사항인 것이다.

　손을 씻으라고 시작된 명령은 점차 내용이 구체화되면서 17절에 이르러 억압 하는 자를 바로잡고 고아와 과부를 위해 재판하라는 명령으로 맺어져 있다. 16절에 있는 손을 씻고 선을 배우는 것은 제의적인 어떤 새로운 것을 요구하는 것이 아니라 가난하고 힘 없는 이웃에게 공의를 행하는 것, 그들을 변호하고 그들의 억울함을 풀어주는 것을 의미한다. 그러므로, 이사야서 1장의 말씀은 이스라엘에게 필요한 것이 예배나 제사의 개혁이 아님을 분명히 하고 있다.

---

55. 영역 성경들도 함축된 의미를 살려 "judge"가 아니라 "defend for"로 옮기는 경우들이 많다.

더 정성스러운 예배, 더 간절한 예물이 아니라, 성전 바깥에서 고통 받고 어려움을 겪고 있는 가난한 이웃에 대한 올바른 행실이야말로 성전 안에서 드려지는 예배를 예배답게 한다. 기억할 것은 16-17절에 이르는 명령들이 10-15절에 있는 제사와 절기, 기도에 대한 거부에 이어져 있다는 점이다. 그러므로 제사가 가난한 이웃에 대한 공의를 성립하는 것이 아니라, 거꾸로, 가난한 이웃에 대한 공의야말로 그 백성들이 드리는 제사를 의미 있게 하며, 하나님이 받으심직하게 한다.

10-17절에 이르는 이 내용이야말로 다음에 이어지는 18-20절 말씀의 기본적인 맥락이 된다. 그런 점에서 18-20절은 1장의 클라이막스라고 할 수 있다. 아쉽게도 많은 경우, 18-20절은 맥락으로부터 분리된 채, 고백과 죄사함을 가리키는 본문으로 잘못 이용된다. 그러나 이 절들은 반드시 현재의 위치에서 맥락과 더불어 이해되어야 한다. 17절의 말씀까지 들었을 때에, 이제 이스라엘 앞에 놓여 있는 것은 두 가지이다. 18절은 긴박하고 간절하면서도 무엇이 좋은 길인지, 무엇이 살 길인지를 나누기 위한 하나님의 초대로 시작한다: "자 이제 우리가 차근차근 따져보자(לכו-נא ונוכחה)".[56] 하나님께서는 친히 하나님의 행하실 일에 대해 토론하고 변론하는 자리로 그 백성을 초대하신다. '하나님의 일'에 이성을 사용하는 것에 오늘의 교회는 알레르기적인 반응을 보이지만, 이사야서의 구절은 하나님이 행하시는 일이야말로 차근차근 따져 보면 사리가 분명해진다고 제시하고 있다. 이스라엘의 죄가 주홍같을지라도 눈과 같이 희어지게 된다. 그들이 즐겨(אבה, be willing) 순종한다면 땅의 소산을 먹게 될 것이고, 거절하여 배반하면 칼에 삼키우리라 즉 멸망하

---

56. 윌리암슨(2006: 103)은 "서로간의 차이점들을 해결해보자(Let us settle our differences)"라고 옮긴다.

리라. 이러한 사죄의 초대는 16-17절에 이어진다는 점이 중요하다. 10절에 나오듯, 이스라엘은 소돔과 고모라이다. 멸망할 백성이다. 그러나 그들의 죄가 그리 심하다고 할지라도 "즐겨 순종하면", 16-17절에서 촉구하는 대로 행한다면, 그들의 주홍 같은 죄가 눈과 같이 희어질 것이다. 1장의 문맥은 이러한 사죄의 은혜가 제사로 말미암는다고 제시하지 않는다. 사죄는 이스라엘의 즐겨 순종함과 연관되며, 사죄는 그래서 그들의 악한 행실의 제거와 연관되어 있다. 이전까지처럼 제사를 풍성하게 드리면서 손에 이웃의 피를 묻히는 생활을 계속하며 마침내는 멸망에 이를 것인가 아니면 그를 고치고 가난한 이웃을 신원함을 통해 하나님의 용서와 땅의 소산의 풍성함을 누릴 것인가? 20절에 있는 "여호와의 입의 말씀이니라"는 두 경우의 무게를 더해주고 있다. 순종하고 고친다면 그들은 용서되며 땅을 받는다. 그러나 그렇지 않는다면 하나님이 친히 그들을 벌하실 것이다(1:21-31).

4. 1장 21-31절

하나님의 초대에도 불구하고, 21절 이하의 본문은 실제 이스라엘 가운데서의 비극적인 현실을 다루고 있으며, 하나님께서 친히 그 백성을 심판하심으로 그들의 죄를 깨끗케 하실 것임을 보여주고 있다.

21절의 표현들은 놀랍다. 시온이 '신실한 성읍 קריה נאמנה'으로 불리는 까닭은 명확하다. 왜냐하면 "공평(미슈파트)이 거기 충만하였고 의리(체데크)가 그 가운데 거하였"었기 때문이다. 그런데 이 성읍이 이제는 "창기"라고 불린다. 보통 "창기" 혹은 "음녀"에 쓰인 동사 "자나 זנה"는 기본적으로 성적으로 음란하고 문란한 것을 가리키지만, 하나님을 떠나 이방을 의지하거나 우상을 숭배함으로 영적인 간음을 행하는 이스라엘을 가리키는 상징적인 표현으로 사용된다(출 34:15; 레 17:7; 신 31:16; 삿 2:17; 대상 5:25; 렘 2:20; 3:3; 5:7; 겔 16:26; 23:30; 미 1:7). 그렇지만, 본 구절에서 신실한 성읍이었던 시온이 창기로 불리게 된 직접적인 까닭은 우상숭배 때문이 아니다. 이 도시에서 공평과 정의, 미슈파트와 체데크가 사라졌고, 그 결과 살인자로 가득하게 되어 버렸기 때문이다. 여기에서도 예언자의 안목은 전혀 객관적이지 않다. 어찌 그 도시에 살인자만이 가득할까. 그렇지만, 이사야의 눈에 이 도시는 억울한 이의 피를 흘리게 하는 도시로 보일 뿐이다. 공평과 정의가 사라지고 살인자로 가득하게 되었다는 것이 22절에서 비유적으로 표현되고 있으며, 그 구체적인 의미는 23절에서 분명히 드러난다. 23절은 특히 17절에 있는 명령의 정반대 상황을 보여준다.[57] 백성의 지도자들이 뇌물을 받고 고아와 과부의 재판을 옳게 행하지 않았다는 것이 그 핵심이다. 지도자들에게 요구되는 최대의 덕목은 공평과 정의이다(시 72편; 잠 29:14; 31:5; 렘 22:2-4, 16). 하나님께서 고아와 과부의 보호자가 되시듯이, 왕과 권력자들은 하나님을 닮아 이들의 보호자가 되어야 한다. 그런데 마땅히 이루어져야 할 공평과 정의가 구부러지게 되는 가장 큰 이유는 "뇌물"과 "외모"이다(신 16:19). 시온에 뇌물이 횡행하여 지도자들이 뇌물로 인해 고아와 과부의 억울함을 풀어주지 않는 현실을 가리켜 이사야는 "살인자들 뿐"이라고 선언한다. 앞에서 보았던 "창기" 뿐 아니라 "신실" 역시 이스라엘의 영적인 상태를 가리키는 신학적 용어인데, 여기서 이렇게 신학적인

---

57. 23절은 17절 문장을 그대로 쓰면서 동사 앞에 부정(否定)을 의미하는 "로לֹא"만을 더 집어넣은 것이다: יָתוֹם לֹא יִשְׁפֹּטוּ וְרִיב אַלְמָנָה לֹא־יָבוֹא אֲלֵיהֶם.

단어들의 구체적인 의미가 미슈파트와 체데크 그리고 살인 같은 사회적 용어로 나타난다. 그러므로 사회적 현실과 "영적" 현실은 따로 있지 않다. 사회적인 삶이 바르지 않은 것은 그들의 영적인 삶이 음란함을 의미한다. 이 둘은 결코 분리될 수 없다.

"그러므로"(24절) 그들을 기다리고 있는 것은 하나님의 심판이다. 24절에 나타난 예외적으로 긴 하나님의 이름은 이러한 심판의 확실함을 더욱 강조하고 있다. 명령에 불순종한 그들은 이제 하나님의 백성에서 하나님의 "대적"과 "원수"로 변하였다. 패역하고(פשע), 죄인이며(חטא), 여호와를 버린 자(עזב)는 멸망을 당한다. 이러한 부류의 죄악은 1장 2-4절에서 이미 언급된 것들이다. 시온은 심판 이후에 회복될 것이되, 그들의 구속은 그들의 공평(미슈파트)과 정의(츠다카)에 의존한다: "시온은 공평으로 구속되며, 그 돌아온 자는 의로 구속되리라"(1:27). 이것은 어떤 행위 구원에 대해 말하는 것이 아니다. 이사야에게 있어서 시온의 존재 의미는 그 안에 가득한 "공평과 정의", "미슈파트와 츠다카"이다(Rendtorff: 306). 이것이 없다면, 그들의 제사는 하나님께서 싫어하시는 것이 되며, 그들의 기도에 응답치 않으신다. 하나님의 심판을 경험한 이들이 그 지은 잘못을 깨닫고 여호와께로 돌아와 공평과 정의를 행하게 될 때에, 시온은 다시금 "의의 성읍, 신실한 고을"이라 불리게 될 것이다. 한 가지 덧붙일 것은 이미 1장에서부터 다가올 심판과 그 이후에 이루어지게 될 회복이 하나님의 계획 가운데 있음을 볼 수 있다는 점이다(Barton:78-79).

부록: "미슈파트"와 "츠다카"/"체데크"

미슈파트와 츠다카(체데크)는 두 단어이지만 사실 한 단어처럼 역할한다(hendiadys).[58] 이 어구는 구약성경에 빈번하게 등장하지만 개역성경에서 여러 단어들로 번역되었기 때문에, 이 어구의 중요성이 잘 인식되지 않고 있다. 최근의 개역개정판은 나름대로 통일성을 기해서 대부분의 경우에 미슈파트와 츠다카/체데크를 "정의와 공의"로 일관되게 번역하고 있다.[59]

하나님께서 이스라엘에게 원하시는 삶의 핵심에는 츠다카와 미슈파트가 놓여있다. 사실 하나님께서 세상을 다스리시기 위해 앉은 보좌의 두 기초는 바로 츠다카와 미슈파트이다(시 89:14; 97:2 - 이 두 구절에서는 "체테크"가 쓰이고 있다). 그래서 하나님을 따르는 그 백성의 삶은 츠다카와 미슈파트를 행하는 삶이어야 한다. 이 두 단어의 각각의 의미에 대해서는 위에 소개하였던 개역 성경의 여러 표현들과 본문들에서 짐작할 수 있다. "츠다카"는 인간의 절대적인 윤리 기준을 의미하는 것이 아니다. 이것은 기본적으로 관계적인 개념이며, 이스라엘에게 있어서 가장 중요하고도 기본적인 관계는 하나님, 그리고 이웃임을 생각할 때, 하나님께 그리고 이웃에 대해 어떤 관계를 맺는가에 연관된 개념이다. 하나님께서 명하신 규례를 따라 올바르게 살아갈 때 그는 의롭다(신 6:25). 아브라함은 하나님께서 요구하시는 바 올바른 믿음의 행위를 보였고, 하나님은 이것을 그의 의로 여기셨다(창 15:6). 이 의로움은 하나님께서 명하신 규

---

58. Scullion: 724-36. 대부분의 구절들에서 "미슈파트와 츠다카"의 순서로 나오고, 창 18:19; 신 33:21; 시 33:5; 시 37:6; 72:2; 89:14; 103:6; 잠 1:3; 2:9; 8:20; 16:8; 21:3; 사 58:2; 렘 22:13; 호 2:19에서는 순서가 바뀌어 있다.

59. 이 어휘가 쓰였음에도 "정의와 공의"가 아닌 다른 표현들이 여전히 남아 있는 경우들도 꽤 있다: 창 18:19 ("공도와 의"); 신 33:21 ("법도와 공의"); 시 36:6 ("심판과 의"); 37:6 ("공의와 의"); 72:1 ("판단력과 공의"); 103:6 (각각의 복수형들이 쓰이면서 "공의와 심판"); 잠 8:20 ("공의와 정의"); 사 56:1 ("정의와 의"); 58:2 ("규례와 공의").

례에 대한 믿음에서 비롯된 순종과 준수에서 주어지는 의로움이며 그런 점에서 하나님과의 올바른 관계에서 비롯된 의로움이라고 할 수 있다. 한편 어떤 사람이 이웃에게 대해 "츠다카/체데크"를 행한다는 것은 그가 이웃에게 대해 올바른 관계를 맺는다는 의미이다(시 15:2). 그래서 그는 이웃을 참소치 않으며, 행악지 않고, 훼방치 않는다(시 15:3-5). 주리고 어려운 사람을 보고 불쌍히 여기는 마음을 품고 그들을 도울 때, 그는 의로운 사람이다(사 58:8-9; 겔 18:5-9). 에스겔 18:5-9에서 "법과 의"로 번역된 용어는 미슈파트와 츠다카이며 이를 행하는 자는 "의인"(찻디크)이다. 결국 츠다카는 이웃에 대한 올바른 행실, 이웃을 긍휼히 여기는 삶과 연관되어 있음을 알 수 있다. 이웃에 대한 이러한 진실한 자세는 경제적인 거래에서도 일관되어야 한다. 그래서 이스라엘의 상거래의 기본은 "츠다카의 저울"이다(레 19:36; 신 25:15; 겔 45:10).

그러므로 "츠다카"는 마음을 같이 하는 것, 동의하는 것과 연관된다. 하나님께서 주신 말씀에 마음을 같이 하여 따르는 것이 하나님께서 보시는 인간의 의로움이다. 그리고 인간의 처지를 보고서 하나님께서 불쌍히 여기시고 바로 잡으시고 건지시는 것이 하나님의 의로움이며 그래서 많은 경우 하나님의 츠다카는 하나님의 구원과 같은 의미를 지닌다(사 56:1; 62:1). 이를 생각할 때, 츠다카에 대한 적절한 번역어는 공의 혹은 정의라고 생각해 볼 수 있다. 정의라는 말이 지닌 선입견이 있긴 하지만, 그 말하고자 하는 바가 보다 명확해지는 장점이 있다. 이웃에 대해 정의를 행한다는 것은 단지 불의를 보고 참지 못함만이 아니라, 다른 이의 어려운 처지에 대한 긍휼이 우선이다. 그래서 일반적인 정의 개념에서 구약의 "츠다카"는 긍휼이 포함된 개념이라고 할 수 있다. 그러나, 하나님과의 관계를 설명할 때에는 여러 단계를 거쳐야 하는 아쉬움도 있다. 하나님께서 아브라함을 정의롭게 여기셨다기보다는 공의롭게 여기셨다고 보는 것이 보다 나을 것이다. 하나님께서 우리에게 베푸시는 공의에는 구원이 있다. 이 "공"자에는 관계가 전제된다는 좋은 점도 있다.

그에 비해, "미슈파트"는 하나님의 법도에 근거해 이루어지는 올바른 사회 질서를 가리킨다. 그런 점에서 이 단어는 '법, 재판, 규례 혹은 심판'까지 넓은 의미 영역을 지니게 된다. 츠다카와 미슈파트가 다루어지는 주된 현장은 구약에서 다름아닌 "성문"이다. 성문(שַׁעַר)은 이스라엘의 공동체 생활의 중심지로서, 누군가의 덕행에 대한 공개적인 칭찬이 이루어지기도 하고(잠 31:23), 거래가 이루어지기도 하며(왕하 7:1), 때로 우물이 존재하기도 했다(삼하 23:15). 그러나 성문의 가장 중요한 기능은 '재판'이었다. 보아스가 성문에서 장로들에게 문제를 이야기하고 룻을 아내로 맞아들였다(룻 4:1 이하). 그의 말을 들은 장로들과 모든 백성들이 증인이 되어 문제가 된 상황을 판결하고 해결한다(룻 4:11; 신 25:7). 부모에게 문제가 되는 자녀가 있어 징계하여도 듣지 아니하면 그 부모는 그 아이를 데리고 성문으로 가서 성읍의 장로들에게 자초지종을 고한다. 장로들은 이를 듣고 판정하며 장로의 판정을 따라 성읍 사람들이 집행한다(신 21:18-21). 부부간에 문제가 생긴 경우에도 이 같이 성문으로 나가서 성읍 장로들에게 아뢰고 그에 합당하게 판결한다. 장로들의 판결의 권위는 절대적이었으며 사람을 살릴 수도 있고 죽일 수도 있었다(신 22:13-21). 이것이 이스라엘 가운데 죄를 제거하는 과정이다. 그런 점에서 성문에서 올바른 판결이 내려지지 않으면 사회 전체에 죄가 만연케 된다. 가령, 누군가가 자신의 가난한 처지로 인해 억울한 일을 겪게 되었을 때, 그는 성문으로 나아가 성읍의 장로들이 앉은 곳에서 호소한다. 그의 이웃들은 그의 억울한 사정을 듣고 그를 불쌍히 여기면서 그를 위해 옳고 그른 것을 증언해 준다. 이렇게 행하는 것을 가리켜 츠다카를 실행하는 것이라고 말할 수 있다. 성읍의 장로들은 이 호소를 듣고 무엇이 옳고 그른지 판결하되, 이 가난한 사람을 억울케 한 사람들의 외모나 그들이 몰래 가져다 주는 뇌물에 현혹되지 않은 채 곧게 판결해야 한다. 이러한 판결이야말로 미슈파트를 행하는 것이며, 이렇게 해서 그 가난한 자의 억울함이 풀어질 때, 그 사회는 미슈파트가 살아있는 사회, 츠다카와 미슈파트가 실행되는 사회인 것이다. 그런 점에서 외모와 뇌물은 이 판결을 굽게 하는 최대의 방해요소이다. 외모와 뇌물에 좌우되지 않는 재판이 공의로운 재판이다:

> "네 하나님 여호와께서 네게 주시는 각 성에서 네 지파를 따라 재판장과 유사를 둘 것이요 그들은 공의로(מִשְׁפַּט־צֶדֶק) 백성을 재판할 것이니라 *너는 굽게 판단하지 말며*(לֹא־תַטֶּה מִשְׁפָּט) *사람을 외모로 보지 말며*(לֹא תַכִּיר פָּנִים) 또 뇌물을 받지 말라 뇌물은 지혜자의 눈을 어둡게 하고 의인의 말을 굽게 하느니라 *너는 마땅히 공의만 좇으라*(צֶדֶק צֶדֶק תִּרְדֹּף) 그리하면 네가 살겠고 네 하나님 여호와께서 네게 주시는 땅을 얻으리라"(신 16:18-20).

그러나, 외모와 뇌물에 따른 판결로 인해 그 억울함이 풀려지지 않을 때, 억울한 사람들은 이제 그 하나님께 부르짖는 것 외에는 달리 의지할 데가 없다. 그래서 하나님께 부르짖으면 하늘에 계신 하나님이 친히 그 부르짖음을 듣고 친히 미슈파트를 세우시며 불의를 징벌하고 책망하며 나아가 때로 그 성읍 전체를 진멸하신다. 소돔과 고모라가 겪은 일은 바로 그러한 부르짖음의 결과이다. 그런 점에서, 이스라엘의 미슈파트와 츠다카의 준수 여부는 그 사회의 가난하고 약한 사람들을 통해 정면으로 드러난다. 성문에서 궁핍한 자를 억울케 하면 하나님께서 명하신 공의(미슈파트)가 세워지지 못한다(암 5:12,15). 이렇게 궁핍한 자가 억울케 되는 주된 원인은 뇌물이다(암 5:12). 성문에서 무엇이 옳은지를 분명히 밝히는 사람들 - 증인이든, 재판장이든, 혹은 억울함을 호소한 사람이든 - 을 싫어하는 사람들이 있다(사 29:21; 암 5:10). 그들은 이러한 사람을 함정에 빠뜨리려고 애쓰는데(사 29:21), 이들은 "강포한 자" 혹은 "경만한 자"로 불리며, 이들이 사라지게 될 때 "겸손한 자"와 "빈핍한 자"가 하나님을 인하여 기뻐하며 즐거워한다(사 29:19-20).

결론적으로 기억해야 할 것은 공평과 정의는 좁게 법대로의 세상을 의미하는 것이 아니라는 점이다. 여기에는 그 백성을 향한 하나님의 사랑이 담겨 있다. 구약에서 곧잘 공평을 의미하는 미슈파트가 "인애" 혹은 "자비"를 의미하는 "헤세드"와 함께 쓰이는 것에서도 이를 볼 수 있다. 사실, 미슈파트의 짝인 츠다카의 의미의 핵심에 있는 것이 이러한 긍휼이라고 할 수 있을 것이다.

예레미야에서 하나님께로 돌아간다는 것은 이러한 삶과 연결되어 있다. 이것은 단지 예레미야에게만 해당되지는 않는다. 예레미야보다 이른 시기인 호세아서에서도 역력히 나타난다. 호세아서의 핵심적인 단어중의 하나는 "슈브 שׁוב"라고 할 수 있다(2:7; 3:5; 5:4; 12:6; 14:1, 2, 7). 그러나 그들은 돌아가되 여호와께로 돌아가지 않았다(6:1; 7:10, 16; 8:13; 9:3; 11:5). 얼핏 여호와께로 돌아가자고 선언하는 것처럼 보이는 6장 1-3절은 여호와 하나님의 회복과 긍휼에 대한 기대의 말로 가득하지만, 이어지는 4절 이하의 말씀은 그들이 정작 인애를 찾아볼 수 없는 삶을 살고 있음을 드러내고 있다. 그래서 호세아에게 있어서 여호와께로 돌아간다는 것의 의미는 제사와 번제가 아니라 인애와 하나님 아는 것의 회복이다(6:4-11). 그것이

야말로 언약의 준수인 것이다(6:7). 호세아 12장에서는 이를 보다
명확히 표현한다:

> "그러므로 너는 네 하나님께로 돌아올찌라 인애와 공평을 지키라
> 그리고 언제나 네 하나님을 기다리라"(호 12:6 - MT 12:7)
> (וְאַתָּה בֵּאלֹהֶיךָ תָשׁוּב חֶסֶד וּמִשְׁפָּט שְׁמֹר וְקַוֵּה אֶל־אֱלֹהֶיךָ תָּמִיד)

　　이 구절에서 여호와께 돌아감의 구체적인 의미는 "인애와 공평"
을 지키며 여호와를 언제나 기다리는 것이다. 다른 사람을 향해 지
켜져야 할 "인애"는 "츠다카"의 또 다른 표현이라고 할 수 있다.

제5장 포도원의 노래(5장)

1. 5장 1-7절

하나님께서 유다와 예루살렘의 죄악에 대해 심판하신다. 여호와께서 명령하시는 것은 풍성한 제물과 넘치는 제사가 아니라 가난한 이웃을 위하고 신원하며 공의, 미슈파트를 힘써 찾는 것이었다. 5장은 여호와께서 원하시는 참된 열매에 대해 일러준다.[60]

1절부터 2절까지는 포도원에 관한 노래가 소개되는데 예언자가 일인칭으로 등장한다. 그러나 3절부터 6절까지는 화자가 바뀌어서 포도원 주인이 일인칭으로 등장한다. 그리고 7절에서는 분명하게 언급되어 있지는 않지만, 예언자가 다시금 화자로 나서고 있다고 볼 수 있다. 그 내용면에서 보자면, 7절까지를 보통 "포도원의 노

---

60. 5장 1-7절에 대한 아래의 내용은 김근주 2007a: 50-62에 실린 내용을 조금 고친 것임을 밝혀 둔다.

래”로 다루지만, 엄밀히 말하면 1절 후반절부터 2절까지가 실질적인 “포도원의 노래”라고 할 수 있다. 3절부터는 이 노래에 나오는 포도원의 주인이 등장하면서 열매를 제대로 맺지 않은 포도원에 대한 대응을 선언하고 있다. 특히, 포도원 주인은 청중을 배심원의 자리로 초대하면서 열매를 제대로 맺지 못한 포도 나무에 대해 소송을 제기하고 있으며, 이 주인은 암묵적인 청중의 동의를 따라 그에 합당한 판결을 포도원과 그 나무에 내리고 있다. 청중과 독자들은 포도원 주인의 엄정한 판결이 상당히 당혹스럽지만 불가피한 것임을 인정할 수 밖에 없다. 7절은 포도원의 노래에 등장하는 주요한 부분들이 각각 무엇을 가리키고 있는지를 해설하면서 노래의 세계에서 현실의 세계로 돌아오게끔 이끈다. 그와 더불어 간략한 해설을 통해, 이 노래의 의도와 초점이 어디에 있는지를 분명히 해주고 있다.

이상의 말들을 종합하면 다음과 같이 본문을 정리할 수 있을 것이다.

1절 전반절 <도입>: 예언자 - 내가 포도원에 대해 노래하리라
1절 후반절 - 2절 <내용>: 예언자 - 포도원의 노래
3절 - 6절 <내용>: 포도원 주인 – 내가 이 포도원을 황무케 하리라
3-4절 포도원 주인의 심판 호소
5-6절 포도원 주인의 행동
7절 <해설>: 예언자 – 여호와와 그의 심으신 유다

1절 첫머리는 이스라엘의 성문 앞 광장에 등장한 예언자를 떠올리게 한다. 사람들이 모이는 곳에 등장한 예언자는 청중들을 향해 자신이 노래를 하나 부르겠다고 말하고 있다. 1절과 2절에서 ‘사랑

하는 자'라는 말이 세 번이나 반복되고 있다. 이러한 표현들은 청중으로 하여금 이제 시인이 된 예언자를 통해 달콤한 사랑의 노래가 불려지게 될 것을 기대하게 한다.61 포도원이라는 소재 역시 하나님께서 그 백성에게 약속하신 땅의 풍요를 상징하는 단어였다는 점에서(신 6:11; 8:8) 그러한 달콤하고 희망적인 내용을 상상하게 한다.62 노래의 내용도 그러한 낙관적인 기대를 충족시키고 있는 듯했다. 포도원이 위치한 곳은 참으로 기름진 언덕이었으며, 포도원의 주인은 이 포도원을 위하여 극진한 정성을 기울인다. 2절에 등장하고 있는 일련의 동사들은 주인의 이러한 정성을 여실히 보여준다. 그는 땅을 파고, 돌을 골라내고, 질 좋은 포도나무를 심었으며, 혹시라도 들짐승들이 짓밟는 것을 막기 위해 포도원 가운데에 망대도 세웠다. 여기서 그가 심은 것이 히브리어 성경에서는 "소렉 שֹׁרֵק"으로 되어 있는데, 실제적으로 '소렉의 포도'를 의미할 것이며, 이렇듯 장소 이름이 언급되는 것은 최고의 품질을 가리키는 표현이라고 할 수 있다(참고: 오빌의 금, 바산의 암소). 우리식으로 표현하자면, 나주의 배, 풍기의 인삼 같은 의미라고 할 수 있다. 정성을 다 기울인 주인은 이제 그 수확을 기대하며 포도즙을 짜는 틀을 파두었다. 이것은 바위에 포도를 넣고 짜는 구멍과 그렇게 짜낸 즙

---

61. 윌리암슨(2006: 335-336)은 이러한 어구(כֶּרֶם הָיָה ל~)가 열왕기상 21:1; 아가서 8:11에도 사용되고 있음을 주목하면서 이 어구가 "옛날옛날에"처럼 어떤 이야기를 시작하는 정형화된 어구일 수 있음을 제안하고 있다.

62. 이와 연관해서 윌리암슨(2006: 335, 343)은 이러한 포도원 비유가 구약에서는 최초로 등장하는 것임을 지적한다. 그래서, 청중들은 이 포도원 비유가 어떻게 결론지어질 지 전혀 예상하지 못한 채로 들어야 했을 것이라고 말한다. 첫머리의 인상적인 비유의 결론은 마지막에 가서 상상도 못할 정도의 심판과 멸망으로 귀결되고 있는 셈이다.

이 흘러가서 모이게 되는 구멍 등을 미리 파두는 것을 가리키고 있다. 주인은 기름진 언덕 위에 돌을 골라내고 땅을 갈고 최고의 포도나무를 심고 망대를 세워 그 자라는 내내 지키고 돌보았으니, 이제 이 주인이 포도즙을 짤 것을 준비하고 좋은 포도 맺기를 기다리고 희망하는 것은 너무나 당연할 것이다. 이렇듯, 달콤하고 희망차고 순조로움으로 가득찬 상황, 그리고 이를 반영하는 일련의 동사들을 단번에 뒤집어 버리는 것은 2절 마지막에 나온 두 어휘이다: "(그러나) 들포도를 맺었도다". "들포도"라는 번역은 썩 적절치 않다. 이러한 번역은 라틴역 벌게이트("labrusca") 이래로 등장한 "wild grape"라는 표현에서 온 것인데, 품종 자체가 다르다는 점에서 좋은 품종을 심었는데 다른 품종이 난다는 것은 말이 잘 되지 않는다. "가시나무에서 포도를 또는 엉겅퀴에서 무화과를 따겠느냐"는 신약의 언급 역시 이 점을 뒷받침한다(마 7:16-17). 히브리어 동사 "바아쉬 באש"의 의미 가운데에 '악취 나다'가 있음을 고려할 때, "(죽어서) 썩은 포도" 혹은 "악취나는 포도"로 이해하고 옮기는 것이 보다 적절하다고 여겨진다 (Williamson 2006: 319-320).

사랑과 희망으로 가득차서 달려나가던 노래의 결론은 뜻밖에도 악취나는 포도, 썩어버린 포도의 결실로 끝나고 말았다. 그런 점에서 여러 학자들은 이 본문의 중요한 테마로 "좌절된 기대"를 지적하기도 한다(Williamson 2006: 328). 마지막의 뜻밖의 결론을 볼 때에, 이제까지 나왔던 모든 희망적이고 건설적인 단어들은 오히려 결론적인 현실이 얼마나 참혹하고 기대에 동떨어진 것인지를 보여주는 데에 기여하고 있다.

청중 혹은 독자들의 당혹스러움은 여기에서 그치지 않는다. 갑작스러운 반전도 당황스러운데, 이 노래의 의미가 무엇인지에 대한 풀이가 이어지는 것이 아니라 난데없이 포도원 주인이 일인칭으로 등장하고 있기 때문이다.

포도원 주인의 말은 두 번의 "베앗타 וְעַתָּה"(3절과 5절; 직역하면 '그러므로 이제')로 시작된다. 첫 번째 부분에서 포도원 주인은 예루살렘 거민과 유다 사람을 부르면서 그들이 직접 "판단"해 줄 것을 요청한다. 구약의 예언서들에서 이러한 표현들이 사용될 때, 재판 혹은 소송의 맥락이 배경에 놓여있다. 즉, 포도원 주인은 예루살렘 거민과 유다 사람에게 재판석상에 있는 배심원 혹은 판결자들이 되어 줄 것을 요청하고 있는 것이다. 1-2절의 노래 자체는 상징적인 표현들로 가득하였는데, 이제 주인은 구체적인 동시대의 사람들을 배심원으로 불러 세우면서 그 노래를 현실로 가져오고 있다. 4절은 그들을 향한 포도원 주인의 최종적인 진술인 셈이다. 자신이 이제까지 포도원에 기울였던 노력과 정성으로 보건대 마땅히 제대로 된 포도를 얻었어야 함에도 그가 얻은 것은 썩어서 냄새나는 포도였다.

5절에서 두 번째 "베앗타"가 등장한다. 3-4절의 내용에서 자연스레 청중들의 이러저러한 반응을 기대하게 되지만, 5절은 "그러므로 이제"로 시작하면서 포도원 주인 스스로 그 포도원에 대하여 판결을 내리고 있음을 보여준다. 그런 점에서 5절 역시 뜻밖의 전개라고 할 수 있다. 이러한 예외성은 여기에 그치지 않는다. 포도원 주인은 그 포도원을 단박에 뒤엎어 버리기 때문이다. 보통 예상할 수 있는 행동으로, 한 두 해 더 두고 보겠다는 식으로(가령, 눅 13:6-9), 아니면 품종을 바꾸어 본다든지가 아니라, 아예 주인은 그 포도원을 못 쓸 것으로 만들어 버린다. 1-2절에서 포도원에 기울인 주인의 정성을 반영하는 일련의 동사들만큼이나 인상적인 방식으로 5-6절은 동사들로 가득하다. 그는 그 울타리를 걷어 버려서 들짐승들에게 먹히게 할 것이고, 그 담은 헐어버려서 짓밟히게 할 것이다. 그는 그 포도원으로 끝장이 나게 할 것이며 그래서 다시는 그 곳에서 가꾸거나 돌볼 식물이 아예 자라지 못하게 할 것이되, 다만 가시와 엉겅퀴만이 가득하게 될 것이다. 주인의 처분은 여기서 그치지 않는다. 최종적으로는 그 곳에 비가 내리지 않게 할 것이니 아마도 종래에는 가시와 엉겅퀴 조차도 제대로 자랄 수 없는 그야말로 황무한 곳이 되고 말 것이다. 건기와 우기가 뚜렷이 구분되는 팔레스타인의 현실에서 비가 내리지 않는 상황은 최악일 것임이 분명하다(신 28:24; 왕상 8:35). 그야말로 포도원 주인은 너무나도 확실하고 철저하게 그 포도원을 파괴해 버릴 것이다.

달콤한 사랑의 속삭임과 희망을 기대하며 시작되었던 노래는 비참하고도 살벌한 심판에 대한 선고로 끝났다. 더더욱 안타까운 것은 누구도 주인의 이러한 처분에 대해 이의를 제기할 수 없을 것이라는 점이다. 1-2절에 나왔던 희망 차고 소망 가득한 표현들과 동사들은 이제 임하게 될 끔찍한 심판과 황폐를 더욱 정당화시키고 있을 따름이다.

포도원에 임할 두려운 결과에 몸서리치고 있을 청중들과 독자들을 향해 이제야 이 노래의 실질적인 의미가 무엇인지 풀이된다. 아마도 청중들과 독자들은 이미 이 노래가 무엇을 가리키는지 짐작하고 있을지도 모른다. 포도원의 노래에 사용된 표현들이나 주인의 행동을 나타내는 표현들이 이미 하나님과 이스라엘의 관계 안에서 빈번하게 사용된 것들이기 때문이다. 포도원과 그에 일어난 일을 말하고 있지만, 지극히 신학적인 용어들이 가득하였기 때문이다. 그렇기에 7절에 제시되는 해설은 모든 것을 다 포괄하며 해설하지 않는다. 많은 내용들이 전제되어 버리면서 가장 핵심이 되는 부분만이 제시된다. 포도원을 소유한 주인은 다름아닌 만군의 하나님 여호와이시다. 그리고 그 포도원은 바로 이스라엘 집이고, 그 포도원에 심긴 나무는 유다 사람이다. 여기서 이스라엘과 유다는 남북 이스라엘을 가리킨다기보다는 전체로서의 백성과 그 한 부분으로서의 구체적인 사람을 가리킨다고 보아야 할 것이다. 예언자는 주인이신 하나님이 행하신 수많은 동사들에 대한 일체의 설명은 생략하되, 가장 결정적인 부분인 열매에 대해 풀이한다. 주인이 기대했던 포도가 있고 실제로 맺힌 썩은 포도가 있었다. 2절 후반절에서 '기다리다'를 의미하는 "카바 קוה" 동사와 그 목적어를 표시하는 전치사 "르 ל"가 사용되었고, 7절에서도 똑 같은 동사와 전치사가 사용되는데, 그 전치사 "르"가 "미슈파트"와 "츠다카" 앞에 붙어 있어서, 하나님이 기다리신 열매가 바로 "미슈파트"와 "츠다카"임을 분명히 하고 있다. 하나님이 기대하셨던 포도는 바로 "공평"과 "정의"였는데, 실제로 맺힌 썩은 포도는 포학과 부르짖음이었다. 히브리어로 보자면, "공평"을 의미하는 "미슈파트"는 "포학"을 의미하는 "미스파흐"와 대칭되어 있고, "정의"를 의미하는 "츠다카"는 "부르짖음"을 의미하는 "츠아카"와 대칭되어 있다. 7절의 해설 부분은 이 포도원에 임할 심판 부분에 대해서도 풀이하지 않는다. 가장 근본이 되는 상징들이 무엇을 의미하는지가 분명해진 이상, 포도원에 닥칠 끔찍한 말씀들은 더 이상 남의 일이 아닌, 듣고 있는 청중들의 머리 위에 드리워진 검은 구름이 되어 버렸다. 그러면서 7절은 오직 그들에게 닥칠 두려운 심판의 원인에 대한 부분만을 부각시키고 있다. "공평과 정의"가 나타나지 않는 그들의 현실이야말로 이 음울한 미래의 원인이다. 그래서 포도원의 노래라는 이 본문의 모든 초점은 마지막에 제시된 "공평과 정의"로 집중된다. 이 비유에서 핵심을 차지하고 있는 것은 공평과 정의, 미슈파트와 츠다카가 하나님께서 이스라엘에게 원하신 열매의 전부라는 점이다. 하나님은 그 백성에게 제사를 원하시거나 다른 것을 찾으신 것이 아니라, 공평과 정의의 열매를 찾으신다. 흔히 사회적인 것과 영적인 것을 분리하지만, 이사야서를 비롯해서 구약의 본문들에서는 그렇게 구분하지 않는다. 누군가가 이웃과의 관계에서 정의롭지 못하다면 그는 하나님과의 관계에서 바르지 못한 것이다. 하나님과의 관계는 괜찮은데, 이웃에 대한 사랑은 부족하다는 것은 불가능하다. 그런 경우, 그의 하나님 관계가 잘못된 것이다. 포도원의 노래에서도 이 점이 분명히 드러난다. 하나님께서 그 심으신 백성에게 찾으시는 열매는 공평과 정의이다. 그들이 1장에서 보듯 풍성한 제사를 드렸다 해도, 공평과 정의의 열매가 맺히지 않았다면, 그들은 하나님을 신뢰하고 섬긴 것이 아니다. 그에 대해 하나님께서는 그들의 사회적인 실천을 가르치시는 것이 아니라, 그들 전부를 심판하시는 것으로 대응하신다. 그러므로 신앙인의 견지에서 사회적 실천을 찾아보고 적용해보는 것이 아니라, 공평과 정의의 견지에서 신앙적 삶을 모색해야 하는 것이다. 이 본문에서 보자면 공평과 정의는 신앙인의 삶을 대표하는 용어인 것이다.

열매에 대한 이사야서의 이해는 다른 성경 본문들에서 막연하게 언급되는 열매 표현을 이해하는 기초가 될 수 있다. 특히 마태복음 7장 16절 이하에서 나오는 열매에 관한 말씀은 이사야서와 직결된다고 볼 수 있다. 거기에서도 역시 포도에 관한 말씀이 나온다. 좋은 나무는 좋은 열매를 맺게 되어있고, 아름다운 열매를 맺지 아니하는 나무마다 찍혀 불에 던지운다. 이스라엘은, 그리스도인은 좋고 아름다운 열매를 맺도록 된 나무이며, 그 열매는 바로 공평과 정의의 열매이다. 이것은 마태복음에서 설명하듯, 그저 입으로 주님을 고백하고 여호와를 고백한다고 해서 맺히는 열매가 아니다. "하늘에 계신 내 아버지의 뜻대로" 하는 삶이 그 열매를 맺는 삶이며, 하늘에 계신 여호와 하나님의 뜻은 이사야 5장의 포도원의 노래에서 명확히 찾아볼 수 있는 것이다. 주의 이름으로 귀신을 쫓고 주의 이름으로 권능을 행한 이들을 향해 예수께서 "불법을 행하는 자들아 내게서 떠나가라"고 놀랄만큼 강력하게 말씀하신 것도(마 7:23) 이러한 맥락에서 이해된다.[63] 사실, 마태복음의 많은 부분은 이렇게 구약의 본문들과 직결된다고 할 수 있을 것이다. 하나님의 뜻대로 사는 삶은 또 마태복음 6장 33절에 따르면 "먼저 그의 나라와 그의 의를 구하는" 삶일 것이다. 마태복음 5-7장은 그런 점에서 일관된다. 5장의 결론은 하나님의 온전하심과 같이 온전하라는 권면이며, 6장은 이러한 온전함이 우리 삶속에서 하나님의 나라와 의를 구하는 것으로 표현하고 있고, 7장의 결론은 이러한 하나님의 뜻은 단지 입술로 고백되는 것이 아니라 행하고 실천해야 하는 것임을 분명히 하고 있다. 그리고 이것이야말로 예수께서 명령하신 지상명령의 의미일 것이다: "내가 너희에게 분부한 모든 것을 가르쳐 지키게 하라"(마 28:20).

2. 이스라엘의 죄악

포도원의 노래는 이스라엘의 죄악상의 근본에 공평과 정의의 열매를 맺지 못한 것이 있음을 보여주고 있다. 그리고 그에 반대되는 "포학과 부르짖음"을 제시함으로써, 이 의미들이 흔히 이루어지듯이, '영적'으로 해석되어 추상적이고 관념적인 의미로 흘러 버리지 않게 붙잡아 준다. 그 뿐 아니라, 포도원의 노래에 이어지는 8절 이하

---

63. 마태복음의 이 표현은 시편 6장 8절을 인용한 것이다. 시편에서 시편 기자를 대적하고 하나님을 대적하는 이들을 향해 이 표현이 사용되고 있는데 비해, 마태복음에서는 표면적으로 주님의 이름을 부르며 따르는 이들에게 사용되고 있다는 점에서, 예수님의 이 시편 구절 사용은 충격적이라고 할 수 있다.

의 본문은 집에 집을 더하고 땅에 땅을 더하여 집과 땅을 독차지하려는 이들에 대해 언급함으로써, 공평과 정의를 막연히 '영적'으로 해석할 것이 아니라 구체적이고 일상적인 사회 현실 속에서 이해하도록 이끈다.

공평과 정의를 저버린 유다 백성들의 실상은 이사야서의 여러 곳에서 고발되고 있다. 그들은 뇌물과 사례를 받고 고아와 과부를 억울하게 만들었으며(1:23), 그것으로도 모자라서 집과 땅을 하염없이 사들이고 차지하는 이들이었다(5:8).[64] 가난한 이들의 부르짖음에도 불구하고, 유다는 부국강병의 시대였고(2:7), 상류층의 사치는 극에 달할 지경이었다(3:16-23). 넘쳐 나는 잔치와 연회(5:12)속에서 이들은 무엇이 선이고 무엇이 악인지 조차도 뒤바꾸어 버렸다(5:20). 그들의 성공과 번영과 부귀야말로 이렇게 뒤집어진 선악 가치관의 토대일 것이다. 이들은 그 힘을 이용하여 불의한 법령을 만들고 불의한 말들을 기록하여 전하고 가난한 자와 과부, 고아의 권리를 박탈하는 이들이다(10:1-2).

포도원과 연관하여 가난한 백성들을 신원하기는 커녕 권력자들이 그들을 수탈하여 부르짖음을 가져오는 현실은 3장 13-15절에서도 고발된다. 하나님이 부르신 이스라엘 가운데 마을마다 장로들이 있어서 가난한 백성들의 억울함을 풀어주어야 하지만, 뇌물과 외모로 인해 그 판결이 구부러지면, 억울하고 가난한 이들은 하나님께 부르짖을 것이고, 하나님께서 친히 재판을 여실 것이다. 13절은 그렇게 하나님이 친히 여신 재판정을 보여주고 있다. 친히 재판장이

---

64. 바튼(49-51)은 땅을 사 모으고 은금과 우상이 넘쳐나는 당시의 시대상의 이면에 "교만"이 존재하고 있음을 지적한다. 그가 인용하고 있는 대로, "모든 죄는 교만이다"라는 루터의 단언이야말로 이사야서의 중심 메시지임을 지적하는 아이히로트(W. Eichrodt)의 말도 의미심장하다.

되시고 검사가 되신 하나님은 백성의 지도자들을 피고석에 세우시며, 그들이 가난한 자에게서 포도원을 탈취하였다고 고발하신다.[65] 권력을 이용하여 가난한 자의 포도원을 빼앗는 것을 보여주는 단적인 예는 나봇의 포도원 사건일 것이다(왕상 21장). 놀라운 것은 아합과 이세벨로 대표되는 권력자들이 나봇의 포도원에 욕심을 내고 마침내 빼앗기까지 하는 것을 가능케 한 것이, 공평과 정의를 위해 제정된 이스라엘의 재판 제도라는 점이다. 마을의 장로로 이루어진 재판장들은 그들도 알고 있었을 나봇에 대해 유죄를 선고해 버린다. 주목할 것은 이러한 판결이 법적으로 정당했다는 것이다. 이세벨에게 매수된 두 명의 불량배들은 나봇이 하나님과 왕을 저주하였다고 증언하였는데, 두 명의 증언은 효력이 있다는 신명기의 진술(17:6; 19:15)이 이들의 증언을 받아들이고 나봇을 유죄 판정하는 데에 결정적인 역할을 하였을 것이다. 결국 나봇은 성 밖으로 끌려가서 돌에 맞아 죽임을 당하게 되는데, 이 역시 하나님을 저주한 자는 진 밖으로 끌어내어 돌로 쳐 죽이라는 레위기의 규정(24:11-16)을 그대로 따른 것이라고 할 것이다. 이스라엘의 고대 신앙 전통과 율법들이 명백한 불의와 폭력, 피흘림의 수단이 되어 버린 것이다. 이 모든 일이 합법적으로 진행되었으니 법적으로는 아합이 틀렸다 말할 수 없게 되어 버렸다. 누가 아합과 이세벨의 죄를 드러낼 수 있을까? 이러한 상황에서 나봇과 수 십년을 함께 살아왔을 이스르엘 성읍의 장로들을 어떻게 이해할 수 있으며, 이스라엘의 재판이 구

---

65. 14절에서 피고들을 향해 이르시는 하나님의 말씀은 접속사 "바브"로 시작한다('그리고 너희는 וְאַתֶּם'). 조건절 없이 등장하는 접속사 "바브"는 상황에 대한 하나님과 예언자의 긴박하고 강렬한 상태를 표현한다. *GKC* §154b: "매우 흥분하거나 조급해서 완전한 말로 표현할 시간이 없기 때문에 조건절이 생략되어 드러나지 않는 경우"(민 2:14; 삼상 10:12; 삼하 18:12; 슥 2:10등).

약의 규정들을 이용하여 도리어 불의의 수단이 되어 버린 것을 어떻게 보아야 할까? 열왕기서에서는 하나님께서 엘리야를 보내어 아합과 이세벨에게 심판을 고하게 하신다. 아합은 나봇의 살인에 실질적으로 전혀 관여하지 않았음에도, 엘리야는 아합을 가리켜 살인과 도적질을 행하였다고 고발한다(왕상 21:19). 다시금 구약의 예언자들은 단순히 '사실(fact)'만을 보는 것이 아니라, 사실에 감추어져 있는 이면을 보는 사람들임을 알 수 있으며, 그것이야말로 하나님의 영이 임한 사람들의 특징일 것이다. 구약 외경인 수산나에는 의인인 주인공 수산나가 억울하게 누명을 쓰고, 역시 두 명의 거짓 증인에 의해 억울한 죽음을 맞게 되려는 내용이 실려 있다(13:1-64). 나봇은 그렇게 죽임을 당하고 말았으나, 수산나에서는 하나님의 성령을 받은 다니엘(13:45)의 지혜로 인해 증인들이 거짓말한 것이 밝혀지게 되어 정의가 세워진다. 하나님의 영을 받은 사람은 세상에서 정의를 세우고, 억울한 사람의 억울함을 풀어준다. 하나님의 영을 받은 이는 이처럼 표면적 정의, 절차적 정의에만 매여 있지 않다.

가난한 자의 포도원을 빼앗은 지도층들에 대한 이사야의 고발은 나봇의 포도원을 빼앗은 아합과 이세벨에 대한 엘리야의 고발과 통한다(Barton: 59). 5장 8절 이하의 땅과 집을 무한히 사들이려는 이들에 대한 저주의 선포와 더불어, 모든 땅은 하나님의 것이며, 이를 거슬러 다른 이의 땅과 포도원을 차지하는 것은 그 절차의 합법성과는 무관하게 잘못된 것임이, 이사야서의 배경에 놓여 있다.[66] 하나님을 떠나 거역하는 이들은 그들이 드린 무수한 제사에도 불구하고 하나님이 반드시 소돔과 고모라를 벌하시듯 벌하실 것임이 1장

---

66. 절차의 합법성에도 불구하고 가난한 이들의 땅을 사들이는 것이 옳지 못하다는 점은 포로 후기 귀환 공동체에서 발생한 빈부격차에 대한 느헤미야의 판단이기도 하다(느 5:1-13).

에서 선포되었고, 가난한 이웃에 대해 공평과 정의를 행하지 않는
이들에 대해서도 하나님의 심판은 확실하다. 하나님은 그 포도원의
울타리를 걷어 버려 짐승에게 먹히고 밟히게 하시며, 황폐하게 하
실 것이다(5:7).

제6장 누가 우리를 위하여 갈꼬(6장)

6장은 흔히 이사야의 소명을 다루고 있는 장이라고 여겨진다.[67] 그렇게 볼 때, 가장 기본적인 문제는 왜 소명에 관한 본문이 이사야의 첫머리에 놓이지 않고(가령, 예레미야나 에스겔처럼) 이 자리에 놓이게 되었는가 일 것이다.

6장은 성전에 가득한 여호와의 영광을 보여주고 있다. 그렇지만, 곧바로 그 영광 앞에 선 이사야의 부정함이 대조된다. 여호와의 영광의 충만함은 이사야의 부정함을 더더욱 드러내고 있다고 할 것이다. 하나님께서 그 백성에게 행하신 것에 비해 그 백성들이 하나님을 떠나 죄악을 일삼은 것을 고발하는 내용들이 1-5장까지 다루어졌음을 고려할 때, 6장의 위치는 5장까지 낱낱이 제시되고 있는 백성들의 부정함을 포괄해 내고 있다고 할 수 있다. 5장까지를 보건대, 참으로 이 백성의 죄악은 심히 중하며 악하다. 이사야가 느낀 자

---

67. 참고: Evans 1989: 174 n.35. 보이켄(W.M. Beuken)은 6장을 가리키는 보다 적절한 표현은 "소명 기사 (Berufungserzählung)"보다는 "예언자의 위임 (Beauftragung des Propheten)"이라고 지적한다(162).

신의 부정함은 단지 자기 자신만의 문제가 아니라 공동체 전체의 죄악상과 자신을 동일시하는 데에서 나온다. 그러나 하나님께서는 제단의 숯으로 그를 정결케 하시며 그의 죄사함을 선언하신다. 이것은 단지 이사야에게만 국한되지 않는다. 1-5장에서 보듯 이스라엘의 죄악이 심각하지만, 오직 하나님의 은혜와 긍휼하심 앞에 설 때에 이스라엘은 용서될 수 있다. 오직 이스라엘을 정결케 하시는 하나님의 은혜만이 그들을 건진다. 그러므로 이사야의 소명은 단지 절망적이지만은 않다고 해야 할 것이다. 그것이 소명을 다루는 6장의 배치의 순서이고 의미라고 할 수 있다. 그러나 그 백성들은 하나님의 말씀을 듣지 아니하며 하나님 앞에 나아오지 않는다. 멸망을 향해 치달을 뿐이다. 그것은 확정되어 바꿀 수 없는 미래라기보다는, 그들에게 열려 있는 은혜를 거부하는 백성들의 모습을 고발하고 있는 것으로 보아야 할 것이다. 5장까지의 내용에서 진술된 백성들의 모습은 6장에서 언급되는 바, 보아도 보지 못하고 들어도 듣지 못하는 이들에 대한 고발을 생생히 이해하게 한다. 그렇지만, 6장에 이어지는 7장에서도 여전히 하나님의 은혜는 그 백성을 향해 열려 있으되, 이스라엘을 대표하는 아하스는 이러한 하나님의 은혜를 거부하고 있는 자로 나타난다. 그런 점에서 6장은 5장까지를 담아내면서 7장을 내다보고 있다고 할 것이다. 한 가지 더 현재의 배열이 주는 의미를 보자면, 이사야가 선포한 내용에 대한 소개를 들 수 있다. 6장은 이사야가 전하는 말씀을 이 백성이 들어도 듣지 않을 것이라는 데에 초점이 있다. 그렇지만, 정작 이 백성에게 전해야 할 이사야의 말씀의 내용 자체는 전혀 소개하고 있지 않다. 그가 백성들에게 전하고, 그들은 들어도 깨닫지 못하는 그 말씀들은 무엇인가? 그것은 바로 1-5장에 선포되어 있는 죄악의 고발과 심판 선포이다. 그러므로 이사야서의 배열은 6장에서 이사야가 선포하는 말씀의 전제로 1-5장을 두고 있다고 할 수 있다.

이사야는 웃시야 왕의 죽던 해에 성전에 가득한 하나님의 영광을 보게 되었다.[68] 앗수르를 근동 지역의 패자로 강력하게 부상시킨 디글랏 빌레셀 3세(주전 744-727)가 즉위한 것도 이 시기와 그리 멀지 않다. 북왕국과는 달리 남왕국 유다는 앗수르로부터 아무런 위협을 경험하지 못했지만, 웃시야의 죽음과 디글랏 빌레셀의 즉위는 유다에 드리울 앗수르라는 검은 구름을 이미 내포하고 있다고 할 것이다. 다윗의 후예이며 부국강병을 이끌었던 왕이 죽던 해에 이사야는 높이 들린 보좌에 앉으신 주님과 그 앞에 모셔 선 스랍들을 경험하였다. 이제까지 하늘의 천상 회의를 보여주고 있는 이 장면에서 중요한 것은 여호와께서 왕으로 묘사되고 있다는 점이다: "만군의 여호와이신 왕(הַמֶּלֶךְ)"(6:5). 즉, 다윗의 왕이 죽던 때에, 이사야는 여호와께서 왕으로 보좌에 좌정하신 것을 본 것이다. 그리고 이사야는 왕이신 여호와 하나님에 의해 여호와의 백성인 이스라엘에게로 보냄을 받게 된다. 그러므로 이사야의 소명을 다루고 있는 6장은 왕이신 여호와 하나님의 행하심을 보여준다.[69] 인간의 왕이 죽었으나 참된 왕이신 여호와의 통치는 영원하다.

성전에 가득한 여호와의 영광을 대면한 이사야가 발견한 것은 자신의 부정함이었다. 특히 그의 입술의 부정함을 고백하게 된 것은 스랍들의 세 번 거룩 찬양에서 비롯되었을 것이다. 살아계신 하나님 앞에 서게 될 때에 모든 존재는 마땅히 하나님을 찬양하게 될 수

---

68. 6장과 40장의 공통점에 대해서 Williamson 1994: 37-38을 보라.

69. 보좌에 앉으신 하나님께 대한 찬양이 영원한 왕이신 하나님께 대한 찬양과 연결되는 것은 계시록에서도 볼 수 있다: "세상 나라가 우리 주와 그 그리스도의 나라가 되어 그가 세세토록 왕노릇 하시리로다 … 감사하옵나니 옛적에도 계셨고 시방도 계신 주 하나님 곧 전능하신 이여 친히 큰 권능을 잡으시고 왕노릇 하시도다"(11:15-17; 또한 15:3; 19:6).

밖에 없을 것이며, 그들의 찬양의 중심 주제는 하나님의 거룩하심일 것이다. 세상에 존재하는 그 어떤 것과 비교할 수 없이, 구별되시며 홀로 계시는 하나님이기에 그 거룩하심을 온전히 찬양하게 될 것이다. 하늘 보좌에 앉으신 왕이신 하나님 앞에 선 존재들이 밤낮 쉬지 않고 찬송하는 내용도 마땅히 하나님의 거룩하심이다(계 4:2-8). 이사야 역시 보좌에 앉으신 하나님 앞에 섰기에 마땅히 그의 거룩하심을 찬양하여야 하나, 하나님을 찬양하기에는 너무도 부정한 자신을 발견한다. 그것이 "입술이 부정한 사람", "입술이 부정한 백성"이라는 표현에 담긴 처절한 고백일 것이다. 대표적으로 입술이 언급되었지만 사실은 이사야와 그 백성의 전적인 부정함이 언급된 것이라고 볼 수 있다. 거룩한 것과 부정한 것이 만나게 되면 그 부정한 것은 제거된다(레 7:19-21; 10:1-2). 오직 이사야에게 죽음이 있을 뿐이다. 이사야의 고백은 이러한 맥락에서 이해될 수 있다: "화로다 나여 망하게 되었도다". 이것은 수사적인 고백이 아니되, 참으로 하나님의 거룩하심 앞에서 자신의 전 존재가 도저히 살 수 없고 멸망당할 수 밖에 없음을 토로하는 것이다.[70] 이사야 자신이 너무도 당연히 이제껏 제사를 드려왔을 것이고, 현재도 성전 안에 있었지만, 하나님의 거룩하심 앞에 선 인간의 부정함이 제의적 수단으로 제거될 수 없다는 점이 분명해진다. 왕이신 하나님의 거룩 앞에 직면하매 자신의 죄됨이 명확히 드러난다. 하나님 앞에 선 인간의 격렬한 죄 인식이 드러난다. 그는 스스로 죽을 수 밖에 없음을 절감한다.

---

70. 여호와의 날에 가나안 거민이 패망하게 될 것을 표현하는 데에도 이사야의 "망하게 되었도다"와 동일한 동사가 사용되었다(습 1:11, Rosenberg: 57). 로버츠(Roberts: 44-46)는 이 표현이 하나님을 본 자에게 임할 죽음('나는 망하였도다')과 더불어, 하나님의 말씀을 전할 수 없는 상태('나는 말할 수 없도다'; 아퀼라, 심마쿠스, 테오도션, 벌게이트)를 이중적으로 표현(double entendre)하고 있다고 지적한다.

이것은 제사로 제거될 수 없는 것이며, 오직 하나님의 주권적인 은혜로써 제거될 수 있을 뿐이다. 스랍이 가지고 와서 이사야의 입술에 댄 핀 숯이 바로 그러한 하나님의 주권적 은혜를 상징한다. 제단의 숯에 어떤 능력이나 효험이 있지 않되, 전적으로 여호와 하나님의 용서하시는 은혜만이 효력 있다. 그래서, 이사야의 소명 기사는 아래로부터의 죄 해결이 아닌, 위로부터의 사죄의 은혜를 명확히 증거하고 있다. 사실, 이것은 예언운동의 핵심이기도 하다. 여기에는 제사로 대표되는 제의가 언급되지 않는다. 온전한 사죄는 제사를 통해 오지 않는다. 다만 여호와의 전적인 은혜만이 부정한 죄들을 씻으며 여호와 앞에 설 수 있게 한다.

성전에서의 놀라운 경험은 곧바로 보낼 자를 찾으시는 하나님의 부름으로 이어진다. 그의 체험은 일반적인 사람들이 알기 어려운 신비적 체험이었지만, 그는 그 속에 머물러 있지 않는다. 이와 연관해 폰라트의 관찰은 음미할 만하다:

> 이토록 일상적이지 않은 방식으로 받아들여진 계시는 결코 그 자체로 목적인 적이 없었다. … (환상의) 목적은 예언자로 그 직무를 감당하도록 하게 하는 데 있다. … 어떤 예언자도 그가 만나게 된 사람들에게 자신이 경험했던 것처럼 하나님과 직접적인 만남을 가지라고 가르치거나 격려하지 않았다는 점은 의미심장하다(von Rad: 42).

이사야의 체험은 "나를 보내소서"로 연결되면서 다시금 구체적 일상적 현실 안으로 들어온다. 신비적 경험 후에 이사야의 달라진 것은 무엇인가? 여전히 그는 보통 사람이되, 그의 삶의 목적과 방향이 달라진 것이다. 이것은 바울의 체험에서도 나타난다. 바울은 셋째 하늘 혹은 낙원에 이끌려 가서 말로 표현할 수 없는 놀라운 말들을 들었지만(고후 12:1-4), 바울이 평생에 전한 것은 오직 예수 그리스도와 그의 십자가였다(고전 2:2). 이사야의 체험은 성전에서의 거룩 함양에 머물지 않았고, 나아가서 전한 말씀의 선포로 나타났다. 거룩의 경험은 성전 안이 아니라 사회와 역사 안에서 나타난다.

이사야가 받은 소명은 무엇인가? 9절은 "가라 그리고 이 백성에게 말하라"로 시작된다. 이사야의 사명은 주님을 대신해서(8절) 이 백성에게 가서 하나님이 명하신 말씀을 전하는 것이었다. 그가 전할 말의 내용은 지극히 역설적이다:

"계속해서[71] 들어라 그러나 깨닫지 말라! 계속해서 보라 그러나 알지 말라! 이 백성들의 마음을 살찌게 하며 그들의 귀가 둔하게 하고 그들의 눈은 감기게 하라! 그렇지 않으면 그들의 눈으로 볼 것이며 그들의 귀로 들을 것이고 그들의 마음이 깨달아 돌이켜[72] 치료될 것이다"(9-10절 사역).

---

71. 정동사에 잇따라 동일한 어근의 부정사 절대형이 나온 경우, 그 동작의 지속성을 강조한다: *GKC* §113r. '듣다' 뿐 아니라, 이어지는 '보다' 역시 동일한 표현방식이 사용되어 역설적인 의미를 더 한층 강조하고 있다(대조를 위해 부정사 절대형이 정동사 명령형의 뒤에 놓인 경우: Joüon §123l).

72. 쿰란 이사야 두루마리(1QIs^a)는 "마음"을 뜻하는 "레바브 לבב"앞에도 전치사 "브 ב"를 붙이고 있으며, 대부분의 번역 성경들은 이러한 읽기를 반영하고 있다(KJV; NRSV; NASB; NIV; 개역; 공동번역; 표준새번역, etc). 이것은 동일한 전치사가 그 앞에 있는 "눈"과 "귀"에 붙어 있는 것을 따른 것이다. 빌트버거(Wildberger)의 지적대로(250), 전치사가 오는 것이 너무 자연스럽다는 점에서 오히려 전치사가 없는 읽기가 원래적이라고 보인다. 전치사가 없는 것이 원래적이라면, "레바브"가 이어지는 동사 "빈 בין"의 주어라고 이해할 수 있을 것이며, 이 경우 대부분의 번역들과는 달리, 다음에 나오는 "슈브 שוב"동사와 "라파 רפא"동사의 주어 역시 "레바브"로 볼 수 있을 것이다(Beuken: 161-162).

마음에 살이 찌거나 혹은 마음에 기름이 끼게 되면 무엇을 들어도 깨달을 수 없고 분별할 수도 없게 된다. 그들의 마음이 왜 살이 찐 것일까? 그들의 마음에 왜 기름기가 끼게 된 것일까? 그들에게는 "살진 짐승의 기름"(1:11)이 넘쳐났고, "뇌물"과 "사례물"(1:23)도 가득했다. 그들의 풍요로움은 호화로운 장식품(3:18-23)과 한도 끝도 없는 땅에 대한 욕심(5:8)으로 나타났고, 잔치와 술취함을 일상으로 만들었다(5:11-12; 28:7). 마음에 기름이 가득 끼어 살찐 사람이 있으나, 하나님의 사람은 오직 주의 법을 즐거워한다(시 119:70).[73] '(귀가) 둔하다'로 번역된 단어(כבד)의 원래 의미는 '무겁다'이다. 귀가 무겁게 되어 버렸다는 것은 둔해지고 막혀 버린 것이다. 그래서 무엇을 들어도 빨리 응답치 못하며 무엇으로 응답해야 하는지도 모른다. 귀가 둔하고 막혀 버린 이들은 고아와 과부의 억울한 일을 들어도 이를 제대로 수리하지 않는다(1:23). 또한 눈에 뭐가 씌이면 제대로 볼 수 없다(שעע). 눈에 무언가가 맺혀 버리면 보기는 보되 파악할 수 없다. 현실을 직시할 수 없다. 무엇이 이 백성의 눈에 씌어 있는가? 무엇이 이 백성으로 하여금 현실을 직시하지 못하도록 만들고 있는가? 이사야 29장 9-10절은 예언자들이 이 백성들의 눈이라고 표현한다. 예언자들이 바르게 보지 못하면 백성들의 눈이 감긴 것이다. 앞에서도 여러 번 예언자들의 보는 것에 대해 다루었듯이, 예언자의 보는 것은 단지 육안으로 보는 것이 아닐 것이다. 동일한 현실을 바라보지만, 하나님께서 싫어하시고 질려 버리신 제물과 손에 가득한 폭력의 피를 보는 사람이 있는가 하면,

---

73. 이 시편에 쓰이고 있는 "타파쉬 שפש"동사는 아람어 타르굼에서도 쓰이는데, 그 경우 이사야 6장 10절에 쓰인 "샤멘 שמן"동사와 동일한 의미를 지닌다.

그저 넘치는 제물과 풍성한 제사만을 보는 사람도 있다. 그들은 눈을 뜨고 보되, 보지 못하는 사람들이다. 마음에 기름이 끼지 않고, 귀가 둔하지 않고, 눈에 뭐가 씌이지 않으면, 그는 현실을 제대로 볼 수 있고 무엇이 문제인지 그리고 하나님께서 원하시는 것이 무엇인지 제대로 들을 수 있고 그래서 마음으로 옳게 깨달을 수 있으며 그에 따라 잘못된 것을 뉘우치고 돌아오며 살 길을 발견하게 될 것이다(וְרָפָא לוֹ)[74].

이사야의 소명을 표현하고 있는 9-10절은 그 쓰인 대로를 보자면 이해하기 어렵다.[75] 그대로 보자면 이사야가 마치 백성들의 귀와 눈을 어둡게 해서 못 알아듣도록 만드는 사명을 받은 것처럼 여겨진다. 만일 백성들을 못 깨닫게 하는 것이 목적이라면 예언자가 보내지지 않으면 될 것이다. 예언자를 보내는 까닭은 깨닫게 하기 위해서이다.[76] 그런 점에서 이사야 예언자를 보내면서 깨닫지 못하게 하라는 명령은 서로 충돌된다. 그러므로, 한편으로 이 본문은 그 직설적인 표현을 통해 지극히 역설적으로 이사야의 사명을 전하고 있다고 보아야 할 것이다. 이사야가 전하는 말씀을 얼마나 이 백성들이 깨닫지 못할지, 그들의 눈과 귀와 마음이 얼마나 둔해 있고 굳어 있어서 하나님의 말씀을 거부할지를 알리면서(Evans 1989:170), 이사야가 맞닥뜨리게 될 어려운 현실을 역설적으로 표현하고 있다는 것이다. 칠십인경의 읽기는 칠십인경이 참고한 히브리어 대본의 차이

---

74. "라파"동사와 함께 쓰인 전치사 "르 לְ"는 재귀적인 용법으로 쓰이고 있다고 볼 수 있다(Beuken: 162; *HAL*).

75. 이 구절의 의미와 유대교와 기독교 역사 속에서의 해석에 대해서는 Evans 1989를 참고하라.

76. 백성들의 마음을 강퍅케 하는 예언자의 사명에 대해서 Beuken: 164-167을 참고하라.

에서 왔다기보다는 현재 히브리어 본문과 동일한 읽기이되, 그 역
설적인 의미를 살린 의역으로 보아야 할 것이다:

> "너희가 참으로 들을 것이나 깨닫지 못할 것이다. 또 너희가
> 참으로 볼 것이나 알지 못하리라. 이는 이 백성의 마음이 살쪘
> 음이며 그들이 그들의 귀로 잘 듣지 못하게 되었고 그들의 눈
> 으로 닫아 버렸음인데, 그들이 눈으로 보고 귀로 듣고 마음으
> 로 깨달아 돌이키지 않기 위함으로, 그러면 내가 그들을 고쳐
> 야 할 것이다".

칠십인경은 이 구절을 들어도 깨닫지 못하는 백성들의 모습에 대
한 고발로 옮기면서, 하나님께서 예언자를 통해 그 백성의 마음을
강팍하게 만드신다는 어려운 주제를 사라지게 만들고 있다. 이러한
칠십인경의 번역이 고스란히 마태복음 13:14-15에 반영되어 있
다.[77] 이사야가 그들의 마음에 살이 찌게 할 수 있는가? 이사야가 그
들의 눈에 뭐가 씌이게 할 수 있는가? 이 점들을 생각할 때, 본문은
이사야의 사명을 역설적으로 표현하고 있다고 볼 수 있다. 실제로
이사야가 전한 말씀들을 이사야서에서 볼 때 그리고 그에 대한 청
중의 반응을 볼 때, 6장에 나온 이사야의 소명은 문자 그대로라기보
다는 이사야의 험난한 사역과 이 백성의 완악한 현실을 예고하고

---

77. 히브리어 성경에서 삼인칭단수로 표현된 "베라파 로 לֹו וְיִרְפָּא"에
해당하는 부분이 칠십인경에서는 하나님을 가리키는 일인칭단수 동사로
표현되었다(καὶ ἰάσομαι αὐτούς). 마태복음은 여기서 칠십인경을 글자
그대로 인용하고 있다. 쿰란은 마소라본문과 거의 동일하지만 몇 가지의
차이가 있다. 9절에서 동사앞에 부정의 의미로 놓이는 "알 אַל"을 전치사
"알 עַל"로 적고 있는데, 필사자의 실수라기보다는 '왜냐하면'이라는 의미
의 전지사 "알"을 의도적으로 사용한 것일 수 있다. 그럴 경우, 9절의 처음
은 "계속 들어라, 이는 너희가 이해하지 못함이라"로 풀이된다 (Beuken:
165; Evans 1989: 54-56).

있다고 볼 수 있다.

그리고 백성들이 아무리 들어도 깨닫지도 이해하지도 못한다는 점에서, 이사야가 전한 말씀은 당대의 평화와 안정의 시기에 들어 맞지 않는 심판과 재앙에 관한 말씀이었을 것임을 짐작할 수 있다. 그리고 앞에서도 언급하였지만, 6장의 위치는 이사야가 선포한 말씀이 1-5장에 담겨 있는 죄의 고발과 심판 선포였을 것이라고 제시하고 있다. 실제로 1장 10절 이하에서 보는 것처럼 넘쳐나는 제사와 제물이 있음에도 하나님께서 이를 거부하시고 도리어 공평과 정의를 요구하신다는 것은 평화 시기의 유다에게 들리나 들리지 않는 소리였을 것이다. 이러한 맥락에서 여기서 표현된 말씀의 또 다른 의미는 이사야의 선포의 내용 자체가 백성들로 귀멀게 하였다고 말할 수 있다. 이 점은 마음을 완악케 하라는 이사야의 사명을 이해하는 두 번째 방식을 제시한다. 하나님께서 이사야를 통해 선포하는 말씀과 이사야를 통해 행하시는 일들은 백성들이 이해할 수 없는 것이었다:

> "그러므로 내가 이 백성 중에 기이한 일 곧 기이하고 가장 기이한 일을 다시 행하리니 그들 중의 지혜자의 지혜가 없어지고 명철자의 총명이 가려지리라"(29:14)

하나님의 행하심은 세상에서 지혜롭다 하는 이들의 지혜를 부끄럽게 한다(마 11:25). 이사야의 선포가 없었다면 백성들은 귀멀지도 않고 눈멀지도 않았을 것이로되, 이사야의 선포와 그 내용은 도무지 백성들이 알아듣고 이해할 수 없는 말씀이었기에, 그들은 들어도 듣지 못하는 자, 보아도 보지 못하는 자가 되어 버렸다. 참으로 그의 선포와 사역은 겉보기에 문제 없던 이 민족에 깊은 흑암이 있음을 드러내었고, 멀쩡하던 이들로 완고하고 막힌 이가 되게 해 버렸다(von Rad: 22).

안정과 평화가 넘치던 시기였지만, 하나님께서 보내신 이사야의 눈에는 곳곳에서 부르짖는 소리가 들렸고, 이 부르짖음은 백성의 지도자들에게 포도원을 빼앗긴 이들의 울부짖음이었고, 땅에 땅을 더하고 집에 집을 더하는 시대에 집과 땅을 잃어버린 가난한 이들의 고통의 소리였을 것이다. 그러므로 하나님이 보내시는 예언자들은 평화 가득한 시기에 가난한 이들의 부르짖음을 듣는 사람들이다. 사회의 전반에 태평성대를 노래하는 소리가 드높을지라도, 한 켠에서 울리는 고아와 과부의 억울한 소리를 귀담아 듣는 이들이 예언자이다. 별 것 아닌 사람들이 억울하다고 부르짖는 소리를 듣고서는 온 땅을 황폐케 하는 하나님의 심판이 임할 것이라고 호들갑을 떠는 이(Heschel: 33-35), 그가 바로 여호와께서 보내신 이사야 예언자인 것이다. 비록 그들이 듣지 않을 것이 예견되고 있지만, 이 말씀이 아예 듣지 않을 것을 전제하고 확정되어 다가올 심판을 선포하는 데에만 그 의도가 있다고 볼 수는 없다. 10절 후반절에서 그들이 듣고 깨달아 돌이키고 고침받게 될 것에 대한 표현이 굳이 붙어 있다는 것은 이사야를 통한 선포의 목적 가운데 백성들의 회개 촉구가 있었음을 반영한다.

평화와 부귀가 넘쳐나는 시대에 유다는 이사야를 통해 선포되는 여호와의 말씀에 귀기울이지 않았으며, 그가 전하는 심판과 재앙을 도무지 이해할 수 없었을 것이다. 어느 때에야 그들이 이사야를 통한 말씀의 의미를 알게 될까? 11절에 있는 "어느 때까지니이까?"라는 질문은 현실에서 겪는 삶의 고초와 괴로움을 반영하고 있으며, 시편에서 쉽게 볼 수 있다(시 74:10; 82:2; 94:3). 이사야를 통해 선포된 말씀을 깨닫지 못하는 백성들의 완악함의 끝은 하나님의 심판이다. 이스라엘에 대한 하나님의 심판은 차근차근 점층적으로 전개되며, 마침내 그들이 살고 있던 땅이 텅 비게 되어서야 그들은 이사야를 보내신 여호와 하나님의 뜻을 깨닫게 될 것이다. 다음은 그 땅에 임하는 하나님의 심판에 대한 묘사들인데, 여기에 표현된 재앙들은 이사야서의 여기저기에서 다시 언급되고 있다:

- 성읍의 황폐(שָׁאוּ עָרִים): 1:7; 17:9; 3:26; 5:6; 32:14

- 거민이 사라짐(מֵאֵין יוֹשֵׁב): 5:8; 9:19; 10:22; 32:14

- 사람이 살지 않는 가옥(וּבָתִּים מֵאֵין אָדָם): 1:8; 5:9

- 황무해진 땅(וְהָאֲדָמָה תִּשָּׁאֶה שְׁמָמָה): 1:7; 5:17; 7:25; 9:19; 10:18-19; 32:13

- 사람들이 멀리 옮기우게 되어(וְרִחַק יְהוָה אֶת-הָאָדָם): 29:13

- 땅이 비게 되는 것(וְרַבָּה הָעֲזוּבָה בְּקֶרֶב הָאָרֶץ): 17:2,9; 32:14

이토록 완전한 심판이 이루어지고 나서야 그들이 하나님의 말씀을 깨닫게 되고 알게 된다는 것, 즉 눈에 씌인 것과 귀의 무거워진 것, 마음에 끼인 기름이 제거된다는 것이니, 이 어찌 비극이 아닌가. 눈과 귀가 닫히고 무거워지고 마음에 살이 쪄 버린 것을 제하기가 이리 어렵다는 것은 당시의 유대 백성들뿐 아니라, 오늘 이사야서를 읽는 이들에게도 두렵지 않을 수 없다.

13절은 흔히 잘못 이해되는 경향이 있다. 심판 가운데서도 남는 자가 있다는 것으로 이해되면서, 심판을 이기는 은혜의 상징으로 풀이되곤 한다. 그러나 이 절의 전반절은 혹시 십분의 일이 남는다 할지라도 그것까지 완전히 불태워지게 된다는 것을 분명히 한다. 그러므로 이 본문의 진정한 의도는 완전한 진멸이다(Kaiser: 4). 나

무들이 완전히 베어져 버리듯이 그렇게 심판이 완전히 유다에 임하
게 된다. 그럼에도 나무들의 그루터기(מצבה)가 나무를 벨 때에 남
겨지는데, 거룩한 씨가 바로 그것의 그루터기이다. 이 본문의 의도
는 완전한 진멸이다. 다만 희망이 있다면 완전하게 진멸되고 난 다
음에 밑둥으로 남아 있는 부분이 희망이 될 뿐이다. 그러므로, 이 그
루터기는 듣는 이들을 위해 희망의 여지를 남겨 놓기 위해 제시된
다기 보다는 유다의 범죄와 그에 합당한 완전한 진멸에도 불구하고
하나님께서 그 잘려나가고 남은 그루터기와 같은 이들을 통해 이루
실 회복을 상징하고 있다. 하나님이 행하실 전적인 은혜의 회복을
말하고 있지만, 이것이 백성들의 헛된 기대를 부추기는 말씀이 아
닌 것을 유념해야 할 것이다.[78] 고대 이스라엘에서도 그러하였지만,

---

78. 마지막에 있는 "거룩한 씨"에 대한 부분(זֶרַע קֹדֶשׁ מַצַּבְתָּהּ)은 주요
한 칠십인경 사본들에서는 나타나지 않는다(아퀼라와 심마쿠스는 이에 해
당하는 부분을 지니고 있다). 칠십인경을 따르면, 13절의 마지막 문장은
"그것이 그 껍질-혹은 덮개-로부터 떨어질 때의 도토리처럼(ὡς βάλανος
ὅταν ἐκπέσῃ ἀπὸ τῆς θήκης αὐτῆς)"이다. 즉, 껍질을 벗긴 후 도토리
까지도 먹게 되는 것처럼 완전한 심판을 의미한다. 이것은 팔레스타인의
남은 자들에 대한 칠십인역 번역자들의 부정적 판단에서 유래한 것일 수
도 있고 혹은 아예 대본 자체에 없었던 것일 수 있다. 칠십인경의 마지막
표현인 ἀπὸ τῆς θήκης αὐτῆς은 מַצַּבְתָּהּ를 반영한다는 점에서 동일한
단어인 "마체베트"의 반복으로 인한 "동음어 탈락(homoioteleuton)"으로
설명할 수도 있다(Wildberger: 251; 그러나 αὐτῆς로 인해 동음어 탈락이
생겼다는 에반스의 설명[Evans 1989: 20]은 옳지 않다). 그렇지만, 전적인
심판에 대한 마소라본문 자체의 강조를 고려할 때, 이 부분이 13절에 잘
어울리지 않는다고 보아서, 많은 학자들은 이 부분이 유다 멸망 이후에 덧
붙여진 것이라고 보곤 한다(가령, Beuken: 164; Emerton: 85-118;
Williamson 1994: 35는 "거룩한 씨"라는 표현이 스 9:2에서만 발견된다는
점에 주목한다). 그렇지만, 심판 이후에 이루어질 회복에 대한 기대가 주
전 8세기 이사야로부터 나오지 않았다고 보는 것은 전형적인 순환 논리일
수 있으며, 그리 설득력 있지 않다. 문제는 13절을 "남은 자 신학"을 반영

오늘날의 현실에서도 하나님의 심판의 말씀을 가벼이 여기게 만드는 주된 이유의 하나는 뜻밖에도 은혜에 대한 헛된 기대와 강조인 경우가 많다. 그럼에도 "거룩한 씨"라는 표현은 확실히 전면적인 심판 이후에 오게 될 희망을 반영하고 있다는 점도 분명하다. 사실 진정한 소망은 그렇게 완전히 잘려져 나간 뒤에 남겨질 그루터기에 있다. 겨우 그루터기만 남겨놓을 정도로 잘려지고 난 후에야 이러한 희망의 씨를 목격하게 된다. 이것은 전적으로 하나님의 은혜에 의해 가능하다. 이 희망이 "거룩한 씨"라고 불리는 것은 전적으로 하나님에 의해 구별된 것임을 의미한다고 볼 수 있다. 거룩하신 하나님의 전적인 은혜에 의해 죄 사함을 받게 된 이사야 개인의 경험 역시(Beuken: 166), 잘려나간 나무에 남아 있는 그루터기를 "거룩한 씨"라 부르는 이해와 일치한다.

다윗의 후예인 왕이 죽던 해, 부국강병으로 상징되는 시대를 이룬 왕이 죽던 해에, 이사야는 하나님께서 왕으로 보좌에 앉으신 것을 보게 되었으며, 거룩하신 하나님의 전적인 은혜로 그의 죄가 사함을 받았고, 하나님의 백성들에게 보냄 받게 되었다. 하나님을 가리켜 "이스라엘의 거룩하신 자"라고 부르는 이사야의 독특한 표현은 당연히 성전에서의 거룩하신 하나님 체험에서 비롯되었을 것이다.[79] 그가 전한 말씀은 그들의 죄악에 대한 고발과 그로 인해 임하게 될 엄청난 재앙, 나무가 그루터기만 남을 정도로 완전히 베어지

한다고 정형화시키는 것에 있다고 보인다. 이 구절이 분명히 '남은 자'에 대해 이야기하고 있지만, 전면적인 심판에도 불구하고 하나님의 전적인 은혜로 남겨 두신 이들이 있다는 것이 임박한 심판을 무효화시키지 않는다.

79. 구약의 다른 책들에서는 몇 번 밖에 쓰이지 않지만(왕상 19:22; 시 71:22; 78:41; 89:19; 렘 50:29; 51:5), 이사야서에서는 25회나 쓰인다. 이사야 외의 구약 본문들에 쓰인 용례들에 대한 평가는 Williamson 1994: 41-42를 보라.

게 되는 재앙이었다. 그렇기에 그가 전한 말씀을 들은 이들은 결코 그 말씀을 이해하지 못하였고 돌이키지도 않았다. 이사야의 사역은 이렇게 그 시작부터 백성들의 거부와 불순종으로 특징지워진다. 그런 점에서 이사야를 비롯한 예언자들은 "대다수의 사람들이 여전히 타당하다고 여기고 있는 신앙의 고정된 질서를 포기하도록 부름받은 사람들이라는 점에서 완전히 유례없는 상황에 놓이게 된 이들이다"(von Rad: 34). 그럼에도 이사야는 이스라엘을 그 백성으로 삼으신 이스라엘의 거룩하신 자 여호와의 다스리심과 역사 주관하심을 확고하게 선포해 나간다. 하나님의 거룩하심에 대한 그의 놀라운 경험은 하나님의 뜻과 행하심을 구체적 역사 현실속에서 선포해 나가는 데에 사용되고 있다. 6장에서 뚜렷이 나타나는 왕이신 여호와 하나님의 모습은 이사야서의 다른 부분들에서도 확인할 수 있으며(24:23; 33:22; 41:21; 43:15; 44:6; 52:7)(Beuken: 167; Williamson 1994: 55), 하나님의 나라를 전하는 이로서의 이사야를 알려 준다.

비록 이 백성들이 지금은 듣지 않고 보지도 못하지만, 장차 오게 될 왕의 시대가 오면 달라진다. 이 왕이 임하여 공평과 정의로 다스리게 될 때, 보는 자의 눈이 감기지(שׁעע) 않고, 듣는 귀를 기울일 것이며 그 마음이 지식을 깨닫게 된다(32:1-4). 그때에 소경의 눈이 밝을 것이며 귀머거리의 귀가 열릴 것이다(35:5). 귀머거리가 책의 말을 듣게 되고 소경이 보게 될 것이다(29:18). 참으로 하나님 보시기에 합당한 자는 귀를 막지 않고 눈을 감지 않은 자이다(33:15).[80]

---

80. 이사야서에 나타난 '눈멀고 귀멀음' 모티브에 대해서는 Clements 1985: 95-113; Evans 1989: 42-46; Williamson 1994: 46-51을 보라.

제7장 평화의 왕국(2장, 9장, 11장)

공평과 정의의 열매를 맺지 않은 유다에 대한 심판과 재앙에 대한 선포가 1-39장의 대부분을 차지하고 있지만, 심판 이후에 다가올 회복과 새로운 시대에 대한 말씀들도 교차되어 나타난다. 그러나 회복과 구원에 대한 말씀이 심판에 대한 말씀을 무효로 만들지 않는다는 점에 유의해야 할 것이다. 재앙은 무효가 되어서 은혜라기보다는, 그를 통해 잘못되고 부정한 것이 정결케 되며 하나님의 새로운 역사를 이루는 기초가 된다는 점에서 은혜이다(사 1:25-26). 그러므로 이사야는 두렵고 피할 수 없는 심판의 말씀 가운데서도 회복되고 새로워질 세상에 대한 기대와 소망을 전하고 있다.

1. 2:2-5 보습과 낫의 나라

2장 1절은 1장 1절과 거의 동일한 표제("~ 본 환상", "~ 본 말씀")를 지니고 있어서, 1장과는 다른 시기에 존재했던 말씀 모음들을 반영하고 있다. 1장의 표제나 2장의 표제 모두 유다와 예루살렘에 대하여 본 것들을 다룬다고 되어 있지만, 그 내용은 다르다. 1장이 그들의 현재의 상태와 그 죄악상이라면, 2장은 그들에게 임할 새로운 미래로 시작한다.

"말일에"로 번역된 히브리 표현 "베아하리트 하야밈 בְּאַחֲרִית הַיָּמִים"은 하나님의 구원이 시작되는 때이며, 이스라엘이 온전히 회복되는 때이다(Williamson 2006: 179). 그렇지만, 본문에서 이 어구는 현재의 시간과 단절된 어떤 시간이 아니라 현재와 연결되어 있는 시간을 가리킨다고 볼 수 있다. "말일에"로 시작하는 본문이 따로 떨어져 있는 것이 아니라, 심판과 회복을 말하는 1장의 본문에 잇달아 놓여 있다는 점도, 이 본문을 모든 것이 끝나는 최후의 시점을 가리킨다고 보기보다는 다가올 심판과 심판 이후의 회복에 이어지는 시점으로 보게 한다. 그렇지만, 칠십인경의 번역("마지막 날들에 ἐν ταῖς ἐσχάταις ἡμέραις") 이래 종말론적으로 해석하는 경향이 지배적이다.[81] 그렇지만 이 표현이 쓰인 구약의 다른 용례들을 보면, 마지막 날 혹은 종말의 날을 가리킨다기 보다는 곧 다가오게 될 '훗날'을 가리킨다고 볼 수 있다(창 49:1; 민 24:14; 신 4:30; 31:29; 사 2:2; 렘 23:20; 30:24; 48:47; 49:39; 겔 38:16; 호 3:5; 미 4:1; 단 2:28; 10:14). 특히 신명기 31:29는 이것을 분명히 보여준다:

> "내가 알거니와 내가 죽은 후에(אַחֲרֵי מוֹתִי) 너희가 스스로 부패하여 내가 너희에게 명한 길을 떠나서 여호와의 목적에 악을 행하여 너희의 손으로 하는 일로 그를 격노케 하므로 너희가 말세에(בְּאַחֲרִית הַיָּמִים) 재앙을 당하리라 하니라"

---

81. 칠십인경 이사야서가 종말론적인 경향을 담고 있는지 자체도 논란의 여지가 있다. 트록셀(R. L. Troxel)은 이에 대해 부정적이다(18-27).

124 이사야가 본 환상

개역한글판은 이를 "말세에"라고 옮겼지만, 그것은 그리 적절한 번역이 아닐 것이다. 모세의 죽음 이후 일어날 이스라엘의 불순종과 그로 인한 심판을 말한다는 점에서, 이 말씀은 곧 다가올 미래에 일어날 사건을 가리키고 있음이 분명하다. 그런 점에서 이사야서의 본 구절에서도 "말일" 혹은 "말세"라는 말은 구약 본문의 사건들을 종말의 시대로 너무 멀리 밀어버리고 있다고 할 수 있다. 하나님을 거역하는 현재와는 거리가 있지만, 다가올 새로운 시대는 현재와 연결되어 있는 시대이다.

"여호와의 전의 산"이 모든 산 들 위에 굳게 서게 되고 작은 산들 위에 솟게 된다는 것은 지각변동 같은 시각적인 이미지를 사용해서 이 산이 천하의 모든 산들 가운데 중심이 되며 으뜸 가는 산이 될 것임을 전하고 있다(참고. NIV). 그로 인해 온 땅의 열방들이 여호와의 전의 산으로 향하게 된다. 마치 물이 높은 곳에서 낮은 곳으로 흘러 가듯이, 열방들이 여호와의 전의 산으로 흘러 가게 된다. 2절에서 열방의 움직임을 표현하고 있는 동사 "나하르 נהר"는 강물이 흘러가듯 흘러가는 것을 전하고 있어서, 여호와의 전의 산을 향한 열방의 움직임을 강물의 흐름에 비유하고 있다.[82] 여호와의 전의 산, 즉 시온을 향한 열방의 움직임과 대조되어 있는 것은 시온으로부터 나오는 율법이다:

"그리로 אֵלָיו"; "여호와의 산에 אֶל-הַר-יְהוָה"; "야곱의 하나님의

---

82. 세상의 으뜸이 되고 높아진다는 것이 단지 지형적인 높이를 말하는 것이 아님은 "나하르"동사가 사용된 또 다른 본문들인 예레미야서의 구절들에서도 볼 수 있다: 이전에는 열방이 바벨론으로 흘러갔으나, 여호와께서 바벨론을 벌하시매, 더 이상 열방이 바벨론으로 흐르지 않을 것이고(렘 51:44), 여호와께 구속된 야곱은 여호와의 좋은 것을 향해 흘러올 것이다 (렘 31:12).

전에 "אֶל-בֵּית אֱלֹהֵי יַעֲקֹב"

↕

"그 도로 מִדְּרָכָיו"; "시온에서부터 מִצִּיּוֹן"; "예루살렘에서부터 מִירוּשָׁלָ͏ִם"

히브리어 전치사 "엘 אֶל"(towards)과 "민 מִן"(from)의 사용을 통해, 열방이 향하는 곳과 그 곳에서부터 열방을 향해 나오는 것을 두드러지게 대조시키고 있다. 열방이 다다른 곳에서 듣게 되는 것은 무엇인가? "그의 도" 정확하게 '그의 길들'이 의미하는 것은 여호와 하나님의 가르침 혹은 계명들일 것이며,[83] 이것은 이어지는 내용에서 확인된다: "율법이 시온에서부터 나올 것이며 여호와의 말씀이 예루살렘에서부터 나올 것임이니라"(3절). 이를 보건대, 열방이 여호와의 전의 산이 있는 예루살렘으로 향하는 까닭은 그 곳에서 여호와의 율법, 여호와의 말씀이 나오기 때문이다. 그러므로 시온이 세상의 으뜸이며 중심이 될 것이라는 말씀은 그 곳으로부터 나오는 여호와의 율법과 말씀에 기반하고 있다고 할 것이다. 예루살렘이 특별한 까닭은 그 곳에서 나오는 여호와의 말씀 때문이다. 그래서 시온으로 흘러온 열방들은 여호와께서 가르치실 "그 도"를 기대하고 있으며, "그 길로" 행할 것을 다짐하고 있다.

　여기에서 "율법(토라 תּוֹרָה)"과 "여호와의 말씀(드바르 아도나이 דְּבַר-יהוה)"이 짝이 되어 있는 것을 볼 수 있다. 이 두 어휘가 평행하여 나오는 것은 구약에서 전혀 흔치 않다. 예레미야서의 한 구절은 "토라"는 제사장에게서, "말씀"은 예언자에게서 나온다고 전한

---

83. '여호와의 길(들)'이 그의 계명 혹은 가르침을 의미하는 경우들은 구약에서 흔하다: 창 18:19; 신 5:33; 19:9; 왕하 21:22; 시 25:4; 사 42:24; 58:2; 63:17; 슥 3:7 등.

다(18:18). 두 어구가 평행되어 나오는 또 다른 구절들도 이러한 이해를 반영하고 있다고 볼 수 있다(렘 6:19; 슥 7:12). 그렇지만, 이사야서의 본 구절과 이와 평행한 미가서의 구절에서 두 단어는 서로 구별되는 어떤 것을 가리킨다기보다는 실질적으로 동일한 내용을 가리키고 있다고 볼 수 있다. 주목할 만한 점은 이 두 어구의 흔치 않은 평행이 이사야서 1장10절에서도 볼 수 있다는 점이다. 풍성한 제사에도 불구하고 하나님을 떠난 이스라엘을 향해 "토라"와 "말씀"을 들을 것을 요구한 것이 1장의 본문이었다면, 이제 2장은 바로 그 "토라"와 "말씀"이 시온에서부터 나옴을 말하고 있어서, 두 장을 서로 연결시키고 있다고 할 수 있다. 손을 씻고 미슈파트를 구하며 고아와 과부를 신원할 것을 요구하신 것이 1장의 "토라"와 "말씀"을 들으라는 명령의 결과라면, 2장에서 시온에서 나오는 "토라"와 "말씀" 역시 1장과 분리되지 않을 것임을 염두에 두어야 할 것이다.

토라와 여호와의 말씀이 시온에서부터 나온다는 것이 구체적으로 의미하는 것은 무엇인가? 시온으로 몰려온 열방을 여호와께서 그의 도로 가르치시고 그들이 그의 길로 행할 것인데, 이것은 구체적으로 어떠한 일들이 시온에서 이루어질 것을 말하고 있는가? 4절은 이에 대해 알려 주고 있다고 볼 수 있다. 여호와께서는 시온으로 모여온 열방을 재판하실 것이다. '판단하다'로 개역에서 번역된 동사 "샤파트 שפט"는 이미 1장 17절에서도 쓰여서 '신원하다'로 번역되기도 하였다. 여호와께서 열방을 판단 즉 재판하신다는 것은 여호와께서 열방의 재판장("쇼페트 שפט")으로 서실 것을 말하고 있으며, 그렇게 재판을 통해 내려진 판결이 바로 "미슈파트"이다. 여호와께서 열방을 재판하실 때에 마땅히 그러한 재판의 근거는 여호와의 토라와 말씀일 것이다. 여호와의 재판의 결과는 이어지는 내용에서 나타난다. 4절의 전반절을 시작하는 동사는 3인칭 단수

형태로서 여호와가 주어인데 비해, 후반절을 시작하는 동사는 3인칭 복수 형태이며 열방을 가리킨다. 그러므로 4절은 여호와 하나님의 재판과 그에 대한 결과로서 열방의 응답으로 이해할 수 있다. 바인펠트(Weinfeld 1983: 113)는 2-4절에 이르는 내용이 신명기 17:8-13의 틀과 유사하다는 점을 지적한다. 신명기의 내용을 보면, 살인과 같이 판결하기 어렵고 심각한 일이 생겼을 때에, 이스라엘은 일어나서 제사장과 같은 재판장이 있는 예루살렘으로 나아가야 했고, 그들은 판결을 가르친다. 그러면 이를 물은 이들이 그들이 일러주는 판결대로 행하여야 한다. 신명기의 본문에서도 미슈파트와 토라, 다바르 같은 용어들이 사용되고 있다. 신명기의 상황을 염두에 두고 이사야서의 구절들을 보면, 열방은 시온으로 와서 하나님의 뜻을 구한 것이며, 그들 가운데 여호와께서 재판하신다. 이제 열방은 하나님의 판결의 말씀("율법", "여호와의 말씀")을 따라 행할 것이다. 4절에서 이어지는 내용들은 열방이 여호와의 판결을 따라 행한 결과를 서술하고 있다: "무리가 그 칼을 쳐서 보습을 만들고 그 창을 쳐서 낫을 만들 것이며 이 나라와 저 나라가 다시는 칼을 들고 서로 치지 아니하며 다시는 전쟁을 연습지 아니하리라". 칼과 창이 더 이상 필요 없고, 모두 보습과 낫, 농사를 위한 도구로 바뀌게 된다. 왜냐하면 이 세상에서는 더 이상 전쟁이 없을 것이기 때문이다. 전쟁은 아무리 연습하여도 평화를 가져오지 않는다. 전쟁은 할수록 배우며 할수록 잔인해지고 교묘해지며 더 큰 피해를 불러온다. 여호와의 재판의 결과는 열방 가운데 이루어지는 평화의 나라, 칼과 창이 필요없는 세상, 전쟁이 사라지는 세상이다. 그리고 이러한 판결의 근거는 바로 시온에서부터 나오는 토라, 여호와의 말씀이다. 앞에서도 언급하였듯이, 1장에서도 토라와 말씀이 함께 나타났었고, 거기에서 이 두 표현은 "미슈파트"를 구하고 고아와 과부를 신원하는 것을 그 내용으로 삼고 있었다. 2장에서 토라와 말씀에 근거한 여호와의 재판에 따른 열방의 행동은 보습과 낫으로 상징되는 평화의 나라라는 점도 1장의 내용과 일맥상통함을 볼 수 있다.

그러므로 열방이 시온으로 모인다는 것은 이스라엘 중심주의 같은 선민 사상을 말하고 있지 않다. 열방이 시온으로 오는 까닭은 그 곳에 여호와의 말씀이 있으며, 그 곳에서 여호와의 재판이 이루어지기 때문이다. 열방이 여호와께로 온다는 것은 여호와 하나님의 통치가 그저 이스라엘과 유다에만 미치는 것이 아니라 온 세상에 미치는 것임을 분명히 보여주고 있다. 이미 앞에서도 보았지만, 여호와 하나님의 세상 다스리심, 여호와 하나님의 통치, 여호와 하나님의 나라는 이사야서가 제기하고 있는 가장 근본적인 주장이다. 지금 다루고 있는 2장의 본문 역시 여호와 하나님의 세상 통치를 보여주고 있으며, 특히 이러한 하나님의 통치 가운데 예루살렘의 역할에 대해 이 본문은 분명히 보여 주고 있다(Sweeney 2005: 54-55). 이에 따르면, 하나님의 통치 속에서 예루살렘은 다른 무엇보다도 여호와의 토라가 제시되고 선포되는 곳이다. 그러므로 예루살렘의 '예루살렘됨'은 거기에서 나오는 토라에 있다. 그렇기에 열방은 예루살렘으로 나아오며, 그들은 "토라"와 "여호와의 말씀"을 배울 것이며, 그 길들 안에서 걸어갈 것이다. 그러면 그들 가운데 '보습과 낫의 나라'가 이루어지게 될 것이다. 5절은 이러한 기대와 이상에 근거한 권면이다:

"야곱 족속아 오라 우리가 여호와의 빛안에서 행하자"
(בֵּית יַעֲקֹב לְכוּ וְנֵלְכָה בְּאוֹר יְהוָה)

이 구절은 3절에서 시온으로 나아온 열방들이 하는 말과 기본적으로 동일하다:

"오라 … 우리가 그 길로 행하리라"

(לְכוּ וְנֵלְכָה בְּאֹרְחֹתָיו)".

　이러한 평행을 보면, 5절의 "여호와의 빛"이 의미하는 바는 '여호와의 길' 혹은 '여호와의 토라'라고 여겨진다.[84] 그러므로 "여호와의 빛안에서" 행하는 삶은 여호와께서 이르시는 말씀과 토라를 따라 살아가는 삶을 의미한다. 흔히 5절이 2-4절과 구분되어 이어지는 6절 이하의 단락과 연결되는 것은 적절치 못하다. 2-4절이 훗날에 이루어질 일에 대한 서술이라면, 5절의 말씀은 그러한 미래에 대한 기대에 근거해서 현재의 청중들을 향한 실제적인 권면이라고 할 수 있다. 훗날에 이루어질 비전에서는 열방이 시온으로 나아와 여호와 하나님의 말씀을 따라 보습과 낫의 나라를 경험하게 될 것이고, 이제 이 말씀을 듣는 이스라엘은 그러한 미래를 바라며 지금 여호와의 빛, 여호와의 말씀과 토라 가운데 걸어갈 것이 요구되고 있다. 그러므로 다가올 앞날에 대한 예언의 말씀은 지금 살아가는 현재를 향한 권면과 연결된다. 앞으로 이루어질 미래는 지금 현재를 그러한 미래를 향해 이루어가도록 이끈다. 그래서 예언은 단지 '앞 일을 말하는 것'(foretelling)일 뿐 아니라, 다가올 '앞 일을 향해 가도록 말하는 것'(forthtelling)이기도 하다.[85]

---

84. 5절에서 "빛"을 의미하는 단어 "오르 אוֹר"와 3절에서 "길"을 의미하는 단어 "오라흐 אֹרַח"사이의 유사함도 의도적이라고 볼 수 있다.

85. 이사야와 미가는 동일한 본문에 조금 다른 마무리를 더하고 있다. 이사야는 빛 가운데 걸어가는 삶을 통해 토라를 따르는 삶으로 결론짓고 있는데 비해, 미가의 경우 각자 자기 포도나무 아래에서 사는 삶, 자신의 유업과 더불어 사는 삶으로 마무리되고 있다. 윌리암슨(178-179)은 미가서 4:4에서 이 구절이 이사야와 연관되어 있음을 보인다: "만군의 여호와의 입이 말씀하신다"는 표현(사 1:2,20; 40:5; 58:14), "두렵게 할 자가 없으

2. 9:1-7 "한 아기가 우리에게 났으니"

이사야가 성전에서 본 환상의 중심에는 보좌에 앉으신 왕이신 여호와 하나님께 대한 고백이 있다. 그 백성들의 죄악을 고발하고 심판을 선포하는 것은 여호와께서 그 백성을 다스리시는 왕이심을 알려 준다. 여호와께서 다스리시는 나라에 대한 선포가 심판 말씀에만 국한되지 않는다는 것은 앞서 살펴본 2장에서도 알 수 있다. 여호와께서 열방 가운데 재판자로, 다스리는 자로 임하실 때에, 온 세상 가운데 보습과 낫의 나라가 이루어지게 된다.

이사야에서 볼 수 있는 왕이신 여호와에 대한 말씀의 또 다른 측면은 여호와를 대신하여 이 땅에서 여호와의 통치를 실현하는 존재에 대한 예언이다. 하늘에 계신 하나님의 임재가 땅에 있는 성전과 상응하듯이, 온 세상을 다스리시는 왕이신 하나님은 이 땅에 세워진 인간의 왕과 상응한다고 할 수 있다. 다가오는 앞날에 이루어질 회복을 말할 때에, 구약의 예언자들이 다윗을 언급하는 것은 단지 다윗 왕조의 회복만이 아니라, 다윗의 통치로 상징되는 바, 하나님의 통치가 임할 것을 기대하게 한다(겔 37:24-28; 호 3:5; 암 9:11-15). 그로 인해, 새로이 나타나게 될 다윗에 대한 기대에는 하나님의 통치의 내용들이 결부되어 있다. 여호와 하나님의 왕으로 좌정하신 보좌의 기초는 공평과 정의이며(시 89:14; 97:2), 다윗의 통치 역시 공평과 정의의 통치로 특징지워진다:

"… 다윗이 어디를 가든지 여호와께서 이기게 하셨더라 다윗이
온 이스라엘을 다스려 모든 백성에게 *공과 의*(וּצְדָקָה מִשְׁפָּט)를

리니"(사 17:2), "만군의 여호와" 호칭(이사야에는 도처에 쓰이되, 미가서에서는 전혀 쓰이지 않는다).

행할새 …"(삼하 8:14-15).

이사야 9장은 여호와의 다스림을 이 땅에서 이룰 다윗의 후예를 예언하고 있다. 이 본문에서 예언되고 있는 "아기"의 정체에 대해서는 논란이 있다(Clements 1980:1 03-106). 포로기를 거친 후에 다윗 가문의 후예인 통치자가 세워질 것에 대한 "메시야" 예언이라고 보는 견해가 있는가 하면, 히스기야의 등극을 가리키는 예언이라는 견해, 혹은 좀 더 후기의 요시야의 등극 예언이라고 보는 견해도 있다. 9장 1절에서의 "해변 길과 요단 저편 이방의 갈릴리"에 대한 언급은 앗수르에 의해 재편된 북왕국 지역의 행정구역을 가리키는 것으로 볼 수 있다. 여호와께서 이 지역을 영화롭게 하시며 이 곳에 거하는 이들에게 빛이 비추이게 된다는 언급은 새로 등장할 왕의 사역의 중요한 한 부분이 북왕국의 회복을 포함하고 있음을 분명히 해준다. 남북왕국의 회복에 대한 말씀은 이사야만의 특징이 아니다. 북왕국 멸망 이후에 활동한 예레미야나 에스겔 역시, 통일 이스라엘 혹은 "온 이스라엘"의 회복을 선포하는 '온 이스라엘적 관점'을 지니고 있다(렘 30:1-3; 겔 37:15-23; cf. 슥 8:13). 북왕국의 회복에 대한 표현은 9장의 예언이 당장 목전에 이루어질 일은 아니더라도 그들이 살고 있는 현실의 역사 안에서 새로운 날들이 오게 될 것을 전하고 있음을 알게 한다. 그 날에 그들이 누리게 될 기쁨이 "추수하는 즐거움과 탈취물을 나누는 때의 즐거움"에 비유되고 있다는 점도 이 땅에 임하게 될 놀라운 현실에 대한 기대를 생생하게 만들고 있다. 히스기야 시대에 그의 등극을 가리키는 말씀으로 처음 주어졌거나, 혹은 요시야 시대에 기록되어 요시야와 연관된 말씀으로 주어졌다 하더라도, 현재 이사야서 안에서 이 단락은 히스기야나 요시야를 가리키는 말씀으로 이해될 수 없다. 그럴 경우 우리는 예언의 실패를 말해야 한다. 이 말씀이 보전되어 전해졌다는 것은 이 말씀이 히스기야나 요시야의 시대에는 성취되지 않았지만, 더 오래가는 영속적인 의미를 지니고 있다고 여겨졌음을 뜻한다. 그들의 시대에 성취되리라고 기대했으나 성취되지 않았고, 그럼에도 이 말씀을 전달한 세대들은 이 말씀을 폐기하지 않고, 후대에 전하였고 보존하였다. 그런 점에서 이 단락에서 언급되는 다윗의 위에 앉을 "한 아기"는 이상적인 다윗의 시대를 상징하는 인물이라고 할 수 있을 것이다. 특정하게 어떤 인물을 지칭한다기보다는 장차 임하게 될 여호와의 통치를 상징하는 이를 가리킨다고 볼 수 있다. 이것은 처음부터 이 예언이 끝날에 올 메시야를 가리키는 예언이었다고 말하는 것과는 다르다. 다윗의 위에 앉아 하나님의 통치를 행할 이에 대한 기대는 오고오는 모든 세대에 존재했고, 현실에서의 실패를 통해 이 기대가 다음 세대 혹은 더 나아가 끝날에 이루어질 것으로 기능하게 되었을 것이다. 그러므로 종말론적인 소망은 처음부터 종말에 성취될 것으로 주어졌다기보다는 항상 역사의 현실 안에서 임박한 앞날에 이루어질 것으로 기대되고 이해되었다고 해야 할 것이다. 이와 연관해 이 단락에서 다가올 회복의 날을 표현하기 위해 사용된 동사들이 대부분 완료형(perfect 혹은 '카탈 qatal' 형)이라는 점도[86] 다가올 미래를 단지 미래로 밀어 두는 것이 아니라, 여호와께서 말씀하셨기에 이미 이루어진 일로 보고 있는 안목을 보여준다. 그러므로 이사야의 예언은 단지 끝날에 이루어질 일에 대한 예고가 아니라, 지금 이루어지고 있음을 경험하면서 기대하고 바라는 기대라고 말할 수 있을 것이다.

이 단락에서 현재의 삶의 괴로움과 고통, 처참함이 앞으로 다가

---

86. 2절: 보다, 비취다; 3절: 창성케 하다, 더하게 하다, 즐거워하다; 4절 꺽다; 6절: 났다, 메었다, 불렀다.

올 회복의 이미지들과 현격히 대조적이다. "전에 고통하던 자", "멸시를 당케"(1절), "흑암에 행하던 백성", "사망의 그늘진 땅에 거하던 자"(2절), "그들의 무겁게 맨 멍에", "그 어깨의 채찍", "그 압제자의 막대기"(4절), "어지러이 싸우는 군인의 갑옷과 피 묻은 복장"(5절) 등의 표현들이 그들이 겪었던 그리고 겪고 있는 참상을 반영하고 있다면, 6절과 7절에서 열거되고 있는 "아기"에 대한 호칭들은 다가올 회복이 참으로 온전하고도 완전할 것임을 보여준다. 이 아기는 고통 중에 있는 백성들을 지혜롭게 이끌 자이며("기묘자라 묘사라"), 전쟁에 능하신 하나님이고("전능하신 하나님"), 아비와 같이 그 백성들을 살필 이이며("영존하시는 아버지"), 참된 평화를 가져오실 이("평강의 왕")이다(Clements 1980: 107-108). "아기"라는 표현에서 이제 갓 태어났을 때를 상상하게 되지만, 6절("그 어깨에는 정사를 메었고")과 7절의 표현들("그 정사와 평강의 더함이 무궁하며"; "다윗의 위에 앉아서")을 볼 때, 오히려 왕의 대관식과 연관시키는 것이 보다 적절하다고 여겨진다. 그는 다윗의 후예이다. 그가 다윗의 후예인 것은 단지 핏줄로 입증되는 것만이 아니다. 다윗이 공평과 정의로 그의 나라를 다스렸듯이, 새로이 임하게 될 다윗의 후예 역시 "공평과 정의로" 그의 통치를 보존할 것이다. 공평과 정의가 여호와의 통치의 기준임을 기억할 때, 이 나라는 단지 인간 다윗의 후예만의 나라가 아니라, 여호와의 통치를 대신하는 것임을 알게 된다. 그래서 이 단락의 마지막은 이 모든 것을 가능하게 하는 것이 사실은 "만군의 여호와의 열심"이라고 전하고 있다(7절).

한가지 더 짚어 둘 것은 여기에 등장하는 메시야는 최고의 지위의 왕이라기보다는 더 높은 권위에 의해 파견된 사람으로 여겨진다는 점이다(von Rad: 142). 6절과 7절이 그의 통치를 표현하고 있는

데 여기서 그의 다스림은 "정사(government מִשְׂרָה)"로 기록되어 있다. 또한 "평강의 왕"이라 옮겨진 구절에서도 '왕'을 의미하는 "멜렉 מֶלֶךְ"이 아니라 "싸르 שַׂר"가 사용되고 있다. 그러므로 다윗의 후예인 이 통치자는 더 높은 권세인 왕 바로 참된 왕이신 여호와에 의해 파송된 자이다. 그럼 점에서 이사야서에서 메시야에 대한 본문들은 실상 여호와의 왕되심에 대한 본문이기도 하다.

3. 11:1-10 이새의 줄기

공평과 정의로 다스리는 다윗의 후예에 의한 통치의 결과는 "평강"(샬롬)이며, 당연히 그는 "평강의 왕"이라 불린다. 2장에서 보았듯이, 하나님의 통치의 결과는 전쟁이 없는 평화의 세상이며, 다윗의 후예에 의한 통치 역시 평화의 나라이다. 그런 점에서 다윗의 후예의 통치는 다름아닌 하나님의 다스리심이다. 하나님의 통치를 대행하는 다윗의 후예에 의한 평화의 나라에 대한 말씀은 11장에서 절정에 이른다고 할 수 있다.

9장에서와 마찬가지로 11장에서도 멀지 않은 미래의 일에 대해 선포된다. 예언자는 이것이 아주 먼 미래의 일이라고 여기지 않았다. 그러나 이것이 "언제"를 밝혀낼 수 있다는 것을 의미하지는 않는다. 미래는 전적으로 하나님의 손에 있기 때문이다(Wildberger: 470). 여호와의 구원은 그를 경외하는 자에게 가깝다(시 85:9). 그렇지만 이 거리는 믿음의 간격이지, 물리적인 간격이 아니다. 그의 구원은 더딜찌라도 지체치 아니한다(합 2:3). 아브라함을 비롯한 믿음의 조상들이 붙잡고 살아간 것도 그러한 하나님의 약속이었고, 그 믿음이 그들로 하여금 살게 하였다. 애굽땅에서 죽은 요셉조차도 자신의 시체를 미이라로 처리해서 하나님께서 그 땅을 마침내 주실 때에 그 곳으로 메고 올라가도록 유언한 것이다.

　9장에서 "다윗의 위"라고 명백히 표현된 내용이 11장에서는 "이 새의 줄기에서" 나는 싹("호테르 חֹטֶר") 혹은 그 뿌리에서 나는 가지("네체르 נֵצֶר")[87]로 표현되었다. 줄기와 뿌리에서 무언가가 자라난다는 것은 이 나무가 뭉텅 베어졌다는 것을 전제한다. 이것은 6장에서 본 "그루터기"의 이미지와도 통한다. 다윗의 줄기가 아니라 이새의 줄기가 언급된다는 점 역시 다윗왕가의 붕괴를 암시한다(Clements 1980: 122). 그러나 이러한 붕괴가 다윗왕가에 대한 하나님의 약속을 무효케 하지 않는다. 하나님의 선택이 그에 합당한 바른 삶을 사는 것을 면제하지 않지만, 동시에, "어떤 개별적 인간이 실패했다는 이유로 한 왕조가 선택되었다는 사실을 무효화할 수는 없다"(Wildberger: 471). "이새의 줄기"는 심판받고 무너진 다윗왕가와, 그럼에도 불구하고 그 약속을 이행해 가시는 하나님의 은혜를 반영하고 있다. 이와 더불어, 다윗이 아니라 이새가 언급되었다는 점이 주는 또 하나의 의미는 등장하게 될 이가 그저 '다윗의 후예'인 것이 아니라, 이새로부터 나게 될 '새로운 다윗', 또 다른 다윗을 가리키고 있다고 볼 수도 있다(렘 30:9; 겔 34:23-24; 호 3:5)

---

　87. 전통적으로 예수께서 나사렛 사람이라 불리리라는 예언의 성취(마 2:23)는 삿 13:5,7의 나실인에 대한 예언의 성취로 여겨지거나, 이사야 11:1에서 "가지"를 뜻하는 히브리어 단어 "네체르"의 자음과 "나사렛사람(Nazarene)"의 자음의 일치로 설명되곤 한다. 그러나 마태복음에서 단수형이 아니라 복수형의 "선지자들로 말미암아(διὰ τῶν προφητῶν) (하신 말씀)"임을 고려할 때, 한 예언자가 아니라 여러 예언자들의 말씀이 종합적으로 성취된 것을 가리킨다고 볼 수 있다. 천대받고 멸시받는 장소로서의 나사렛이 가지는 의미를 생각할 때(요 1:46; 7:41,52; 참고 눅 13:1; 막 14:70; 마 26:69), 마태복음의 말씀은 구약의 여러 곳에서 볼 수 있는 바(사 50:6-7; 53:1-12 등), "멸시받는 메시야"의 성취라고 보는 것이 나아보인다. 참고: Blomberg: 11.

(Beyer: 89). 나아가, 이 메시야적 왕은 "싹"으로 표현된다. 다 자라서 무성한 나무보다는 이제 갓 시작한 싹과 같은 하나님의 나라가 내포되어 있다. 스가랴 3:8은 여호와의 종을 "싹"으로 표현하고 있다. 이것은 사 53:2에 나온 "연한 순"(יונק)같은 여호와의 종 이미지와도 연결되고, 복음서에 나오는 겨자씨와 같은 하나님 나라와도 연결된다고 할 수 있다.

2절은 다윗의 후예에게 부어진 하나님의 영을 소개한다.[88] 그리고 3절 이하는 그러한 영을 부여받은 왕의 직임에 대해 보여준다. 하나님의 영이 임함으로 주어지는 특성들은 이러한 직임 수행과 연관되어 있다. 이 왕이 여호와의 영과 그 은사들을 힘입어 해야 할 일은 무엇인가? 3절에서는 이 왕의 일을 표현하기 위해 세 개의 동사가 사용되었다. 첫 번째의 동사는 '기뻐하다'를 의미하는 "리아흐 ריה"동사의 히필형으로, 왕의 모든 사역의 근본에 여호와 경외가 놓여 있음을 분명히 하고 있다. 이어지는 두 동사는 모두 '재판하다' 혹은 '시비를 가려주다'를 의미하는 것들로, "샤파트 שפט", 그리고 "야카흐 יכה"의 히필형이다. 그러므로 이새의 줄기에서 날 이 왕의 주된 할 일은 '재판'임을 알 수 있는데, 이것은 여호와 하나님께서 행하시는 일이기도 하다. 특히, "샤파트"와 "야카흐"의 히필형은 2:4에서도 사용되었는데, 여호와께서 열방 가운데서 행하시는 일을 묘사하고 있다. 그러므로, 이새의 줄기에서 날 왕의 통치는 다름아닌 여호와 하나님의 통치와 근본 성격이 동일함을 알 수 있다.

---

88. 이 부분은 흔히 "성령의 칠중 은사"(Sevenfold gifts of the Holy Spirit")로 소개된다. 여기에는 wisdom, understanding, counsel, fortitude, knowledge, piety, fear of the Lord가 있다. 마소라 본문에서는 6가지이지만, 일반적인 교회 전통은 마지막 항목을 "경건"과 "여호와 경외"의 두 가지로 나누고 있다.

새로운 다윗에 의한 통치이지만, 사실상 그는 하나님의 다스리심을 실현하고 있다. 이 왕은 겉으로 보이는 것이나 들리는 것으로 판단하지 않는다. 이것은 겉으로 드러난 사람의 영광에 따르지 않겠다는 것이며, 겉으로 들리는 사람들의 큰 소리에 좌우되지 않겠다는 의미일 것이다.

'보고 듣고'의 모티브는 이미 이사야 6장의 소명에 관한 내용에서도 중요하게 다루어진 바 있다. 당시의 유다 백성들은 열심히 보지만 깨닫지 못하고 열심히 듣지만 알지 못하는 이들이었던 데 비해, 장차 임하게 될 새로운 다윗은 눈에 보이는 대로 귀에 들리는 대로 재판하지 않는다. 그러므로 본다는 것은 단지 눈으로 보이는 것을 보는 것이 아니다. 오히려 눈으로 볼 때에는 부국강병의 시대요, 평안한 시대이며, 제사가 넘치는 시대일 수 있지만, 그러한 시대이기에 그 백성들은 오히려 이사야가 선포하며 지적하는 현실을 볼 수 없었다. 이사야서의 첫머리는 이사야서의 말씀이 '그가 본 환상'임을 말해주고 있는 점도 의미 깊다. 그러므로 이사야가 보는 것은 당시 유다의 지도층들과 백성들이 보는 것과 달랐다. 그러므로 새로 임하게 될 다윗이 보고 듣는 것도 겉으로 보이는 것과는 다르며, 겉으로 들리는 것과는 다르다. 하나님이 보내신 예언자이든, 하나님이 보내실 새로운 다윗이든, 그들이 참으로 보는 사람들이며 듣는 사람들이다. 보고 듣고에 관한 이 말씀이 4절에서 가난한 사람들에 대한 회복과 악한 자들에 대한 심판으로 이어진다는 점에서, 이 왕이 땅에서의 영광이나 권력과 같은, 겉으로 보이는 것대로 판단치 않는다는 것을 알 수 있다. 흔히 본질을 제대로 파악하는 것을 '영적인 눈'이라고 한다지만, 이 왕이야말로 그러한 영적인 안목을 하나님께 받은 사람이라고 할 것이다. 강자들의 번성과 권세자들의 드높은 노래 속에서 그 보고 듣는 것에 현혹되지 않고, 그 가운데 눌

리고 억압받는 가난한 사람들의 현실과 그들의 눈물을 보고 들을
수 있는 것이야말로 새로 임할 다윗의 영적인 눈이요, 영적인 귀라
고 할 것이다. 그러므로, 세상에서의 화려함과 명성 그리고 세상에
서의 다수의 큰 소리에 좌우되지 않는 재판이 새로운 다윗의 재판
의 특징이다. 그러한 재판의 내용과 결과에 대해 4절은 아주 뚜렷한
배열을 통해 보여주고 있다. 4절은 네 개의 동사, 네 개의 대상, 그리
고 네 개의 전치사 "브 בְּ"에 수반된 어구들로 특징지워진다:

· 심판할 것이다(וְשָׁפַט) … 정의로(בְּצֶדֶק) … 가난한 자들을
(דַלִּים)

· 판가름해 줄 것이다(וְהוֹכִיחַ) … 정직으로(בְּמִישׁוֹר) … 땅의
가난한 자들을(לְעַנְוֵי־אָרֶץ)

· 칠 것이다(וְהִכָּה) … 땅을(אֶרֶץ) … 그 입의 막대기로(בְּשֵׁבֶט
פִּיו)

· 그 입술의 호흡으로(בְּרוּחַ שְׂפָתָיו) … 죽일 것이다(יָמִית) …
악한 자를 (רָשָׁע)

처음 두 개의 구는 똑같은 짜임새를 나란히 지니고 있는데 비해,
마지막 두 개의 구는 그 배열의 규칙이 일정하지 않다. 분명한 것은
"그 입의 막대기"와 "그 입술의 호흡"을 맞물리게 해서, 이를 강조
하고 있다고 할 수 있다. 처음 두 개는 가난한 자들에게 임하는 회복
과 구원을 의미하고 있고, 나중 두 개는 왕의 통치의 또 다른 측면으
로서 악한 자들에 대한 심판을 표현하고 있다. 그러므로 여호와의
다스림을 대행하는 왕의 다스림은 두 가지의 성격을 지닌다. 무엇
보다도 왕의 통치는 그 땅의 가난한 사람들을 하나님의 공의와 바

름으로 회복하고 그들의 억울함을 헤아리고 시시비비를 갈라주는 것이다. 왕의 통치의 또 다른 측면은 억압받는 가난한 사람들을 괴롭히던 악한 자들을 치고 죽임으로 심판하는 것이다. 다윗의 왕위에 앉은 이들의 통치가 이렇게 두 측면을 지니는 것은 다윗의 보좌에 앉은 이들에 대한 기도를 담은 시편 72편에서도 볼 수 있다:

> "저가 백성의 가난한 자를 신원하며(יִשְׁפֹּט) 궁핍한 자의 자손을 구원하며(יוֹשִׁיעַ) 압박하는 자를 격으리로다(וִידַכֵּא)"
> (시 72:4).

그러므로 왕의 공의는 가난하고 약한 이들에 대한 회복, 그들을 괴롭히고 억압하는 이들을 격으심으로 실현된다. 왕은 확고하고도 견고하게, 흔들림없이 이러한 공의를 실행할 것이다. 그것이 왕의 허리를 두르고 있는 "공의(체데크 צֶדֶק)"와 "성실(에무나 אֱמוּנָה)"의 의미이다(5절).

여호와의 영이 임한 새로운 다윗이 등장하여 공의로 다스릴 때에, 그 땅에는 어떠한 현실이 임하게 되는가? 6-10절은 다윗의 통치의 결과를 그려주고 있다. 공의로운 왕이 통치할 때, 세상의 바른 질서가 회복된다. 여호와의 신이 그 위에 임한 왕의 통치의 가장 중요한 특징은 사람, 야생동물, 초식동물의 평화로운 공존이다. 다윗의 통치가 이루어지면 이리와 어린 양이 함께 거하게 된다. 현실 세상에서 어린 양은 이리의 먹이에 불과하며, 이리는 어린 양을 두고 그저 거할 수 없으며, 어린 양은 이리와 함께 평안히 잠잘 수 없다. 그러나 다윗의 통치가 이루어지면 숙명적으로 먹고 먹힐 수 밖에 없는 존재들이 함께 거하게 된다. 표범도 어린 염소와 함께 눕게 된다. 어찌 현실에서 어린 염소가 표범을 옆에 두고 잠들 수 있을까. 그러므로 이사야서의 구절들은 의도적으로 함께 살 수 없는 동물들을 나란히 짝지워 놓고 있다. 그러나 다윗의 나라에서는 어린 염소들이 편안히 표범과 함께 잠든다. 나아가 여기에 사람 중에서 가장 연약한 존재라고 할 수 있는 어린 아이까지 등장한다. 함께 언급되는 송아지와 어린 사자, 살찐 짐승 역시 각각의 동물들의 새끼를 가리킨다. 어린 아이가 다른 동물들의 새끼를 이끈다는 것은 사람을 만물을 다스리도록 정하신 창조 질서와 연관되어 있다고 볼 수 있다. 사람이 만물을 이끄는 존재이지만, 이들 가운데 어떤 경쟁이나 위계 질서가 있는 것이 아니다. 어릴 적부터 어린 아이와 송아지, 사자, 살찐 짐승은 함께 자라날 것이며, 커서도 서로가 서로를 죽이고 위협하고 무서워하지 않고 함께 살아갈 것이다. 암소와 곰이 함께 음식을 먹을 것이며, 그들의 새끼들 역시 함께 자라나며 함께 누울 것이다.[89] 참으로 평화로운 공존이 이 세상을 가득 채우고 있으며, 이 나라에는 더 이상 약육강식이란 존재하지 않는다. 이리와 어린 양, 표범과 어린 염소는 함께 살고 함께 누울 수 없는 짝을 표현하고 있다. 송아지와 어린 사자, 살찐 짐승은 그러한 공존이 그 새끼들에게도 이루어진다는 것을 나타내고 있다. 7절에서 암소와 곰 역시 그러한 불가능한 공존을 표현하며, 여기에서도 역시 그 새끼들이 함께 눕게 된다는 것을 언급하고 있다. 어떻게 맹수와 초식동물 사이의 평화의 나라가 가능할 수 있는가? 그것은 다윗의 나라에서 더 이상 사자는 육식을 하지 않고 소처럼 풀을 먹기 때문이다(7절). 곰 역시 소나 양을 잡아 먹는 것이 아니라 풀을 먹는다(7절에서 암소와 곰이 함께 먹는다는 것을 표현하는 동사 "라아 רעה"는 '풀을 뜯어

---

89. 6절과 7절 모두 "라바츠 רבץ" 동사를 쓰고 있다. 그러나 개역은 6절에서는 '눕다'로, 7절에서는 '엎드리다'로 옮긴다. 이러한 번역은 개역개정판에서도 바뀌지 않았다. 당연하게도, 영어번역들과 공동번역, 표준새번역은 두 군데를 동일한 어휘로 옮기고 있다.

먹다'를 의미한다). 모든 맹수가 풀을 먹게 된다는 것은 피흘림이 없어진다는 것을 뜻하며, 창조 질서의 회복을 의미한다.[90] 8절에서 독사와 젖뗀 어린 아이가 함께 공존하는 것도 창조 질서의 회복이다. 창세기 3:15에서는 여자의 후손인 사람과 뱀의 후손이 서로를 상하게 하는 원수가 될 것이 예고되었다. 이사야 11:8은 하나님의 신에 충만한 새로운 다윗이 오면 이러한 원수 관계가 해소되고 창조 질서가 회복될 것이 선포된다. 새로운 다윗의 나라는 서로가 서로를 해치거나 다치게 하지 않는 나라이며, 이러한 나라가 가능한 것은 "물이 바다를 덮음 같이 여호와를 아는 지식이 세상에 충만할 것"이기 때문이다. 여호와를 아는 지식이 온 세상에 가득한 것은 무엇으로 드러나는가? 그것은 약육강식의 사라짐, 이리와 어린 양이 함께 뛰어놀고, 곰의 새끼와 암소의 새끼가 함께 자라고 눕는 세상에서 드러난다. 여호와 하나님을 알고 그 분을 온전히 고백하게 되

---

90. 창세기 1장에 따르면 첫째 날에 빛이 만들어지고 그 빛에 따라 낮과 밤이 생겨났다. 한편 넷째 날에는 하나님께서 해와 달, 별들을 만들어 낮과 밤을 나뉘게 하였다. 둘째 날에는 궁창이 생겨나서 궁창위의 물과 궁창 아래의 물로 나누었고, 다섯째 날에는 하늘의 궁창을 채우는 새들과 아래 물을 채우는 어류들이 만들어졌다. 셋째 날에는 땅과 바다가 구분되었고, 여섯째 날에는 그 땅 위에 살아가는 짐승들이 만들어졌다. 이렇게 보면 창조 기사는 공간과 공간을 채우는 생명체들로 서로 짝을 이루고 있음을 볼 수 있다. 그런데 이 짝을 이루는 구조에서 어긋나는 점이 셋째 날에 풀과 채소와 과목이 생겨난 점이며, 여섯 째 날에 사람이 만들어진 점이다. 그런 점에서 셋째 날의 채소와 여섯 째 날의 사람은 서로 대칭되며 이 점이 1장 29절에도 표현되어 있다: "하나님이 가라사대 내가 온 지면의 씨 맺는 모든 채소와 씨 가진 열매 맺는 모든 나무를 너희에게 주노니 너희 식물이 되리라". 사람의 식물로서의 채소류에 대한 언급이 확장되어 짐승과 새의 식물로도 언급되고 있는 것이 이어지는 30절이다. 그런 점에서 초식은 창조 질서의 중요한 초점에 놓여 있다.

면, 온 세상이 평화의 왕국으로 변한다. 이것은 이미 2장에서 살펴 보았던 내용과도 일치한다. 열방이 시온으로 오는 유일한 까닭은 그 곳에 여호와의 말씀, 여호와의 율법이 있기 때문이며, 여호와께 서 열방 가운데서 재판하시면, 그들의 칼과 창은 보습과 낫으로 바 뀌며, 더 이상 전쟁을 연습하지 않는 평화의 왕국이 된다.[91]

하나님의 통치와 이를 실현하는 다윗의 나라에서 이루어지는 평 화의 왕국은 단지 이스라엘에만 한정되지 않는다. 10절은 그 날에 이새의 뿌리가 열방을 향한 기호가 될 것이며, 열방이 그에게로 돌 아오게 될 것을 말하고 있다. "기호"는 깃발을 의미한다. 전쟁터에 서 깃발을 중심으로 모이듯이, 이새의 뿌리가 열방들이 모여오는 푯대가 될 것이다. 이새의 뿌리가 상징하는 것은 그의 공의로운 통 치를 통해 이루어지는 평화의 왕국이며, 그를 보고 열방이 그에게 로 나아오게 된다는 것이다. 2장에서도 시온으로 몰려오는 열방에 대해 보았거니와, 11장 역시 이스라엘 가운데 이루어지는 평화의 나라가 열방의 회복으로 이어지고 있음을 보여준다. 그러므로, 이 사야서에서 열방의 회복은 메시야적인 통치와 연관된다고 말할 수 있다.

여기서 한 가지를 짚고 가야 할 것이다. 그 날에 이새의 뿌리 즉, 새로운 다윗이 열방이 모여오는 기호가 될 것이다. 여기서 "이새의 뿌리"가 의미하는 것은 무엇인가? 그것은 단순히 다윗의 후예를 가 리키는 것은 아닐 것이다. 새로운 다윗, 하나님의 뜻을 이룰 다윗을

---

91. 두 차례의 세계 대전을 치르고 공산주의와 자본주의의 극심한 대결 을 겪은 현대의 세계를 고려할 때, 평화의 왕국에 대한 말씀은 이 시대를 살아가는 모든 사람의 소망이요, 이상일 것이다. 그런 점에서 20세기 이래 가장 많이 사용되고 거론되는 이사야 구절들에 2장이나 11장 등이 포함되 는 것은 당연할 것이다. 평화의 왕국과 이사야서의 사용에 대해서, Sawyer: 350-378을 참고하라.

의미하는 것이며, 그에 의해 이루어질 보습과 낫의 나라, 이리와 어린 양이 함께 뛰어노는 나라를 의미한다. 그러므로 다윗은 단순히 핏줄이 아니라 그 내용에 의해 규정된다고 해야 한다. 다시 말해, 다윗의 왕권은 공평과 정의의 통치로 규정된다. 이것이 구현되지 않으면 다윗 왕가라 할지라도 무너진다는 것을 이미 이스라엘의 역사가 분명히 보여 주었다. 결국 공평과 정의, 공의의 통치는 다윗의 통치, 다윗의 가지, 이새의 줄기의 본질이다:

· "다윗의 장막에 왕위는 인자함으로 굳게 설 것이요 그 위에 앉을 자는 충실함으로 판결하며 공평(미슈파트)을 구하며 의(체데크)를 신속히 행하리라"(사 16:5)

· "보라 장차 한 왕이 의(체데크)로 통치할 것이요 방백들이 공평(미슈파트)으로 정사할 것이며"(사 32:1)

· 참고: "여호와께서 이같이 말씀하시되 너희가 공평(미슈파트)과 정의(츠다카)를 행하여 탈취당한 자를 압박하는 자의 손에서 건지고 이방인과 고아와 과부를 압제하거나 학대하지 말며 이 곳에서 무죄한 자의 피를 흘리지 말라 너희가 참으로 이 말을 준행하면 다윗의 위에 앉을 왕들과 신하들과 백성이 병거와 말을 타고 이 집 문으로 들어 오게 되리라"(렘 22:3-4)

· "나 여호와가 말하노라 보라 때가 이르리니 내가 다윗에게 한 의로운 가지를 일으킬 것이라 그가 왕이 되어 지혜롭게 행사하며 세상에서 공평(미슈파트)과 정의(츠다카)를 행할 것이며 그의 날에 유다는 구원을 얻겠고 이스라엘은 평안히 거할 것이며 그 이름은 여호와 우리의 의라 일컬음을 받으리라"(렘 23:5-6)

그러므로, 다윗은 단순히 혈통과 연관된 표면적 계승이 중요하다기보다는 그 내용적 계승이 중요하다. 다윗의 후손이라도 공평과 정의의 통치가 없다면 그것은 다윗의 후손이 아닌 것이다. 왜냐하면 하나님은 돌로 아브라함의 자손을 만들 수 있는 분이시기 때문이다(마 3:8-9).[92] 다윗은 공평과 정의를 행한 왕이며(삼하 8:15), 다윗의 후손에 대한 기대는 이러한 공평과 정의를 회복하는 이로 기대되고 있다. 그러므로 공평과 정의, 미슈파트와 츠다카가 행하여지지 않는다면 다윗 왕가에 대한 하나님의 약속은 무의미하다(렘 22:30). 여기에서 1263년에 있었던 "바르셀로나 토론(disputation of Barcelona)"을 기억해 볼 만하다(Sawyer: 115-118). 스페인 아라곤의 국왕이 예수의 메시야되심에 대해서 당대의 랍비 나흐마니데스(Nahmanides; 그의 원래 이름은 Rabbi Moshe ben Nahman이며 줄여서 Ramban이라고도 불린다)와 유대교인이었다가 기독교로 개종한 도미니칸 수도승 파블로(Pablo Christiani)를 불러서 진행한 이 토론에서 많은 논의가 진행되었다. 그 중에서 주목할 것은 이 랍비가 이사야 2:4를 인용하는 부분이다. 메시야가 오시면 이러한 평화의 왕국이 이루어지는데, 예수 이래 기독교인들에 의해 자행되는 폭력과 불의로 보건대 메시야가 이미 왔다는 것을 자신은 믿을 수 없다고 증언한다. 그가 보기에 기독교인들은 이제까지의 그 어떤 이들보다 더 전쟁을 좋아하는 이들이었다. 얼마 후에 이 랍비는 자

---

92. 마 12:23에 보면 예수께서 눈멀고 벙어리 된 자를 고쳐주었을 때에 사람들이 이는 "다윗의 자손"이 아닌가 하며 웅성거렸다. 정작 예수께서는 스스로 다윗의 후손이심을 드러 내어 말씀하시거나 내세우신 적이 없다. 자신이 다윗의 후손임을 밝힐 가장 좋은 맥락에서 예수께서 이르신 말씀은 나무와 실과에 대한 말씀이었다(마 12:33-37). 또한 그리스도가 다윗의 자손이라기보다는 다윗의 주가 됨을 힘써 이르시기도 하였다(마 22:42-45).

신과 토론하던 기독교인 학자가 이끄는 대대적인 유대인 탄압으로 인해 스페인을 떠나야 했다. 예수의 메시야 되심은 그로 인해 이루어지는 평화의 왕국, 보습이 낫이 되고 다시 전쟁을 연습하지 않는 나라, 이리와 어린 양이 함께 뛰어노는 나라를 통해 드러난다. 이러한 말씀이 현실이 되지 않은 채, 예수께서 메시야이시며 그리스도시라 증언하는 것이 어떤 의미가 있을까?

이사야의 예언은 '종말론적(eschatological)'이다. 그러나 이 표현은 그의 예언이 인류 최후의 날에 대해 말하고 있기 때문이 아니라, 하나님의 최종적인 행하심을 드러내고 있기 때문에 사용된다고 할 수 있다(von Rad: 91). '종말론'은 먼 미래의 일이 아니라, 하나님의 다가올 새로운 날들에 대한 것이며, 그런 점에서 이사야를 비롯한 예언자들의 메시지는 지극히 '종말론적'이다. 그들은 과거 구원 전통과 사건에 안주하며 살아가는 동시대의 사람들의 그 안전함들을 다 부수어 버리는 하나님의 심판을 선포한다. 그렇지만, 그들의 선포는 항상 심판 이후에 임할 새로운 날들에 대한 전망으로 이어진다. 이러한 새로운 날들에 대한 기대야말로, 극심하고 철저한 심판 선포에도 불구하고 예언자들의 사역을 지탱한 중심이었다. 그러므로 종말에 대한 기대는 하나님이 하실 새로운 일들에 대한 기대이며, 믿음의 거리이지, 시간적 거리에 관한 것이 아니다. 그 날을 사모하는 자에게 그 날이 임할 것이다.

제8장 임마누엘(7-8장)

이사야 7장의 배경은 유다 왕 아하스의 시대로서 앗수르에 대한 반대를 목표로 수리아-에브라임 동맹국이 유다를 침공하게 된 시기이다. 734년의 수리아-에브라임 전쟁은 아하스가 아버지의 왕위를 이은 직후에 밀어닥친 위기로, 그의 마음과 그의 백성들의 마음이 바람 앞에 수풀이 흔들림같이 떨릴 정도였으며, 이 불행한 왕을 공포에 질리게 한 위기였다(7:2). 아하스는 앗수르의 디글랏 빌레셀에게 도움을 청하는데, 이사야는 이에 대해 전적으로 여호와를 신뢰할 것을 촉구하였다. 7-8장의 자료들이 서로 연관되는 것은 그의 사역의 바로 이 지점에서이다. 여호와를 전적으로 신뢰하라는 권고가 풍전등화 같은 나라의 위기를 당한 아하스에 대한 이사야의 응답이었다. 유다를 침공한 두 왕국에 대해 유다는 전혀 두려워할 필요가 없었다. 오히려 이사야는 아하스를 향해 "정신을 바짝 차리고 침착하게 행동하여라(הִשָּׁמֵר וְהַשְׁקֵט)"고 권면한다(4). 왜냐하면 르신과 베가는 타다가 만 부지깽이에서 나오는 연기에 불과하다. 비록 눈물이 나지만, 그것으로 인해 온 집안 전체가 다 타 버리는 일은 일어나지 않는다. 그러나 이것을 잘못 다루면 자칫 집안 전체를 태우는 불이 되어버릴 수도 있다. 그러므로 정신 차리고 침착히 행하는 것이 요구된다. 이사야의 권면은 진공 중에서 주어진 것이 아니라, 강력한 나라들에 의한 침공의 목전에서 주어진 것이다. 객관적인 현실은 유대 백성들을 두려움에 떨게 할 위험이지만, 아사야는 그러한 현실을 보되 그 속에서 타다만 부지깽이의 연기를 본 것이다. 그러므로 이사야가 보는 것은 보이는 것과 다르다. 이렇게 볼 수 있는 것은 여호와께 대한 신뢰가 있기 때문이며, 아하스에 대한 이사야의 권면도 여호와를 신뢰할 것에 대한 촉구이다. 여기에서 이사야의 촉구가 실질적으로 아하스에게 어떤 의미였을지는 확실하지 않다. 수리아에브라임의 침공에 대해, 그저 성을 지키고 있을 뿐, 치고 나가지 말라는 것을 의미하는지, 아니면, 믿음으로 나가서 맞받아 치라는 것인지, 혹은 성을 요새처럼 견고히 하기에 힘쓸 것이 아니라 여호와의 구원을 바라고 가만히 있으라는 것일까?(Barton: 32-33). 아니면, 앗수르에 사신을 보내지 말라는 경고인 것일까?

이사야에게 있어서 두려워 말고 여호와를 신뢰하는 것은 어떤 심리적인 권면이 아니라 나라와 나라 사이의 치열하고 생생한 현실 속에서 실현되고 요구되는 것이었다. 그에게 있어서 나라를 견고하게 하는 것은 다른 무엇도 아닌 여호와께 대한 신뢰였다:

"만일 너희가 믿지 아니하면 정녕히 굳게 서지 못하리라" (אִם לֹא תַאֲמִינוּ כִּי לֹא תֵאָמֵנוּ).

이 표현은 "아만 אמן"동사의 히필형('믿다')와 니팔형('굳게 서다', '견고해지다')을 사용하여 그 뜻하는 바를 강조하고 있다.[93] 오

---

93. 히브리어 본문에 있는 동일한 어근 단어 사용에서 볼 수 있는 언어 유희(wordplay)를 살려서 앤더슨 같은 이는 이 구절의 의미를 다음과 같이

늘로 보자면 지극히 개인적인 신앙 지침이라 할 만한 말씀이 이사야서에서는 나라의 운명을 좌우할 수 있는 초미의 상황에서 주어졌다는 점은 놀랍다. 역대기에서 볼 수 있는 여호사밧의 승리에 관한 본문은 이 말씀이 적용되어 승리를 경험한 구체적 사례라고 할 수 있다. 모압와 암몬이 연합하여 유다를 침공하였을 때, 여호사밧은 금식을 선포하였고 여호와의 도우심을 구하였다. 그들의 기도에 대한 응답은 레위 사람 야하시엘을 통해 주어졌다:

> "여호와께서 너희에게 말씀하시기를 이 큰 무리로 인하여 두려워 하거나 놀라지 말라 이 전쟁이 너희에게 속한 것이 아니요 하나님께 속한 것이니라 … 이 전쟁에는 너희가 싸울 것이 없나니 … 너희와 함께 한 여호와가 구원하는 것을 보라 유다와 예루살렘아 너희는 두려워하며 놀라지 말고 내일 저희를 마주 나가라 *여호와가 너희와 함께 하리라*(וַיהוָה עִמָּכֶם)"
> (대하 20:15-17).

상황은 아무 것도 바뀐 것이 없이 오직 여호와께서 그들과 함께 하실 것이라는 말씀을 들었을 뿐이지만, 회중들은 여호와를 찬양하였고, 다음날 싸움을 위해 출정하는 백성들을 향해 여호사밧은 여호와를 신뢰할 것을 촉구한다: "너희는 너희 하나님 여호와를 신뢰하라 그리하면 견고히 서리라(הַאֲמִינוּ בַּיהוָה אֱלֹהֵיכֶם וְתֵאָמֵנוּ)" (대하 20:20). 이 말씀은 이사야가 아하스에게 전한 말씀을 고스란히 반대로 바꾸어 표현한 것이다.

그러므로, 국가적인 위기에 닥친 아하스에게 요구되는 최우선의 과제는 여호와를 신뢰하는 것이었다. 징조를 구하라는 말씀은 아하

풀이하기도 한다: "인간적인 '동맹'(alliance)를 포기하고 인간사를 주관하시는 여호와를 신뢰(reliance)하라"(Anderson: 400).

스의 여호와 신뢰를 견고히 하기 위해 제시되었다. 그러나 아하스
는 하나님께서 그들을 도우실 것이라는 것을 보여주는 징조를 구하
기를 거절하였다. 그는 자신이 징조를 구하지 않는 것을 여호와를
시험치 않기 위한 것이라고 답한다. 그의 대답은 겉으로는 여호와
를 시험하지 말라는 고대 신앙 규범을 따르는 것처럼 보이지만(출
17:2, 7; 신 6:16), 실제로는 여호와께서 보여주신 징조를 힘입어 여
호와만을 신뢰해야 하는 현실을 거부하고 있다. 그는 징조를 구하
지 않은 것이 아니라, 하나님의 약속과 그 약속을 믿는 삶을 거부한
것이다. 아마도 그는 눈에 보이지 않는 여호와를 신뢰하기보다는
눈에 보이는 강대국인 앗수르에게 도움을 청하기로 작정하였을 것
이다(왕하 16:7). 이사야는 아하스의 행동이 하나님을 괴롭히고 있
다고 선포한다. 특히, 이사야는 아하스를 향해 "다윗의 집"이라고
부른다(13절). 여기에서 관건이 되고 있는 것은 단지 아하스 한 사
람이 아니라 다윗 왕가 전체 그리고 다윗 왕가에 주어진 약속임을
보여준다(Clements 1980: 87). 14절이 "그러므로(לכן)"로 시작한다
는 것은 여호와를 신뢰키를 거부하고 있는 아하스와 다윗 왕가에
대한 하나님의 책망과 심판의 말씀이 이어질 것임을 분명히 해 준
다(Motyer 1999: 77). 그 유명한 "임마누엘" 본문의 기본적인 맥락
은 책망이라는 것을 염두에 두면서 14절의 말씀을 자세히 살펴볼
필요가 있다.

· 그러므로 주께서 친히 징조로 너희에게 주실 것이라 *보라 처
녀가 잉태하여 아들을 낳을 것이요 그 이름을 임마누엘이라 하
리라*(הִנֵּה הָעַלְמָה הָרָה וְיֹלֶדֶת בֵּן וְקָרָאת שְׁמוֹ עִמָּנוּ אֵל)

· 칠십인경: "보라 그 처녀가 잉태할 것이고 아들을 낳을 것이니
네가 그의 이름을 임마누엘이라 부르리라(ἰδοὺ ἡ παρθένος
ἐν γαστρὶ ἕξει καὶ τέξεται υἱόν καὶ καλέσεις τὸ ὄνομα

αὐτοῦ Εμμανουηλ)

① "보라"로 번역된 "힌네 הנה"가 문장을 이끌면서 분사형을 수반하는 경우 임박한 미래의 일을 가리킨다(*GKC* §116p). "잉태하여"로 번역된 단어는 형용사인데 비해, "낳을 것이요"에 해당하는 히브리어는 동사의 분사형으로 되어 있어, "힌네"에 연결된다고 할 수 있다.

② "처녀"로 번역된 히브리어 "알마 עלמה"는 칠십인경에서 명백히 "처녀"를 의미하는 "파르테노스 παρθένος"로 옮겨졌다. 이 히브리어 단어의 의미가 "젊은 여자"인지, 아니면 명백히 "처녀"인지 불분명하다. 창세기 24:43에서 리브가를 가리키며 쓰였는데, 특히 같은 장 16절에서는 리브가에 대한 보다 자세한 설명을 통해 그녀가 남자를 가까이 아니한 "처녀(브툴라 בתולה)"임을 부연하고 있다. 부연하여 "처녀"임을 설명하는 것을 볼 때, 43절에 쓰인 "알마"의 의미를 보다 폭넓게 "젊은 여인"으로 이해해야 할 것 같다. 소고를 치는 여인을 가리키는 시편 68:25 역시 그러하며 결혼 여부에 대해 무어라 더 말하기 어렵다(Motyer 1999: 79). 그에 비해 미리암을 가리키는 출애굽기 2:8이나, 아가서 1:3; 6:8에서의 용례들은 이 단어를 좀 더 좁혀서 결혼하지 않은 순결한 처녀를 염두에 두고 있는 것으로 보인다. 그러나 잠언 30:19에서 남자와 함께 잠을 자는 "알마"에 대한 언급은 명백히 이 단어의 의미가 "처녀"가 아니라 "젊은 여인"임을 보여준다(Rosenberg: xvii). 그러므로, "알마"는 결혼 적령기의 아름답고 성숙한 젊은 여인을 가리킨다고 보는 것이 적절할 것 같다.[94] 그렇지만, 결혼 적령기의 어떤 여인이 이제 곧 아

---

94. 칠십인경의 경우, 본문의 용례들에서 "처녀"라고 지시되어 있는 리브가를 가리키는 창세기의 구절을 제외하고는 모두 "네아니스"로 옮겨졌다. "알마"의 남성형인 "엘렘 עלם"도 "청년" 혹은 "젊은 아이"를 가리킬

이를 낳게 될 것임을 말할 때에, 본문에 대한 자연스러운 이해는 이 여인이 '처녀'일 것이라고 생각하는 것일 수 있다. 칠십인경의 번역은 이러한 자연스러운 이해를 반영하고 있다고 설명할 수 있다 (Oswalt: 210). 짚어두어야 할 점은 그렇게 자연스러운 이해로 '처녀'를 생각할 수 있지만, 이사야서 본문의 초점은 이 여인의 처녀성 여부에 강조가 있지 않았다는 점이다. 이 단어가 "처녀"를 가리키는지 여부가 문제가 된 것은 전적으로 신약성경의 마태복음, 그리고 마태복음이 인용하고 있는 칠십인경의 번역 때문일 것이다. 칠십인경은 "알마"를 명백히 "처녀"를 가리키는 헬라어 "파르테노스 $\pi\alpha\rho\theta\acute{\epsilon}\nu o\varsigma$"로 옮기고 있다. 초기 기독교인들은 마태복음에서 반영된 대로, 이 구절이 "처녀"에 의해 임마누엘이라 불리는 이가 탄생할 것을 예언한다 여겨 예수 그리스도의 동정녀 탄생을 가리키는 구절로 이해하였다. 그러나 주후 1세기 이후에 유대인들에 의해 이루어진 헬라어 번역들(아퀼라, 심마쿠스, 테오도션)에서는 "파르테노스" 대신에, 말 그대로 "젊은 여자"를 뜻하는 "네아니스 $\nu\epsilon\hat{\alpha}\nu\iota\varsigma$"로 옮겨졌다. 그러므로 "알마"를 "처녀"로 이해하려는 전통은 최소한 칠십인경의 형성 이후에 나타나며, 이것이 쟁점이 된 것은 기독

뿐, 동정성 여부는 관심사가 아니라는 점도(삼상 16:12; 17:42,56; 20:22) "알마"의 의미를 파악할 때, 고려할 사항이다(Beyer: 75-76). 와츠(Watts: 99)는 이 단어가 여호와 보시기에 아름다운 정결한 여인의 이미지와 율법을 어긴 채 남자와 잠을 자는 음녀의 이미지 모두를 지니고 있는 "이중 의미(double entendre)"로 기능하고 있으며, 공통된 의미는 "성적으로 성숙한 여인"을 가리키고 있다고 지적한다. 영(E.J. Young)의 경우, 구약의 용례들과 우가릿 문헌 연구를 통해 "알마"가 '결혼하지 않은 여인'을 가리킨다는 데에 초점을 둔다(286-288). 결혼은 하지 않았지만, 잠언의 용례를 볼 때에, 이 단어가 "부도덕한 소녀(immoral girl)"를 뜻할 수 있음도 주목한다. 그럼에도 그가 최종적으로 "알마"의 영어 번역어로 "처녀"를 제시하는 것은 그리 적절해 보이지 않는다. '부도덕한 처녀'가 어찌 가능할까.

교회의 출현 이후라고 말할 수 있다. 적어도 이사야 본문에서는 아이를 낳는 여인네의 정체성은 전혀 쟁점이 아니다. 오직 이사야서의 본문은 이 아이의 성장과 연관된 시간이 "징조"의 중요한 수단이 되고 있을 뿐이다.

③ 누군가가 잉태하고 아들을 낳게 되며 그 이름을 짓게 되리라는 예고를 담고 있는 "수태고지 양식"(Wildberger: 307-8)은 성경의 여러 곳에서 볼 수 있다. 특히, 이스마엘의 출생을 예고하는 부분은 이사야서 구절과 거의 똑같다:

· 창 16:11 네가 잉태하였은즉 아들을 낳으리니 그 이름을 이스마엘이라 하라

· 마소라본문: הִנָּךְ הָרָה[95] וְיֹלַדְתְּ בֵּן וְקָרָאת שְׁמוֹ יִשְׁמָעֵאל

· 칠십인경: ἰδοὺ σὺ ἐν γαστρὶ ἔχεις καὶ τέξῃ υἱὸν καὶ καλέσεις τὸ ὄνομα αὐτοῦ Ισμαηλ

여기서는 2인칭 단수인 "너"가 잉태하여 아들을 낳게 되고 "너"가 그 아들의 이름을 짓게 되리라는 것이 예고되었다. 여기에서 하갈의 잉태는 이미 기정사실이지만, 아들을 낳게 될 것 그리고 그 이름을 짓게 될 것이 예고의 본질적인 내용임을 알 수 있다. 그리고 새로 태어날 아이는 현재 이 말씀을 듣고 있는 당사자인 하갈과 직접적으로 연관되어 있다. 이와 비슷한 수태고지 표현들에는 창 17:19;[96] 삿 13:5,7[97]이 있다. [사람 + הרה]가 쓰인 경우, 말하는 순간에

---

95. "힌네"와 함께 쓰인 바브연속완료는 시간적 논리적 귀결로서의 미래의 사건을 나타낸다(*GKC* §112t).

96. "네 아내 사라가 정녕 네게 아들을 낳으리니 너는 그 이름을 이삭이라 하라":

- 마소라본문 שָׂרָה אִשְׁתְּךָ יֹלֶדֶת לְךָ בֵּן וְקָרָאתָ אֶת־שְׁמוֹ יִצְחָק

그 사람이 임신중인 경우가 대부분이지만(창 16:11; 38:24; 삼상 4:19; 삼하 11:5), 이삭과 삼손의 출생을 말하는 이 구절들의 경우 앞의 경우들과는 달리 잉태 자체도 예고되어 있다. 그렇지만, 이제까지의 모든 경우들은 모두 곧 일어날 임박한 출산을 말하고 있다는 점에서 공통된다. 메시야적 해석으로 인해 잉태까지도 미래형으로 번역되지만, 임신 자체는 과거에 이미 생긴 일로 보는 것이 보다 정확하다고 볼 수 있다. 사실, 마리아의 경우도 수태고지를 들을 때에 이미 잉태한 상태였었다.

④ 이러한 "수태고지"양식에서 아이를 가진 여인은 불특정한 누군지 모르는 사람이 아니라 모두 특정한 인물이다. 이사야서의 구절에서도 "알마"앞에 정관사가 있다는 점은 이 여인이 이사야와 아하스 모두 알고 있는 특정한 여인을 가리킨다고 볼 수 있다. 그러나, "어떤 주어진 상황 아래서 염두에 두고 있는 단일한 사람이나 사물(기본적으로는 아직 알려지지 않은, 따라서 한정될 수 없는 존재를 가리킴)을 지칭할 때에 채택되는 정관사가 있다"(*GKC* §126r).[98] 이에 따르면 이 "여인"은 그를 통해 예언자의 예언이 성취된다는 점에서 정관사가 붙어 있지만, 아직 누구인지는 알려져 있지 않는 여인이라고 할 수 있다.

‑ 칠십인경 Σαρρα ἡ γυνή σου τέξεταί σοι υἱόν καὶ καλέσεις τὸ ὄνομα αὐτοῦ Ισαακ

97. "보라 네가 잉태하여 아들을 낳으리니":

‑ 마소라본문 הִנָּךְ הָרָה וְיֹלַדְתְּ בֵּן

‑ 칠십인경 ἰδοὺ σὺ ἐν γαστρὶ ἔχεις καὶ τέξῃ υἱόν.

98. 아모스 5장19절도 예로 들 수 있다: יָנוּס אִישׁ מִפְּנֵי הָאֲרִי וּפְגָעוֹ הַדֹּב כַּאֲשֶׁר. 여기서 "사자"와 "곰"에 정관사가 붙어 있는데, 이 동물들은 그 "사람"을 뒤쫓거나 만나게 될 동물들이라는 점에서 정관사가 부착되지만, 오늘의 언어 관습에서는 부정관사가 붙는 것이 일반적일 것이다.

⑤ 최종적인 문제는 태어난 아이의 이름을 누가 짓는가에 관한 것이다. '그녀가 이름지으리라'고 옮길 수 있는 "베카라트 וְקָרָאת"는 2인칭 남성단수와 똑 같은 형태이지만, 앞에 나온 여인에 대한 언급으로 볼 때, 3인칭 여성단수형 동사의 독특한 형태라고 보아야 할 것이다(*GKC* §74g). 마소라 본문을 따르면, 이 아이의 이름을 짓는 것은 아이의 엄마이다. 그렇지만, 칠십인경은 이 표현이 2인칭 남성단수와 똑같기에 2인칭으로 해석하였다(καλέσεις). 이경우 아하스가 태어난 아이의 이름을 짓는 것이 된다. 이 경우, 태어날 아이는 당연히 아하스의 아들일 것이다. 아퀼라와 심마쿠스 역시 2인칭으로 옮긴다. 쿰란사본에는 וקרא가 실려 있다. '그가 부를 것이다'를 의미한다고 보이는데, 푸알형으로 보아서, '그가 불리리라'고 해석될 수도 있다 (Wildberger: 286). 전자의 이해는 칠십인경 시내산 사본에서도 볼 수 있으며, 후자의 이해는 시리아역 구약성서인 페쉬타와 라틴역 벌게이트에서 볼 수 있다. 그러나 두 가지 모두 누가 그 아이의 이름을 붙이는가 보다는 아이의 이름이 이러저러하게 불린다는 것에 초점을 두고 있다는 점에서 공통된다. 마태복음 1장 21절에서 천사가 요셉에게 이른 수태고지는 칠십인경 이사야 7장 14절을 그대로 사용하고 있다: "아들을 낳으리니 이름을 예수라 하라 (τέξεται δὲ υἱόν, καὶ καλέσεις τὸ ὄνομα αὐτοῦ Ἰησοῦν)". 누가복음 1장 31절도 거의 이와 비슷하다: "보라 네가 잉태하여 아들을 낳으리니 이름을 예수라 하라(ἰδοὺ συλλήμψῃ ἐν γαστρὶ καὶ τέξῃ υἱὸν καὶ καλέσεις τὸ ὄνομα αὐτοῦ Ἰησοῦν)". 이 두 구절 모두 태어난 아이의 이름을 짓는 이는 천사가 이르는 말씀을 듣고 있는 청중인 2인칭 단수의 "너"이다(마태에서는 요셉이고, 누가에서는 마리아이다). 그러나 정작 이사야 7장 14절을 인용하고 있는 마태복음 1장 23절은 칠십인경과 차이가 있다: "보라 처녀가

잉태하여 아들을 낳을 것이요 그의 이름은 임마누엘이라 하리라(ἰδοὺ ἡ παρθένος ἐν γαστρὶ ἕξει καὶ τέξεται υἱόν, καὶ καλέσουσιν τὸ ὄνομα αὐτοῦ Ἐμμανουήλ)". 개역성경에서는 뚜렷하지 않지만, '이름짓다'를 의미하는 동사가 3인칭 복수형으로 되어 있어(καλέσουσιν), 그 의미는 "그들이 그의 이름을 임마누엘이라 하리라"가 된다. 이것이 의미하는 것은 태어날 아이의 이름이 특별히 누가 짓는다기보다는 사람들에 의해 그렇게 불려지게 된다는 것이며, 완연한 메시야적 해석의 결과로 볼 수 있다. 1장 21절과 누가복음 1장 31절을 보건대, 마태가 참고했던 칠십인경이 다른 읽기를 가지고 있었다기보다는, 마태가 필요를 따라 칠십인경을 변화시켜 활용한 것으로 볼 수 있다. 기독교회의 생성 이후에 생겨난 페쉬타와 벌게이트의 읽기 역시 아이의 이름에 대한 메시야적인 해석이 반영된 결과로 이해할 수 있다.

이상의 논의들을 종합해 보면, 이사야 구절이 원래 의미하는 바가 보다 분명해질 것이다. 젊은 여인이 잉태하였고, 곧 아들을 낳게 될 것이다. 그 아이의 어머니에 의해서 혹은 아이의 아버지인 아하스에 의해 아이의 이름이 지어질 것인데, 그 이름은 임마누엘이다.

이 여인과 아이가 누구를 가리키는 것인지 당연히 수많은 논란이 있다 (Beyer: 75-77; Oswalt: 212-213; Clements 1980: 86; Kilian: 28-42; Wildberger: 309-310). 이 여인은 아하스의 부인이며, 태어날 아이는 아하스의 아들이라고 보는 견해가 있는가하면, 이 아이는 예언자 이사야의 아들이라고 여기는 견해도 있다. 또한 당시에 근처를 지나가던 어떤 여인네와 그 태어날 아이를 가리킨다는 생각도 있다. 이 견해들이 모두 당대의 인물을 가리킨다고 보는 데 비해, 이 여인과 아이는 이사야의 시대로부터 몇 백년을 지난 시기의 마리아와 예수를 가리키고 있다고 보는 견해는 신약성경과 교회의 저술가들에 의해 제시되었다. 여기에서 이에 대한 상세한 논의를 할 수는 없다. 아하스의 아들인 히스기야로 보는 견해가 설득력이 있지만, 히스기야는 수리아에브라임 전쟁이 일어나기 전에 이미 태어났다는 점에서 문제가 있다. 또한 이사야의 아들로 보는 견해의 경우, "알마"가 비록 처녀는 아니라 하더라도 아직 아이를 낳은 적이 없는 젊은 여인을 의미한다고 볼 때, 이미 스알야숩이라는 아들을 낳은 이사야의 부인을 "알마"라고 부르기는 어렵다는 점도 제기된다(Sweeney: 162).

빌트버거가 적절하게 지적하듯이(310), 오늘날 우리에게 이 구절이 의미하는 바를 발견하는 것이 어렵다 하여, 당대 이 말씀을 듣고 읽은 이들도 그러한 어려움을 겪었으리라 볼 수는 없다. 오히려, 당대의 그들에게 이 말씀이 의미하는 바는 분명했을 것이다. 또한 임마누엘 예언의 초점은 사실 아이나 아이를 낳을 어머니의 정체보다는 아이의 출생과 성장에 걸리는 시간에 있다고 할 것이다. 15절과 16절의 내용이 구체적으로 의미하는 바가 쉽지 않지만, 그리 멀지 않은 미래를 가리킨다는 점은 분명해 보인다. 8장 4절("이 아이가 내 아빠 내 엄마라 부를 줄 알기 전에")과도 흡사한데, 이 구절 역시 멀지 않은 미래에 일어날 일을 알리고 있다. 마헬살랄하스바스가 태어나서 그리 멀지 않은 미래에 북왕국과 아람이 패배할 것이다. 하나님을 신뢰할 때 나라가 견고하여진다는 것을 확증하는 징조를 구하기를 거부한 아하스에 대해, 이사야는 임마누엘의 징조를 통해 현재의 강력한 수리아에브라임의 위협이 그리 오래 가지 못할 것임을 분명히 하고 있다. 태어날 아이의 이름이 "임마누엘"로 불리게 될 것인데, 이 아이의 성장과 더불어 그 강력하던 두 왕국이 쇠퇴하는 것을 볼 것이고, 참으로 "하나님께서 우리와 함께 하신다"는 것을 아하스와 유다는 경험하게 될 것이다. 빠른 시일내에 유다를 위협하던 두 왕의 땅이 버려지게 될 것이다. 참으로 아하스는 아무 것도 할 일이 없었던 것이다. 이 약속은 본디 희망의 약속일 것이었으나 아하스의 불신앙으로 인해 위협이 함께 내포되면서 이중의 칼날을 지니게 되었다고 볼 수 있다. 17절은 북왕국과 수리아에게 닥친 재앙이 유다에도 임할 것을 보여준다. 앗수르의 진격은 두 왕국을 벌하기 위한 하나님의 도구였으나, 이제 유다에 대한 심판으로도 작용한다. 하나의 징조가 이중적인 의미를 지니게 되는 것은 이사야가 아하스를 만날 때에 함께 데리고 나간 아들인 "스알야숩"의 경우에서도 볼 수 있다. 남은 자가 있어 돌아오게 된다는 것을 강조할 때에 이 이름은 희망을 내포하지만, 남은 자에 대한 언급은 사실 그 자체로 심판을 강력하게 시사한다. "남은 자"에 대해 다루고 있는 10:20-23의 경우에서도, 10:20-21은 "남은 자"에 대한 희망을 전하지만, 이어지는 10:22-23은 하나님의 심판을 상징하는 표현으로 "남은 자"가 쓰이고 있다(Barton: 74).

　7장 18-25절은 "그 날에"를 의미하는 "바욤 하후 ביום ההוא"로 시작되는 네 개의 단락으로 이루어져 있다. 17절에서 언급되고 있는 "앗수르왕"을[99] 18절 이하의 단락들이 확장시켜, 그로 인해 생겨나게될 결과를 묘사한다. 첫 번째 단락인 18-20절에서 재앙을 가져올 열방이 파리와 벌에 비유되고 있는데, 여호와 하나님께서 애굽의 가장 먼 곳에 있는 파리들과 앗수르 땅의 벌들을 불러 내시니, 그들이 온 땅의 곳곳마다 자리 잡고 앉게 되어 이들을 피할 수 없을 것이라는 점이 표현되고 있다. 20절은 앗수르왕을 삭도에 비유하고 있는데, 이것은 머리털과 발털이 베어지는 수치를 겪게 될 것을 전하고 있다. 남성들에게 머리털이 명예의 상징이었고(왕하 2:23) 전

---

99. BHS의 비평란은 17절의 "앗수르왕"이 후대에 더해진 것이라고 제안한다.

쟁포로들은 그 털이 깍이곤 했었다는 점에서, 20절은 유다에 미친 수치를 가리킨다고 볼 수 있다(Wildberger: 324). 21-22절은 그 성격이 애매하다. 그렇지만, 22절에 있는 "그 땅 가운데 남아 있는 자"에 대한 언급에서 볼 때, 이 단락은 심판 이후의 남은 자들의 생활을 묘사하는 구절로 보게 한다.[100] 풍성한 젖과 꿀에 대한 언급은 많은 사람들이 포로로 끌려간 후에 남은 자들에게 있을 풍요로움을 전해 준다(가령, 렘 40:12). 그 자체로는 희망적인 내용이지만, 이러한 내용의 전제에는 심판이 있고, 수 많은 이들이 사라져 버린 땅이 있다. 본문이 놓여 있는 위치는 이러한 풍요가 심판을 겪고 앙상하게 남은 유다에 임한 풍요임을 제시하고 있다. 이 점은 이어지는 23-25절에서 확인된다. 이 마지막 단락은 7장을 결론지으면서 앞부분에서 생길 수 있는 애매모호함을 분명히 정리하고 있다. 희망적인 요소도 있으나 결국 7장의 결론은 이 땅이 질려와 형극으로 가득한 땅이 될 것임을 분명히 하고 있다. 질려와 형극은 특히 5:6에서 하나님의 심판의 결과로 언급되었다.

두 왕국의 침략으로 인한 국가적인 위기의 상황에서 이사야는 여호와께 대한 잠잠한 신뢰를 그 해결책으로 아하스에게 제시하였으나, 아하스는 경건한 여호와 신앙의 구실을 내세우며 이를 거부하였다. 이제 여호와께서 주신 표적은 더 이상 유다를 향한 여호와의 구원만을 담고 있지 않다. 한 아이가 태어나게 되고, 그가 자라 선과 악을 스스로 택하게 되기도 전에 두 왕국의 기세는 꺽이게 되고 말 것이다. 이것이 아하스에게 주어진 표적이라는 점에서도 임마누엘 예언의 기본적인 대상은 아하스와 그의 시대를 향하고 있다. 그러나 "하나님께서 우리와 함께 계신다"는 것이 더 이상 아하스와 유다에 대한 구원과 보호만을 의미하지 않는다. 14절을 시작한 "그러

---

100. 사 1:8,9; 4:3; 30:17.

므로"는 아하스의 불신앙에 대한 책망이 이어질 것임을 알려 주고 있고, 18절 이하의 "그 날에" 있을 상황에 대한 말씀들은 두 왕국 뿐 아니라 유다에게도 재앙의 날이 다가옴을 분명히 하고 있다. 임마누엘이 두 왕국 뿐 아니라 유다에 대한 재앙이기도 하다는 것은 이어지는 8장에서도 볼 수 있다. 여기에서 여호와 하나님을 잠잠히 신뢰하는 것은 잔잔하게 흐르는 실로아 수로의 물에 비유되었고, 강력한 군사력을 지닌 앗수르의 힘은 유브라데강의 거센 물결에 비유되었다. 이 백성은 여호와를 의지하기 보다는 앗수르의 기세를 더 신뢰하였지만,[101] 그들이 의지한 앗수르의 거센 물결은 북왕국과 아람을 삼킬 뿐 아니라 넘쳐 흘러 유다에까지 들어오게 될 것이며, 유다는 그야말로 목에까지 차오르는 위기를 겪게 될 것이다(8:6-8). 이는 단지 앗수르의 위력 때문이 아니라, 여호와께서 행하심의 결과이다. 여호와께서 그들과 함께 계시매, 여호와를 버리고 앗수르

---

101. 6절의 "이 백성이 … 르신과 르말리야의 아들을 *기뻐하나니* (מְשׂוֹשׂ)" 부분은 논란이 있다. 마지막 동사를 발음이 동일한 다른 동사로 읽어서(מסוס), "르신과 르말리야의 아들 *앞에서 녹았다* (מפני מסוס)" 로 볼 수도 있다. 칠십인경의 경우 기본적으로 마소라의 의미를 따라가고 있다: "그들이 르신과 르말리야의 아들을 그들 위에 왕으로 삼기를 원했다 (βούλεσθαι ἔχειν τὸν Ρααςσων καὶ τὸν υἱὸν Ρομελιου βασιλέα ἐφ' ὑμῶν)". 그런 점에서, 르신과 르말리야의 아들을 기뻐하는 "이 백성"은 남왕국 유다 내부에서 반앗수르 동맹인 이들 두 왕국을 지지했던 이들을 가리킨다고 볼 수 있다. 수리아와 에브라임이 아하스를 제거한 뒤에 세우려고 했던 "다브엘의 아들"(7:6)이 이러한 반앗수르 세력을 대표한다고 할 수 있다. 사실, 정서상으로나 현실적으로나 유다에 반앗수르 세력이 존재했으리라는 것은 충분히 가능하다. 아하스의 뒤를 이은 히스기야 역시 반앗수르 동맹을 형성하는 데에 적극적이었다. Motyer는 6절의 "이 백성"이 4절에서 이어지는 사마리아를 가리킨다고 보는데, 갑작스럽게 사마리아가 관심사에 오른다는 것은 생뚱맞아 보인다.

를 의지한 이들의 존립이 위태롭게 될 것이다. 여호와를 신뢰치 않으매, 그들은 결코 굳게 설 수 없다. 왜냐하면 임마누엘의 날개가 그들을 덮었기 때문이다. 여기에서 이 이름 안에 담긴 심판의 이미지가 보다 더 분명해 진다. 임마누엘은 두 왕국에 대한 심판인 동시에 유다에 대한 심판이기도 하다. 8:10에서 이 이름은 열방에 대한 심판의 상징으로 주어지는데, 열방에 대한 심판이라고 해서 유다에 대해서는 단순히 구원과 은혜의 말씀이라고 여길 수 없다. 11-15절의 말씀은 여호와께서 유다와 이스라엘에게 걸림돌이며 함정이 되실 것임을 확고하게 표현하고 있기 때문이다. 결론적으로 "임마누엘"은 이중적 표상을 담고 있다. 사실, 8:1-4는 유다에 대한 구원 말씀이고, 8:9-10도 그러하지만, 이들이 8:5-8과 함께 놓이면서 그 뉘앙스가 바뀌고 말았다(Barton: 72-74).

마지막으로 덧붙일 것은 7장 14절의 신약 사용에 대해서이다. 위에서 살펴 본 것처럼, 이 말씀은 기본적으로 아하스와 그의 시대에 주어진 표적이며, 오늘의 우리가 이해하기 어려울 수 있지만, 그들에게는 분명한 의미를 지닌 것이었다. 만일 이해할 수 없고 해석할 수 없다면, 어찌 어떤 사건이 "표적"이 될 수 있을까. 그렇지만, 신약의 기독교 공동체에게 있어서, 이 구절은 예수 그리스도의 동정녀 탄생을 예고하는 구절로 **해석되었다**. 이사야서의 맥락 안에서 이 여인의 정체나 처녀성 여부는 전혀 초점이 아니었지만, 신약의 교회에게 있어서 이 구절의 최대의 초점은 이 여인의 처녀성과 태어난 아이의 이름이었다. 그런 점에서 신약의 이사야 해석은 전형적인 "보다 충만한 의미(sensus plenior = fuller sense)"로서의 구약 해석이라고 할 수 있을 것이다. 기독교 신앙과 정경의 테두리에서 이러한 해석은 충분한 정당성을 확보하고 있다. 때로 구약의 문맥이나 흐름과는 무관하게 신약기자들이 구약을 인용하는 경우들이 있고, 신약이라는 정경의 형성기에 가능한 해석이라고 인정해야 할 것이다. 임마누엘 예언과 동정녀 탄생에 대한 신약성경의 증언 역시 그러한 차원에서 수용될 수 있다. 그렇지만 신약 기자의 구약 이해 방식 혹은 제2성전기 유대인들의 구약 해석 방식을[102] 발견하고 이해한다 해서, 그러한 해석에 기반하여 거꾸로 구약 본문을 풀이하려는 것은 상당한 주의가 필요하다. 이사야서에서의 "알마"가 당시의 상황에서 최초부터 "처녀"를 의미한 것으로 풀이하려는 경향은, "알마"가 그 의미를 담고 있는가의 여부와는 상관없이, 전형적으로 신약 기자의 이해에 근거하여 구약을 풀이하려는 시도라고 할 수 있다. 구약 본문은 그 시대와 청중, 저자에게 특정한 의미를 지니고 있었다. 그렇지만, 시대와 상황의 변화에 따라 그 의미가 달리 이해되고 확장되어 적용될 수 있다. 신약의 구약 이해는 예수 그리스도라는 결정적인 사건의 견지에서 구약의 말씀을 이에 대한 예언으로 풀이하고 있다. 그렇지만, 구약의 말씀은 예수께서 임하시기 전에도 살아있는 하나님의 말씀이며 그 청중과 배경을 지니고 있는 생생한 말씀임을 유념해야 한다. 그렇지 않고 오직 예수 그리스도에 대한 예언으로만 풀이할 때, 구약의 말씀은 자칫하면 그 몸을 잃어버리고 그림자만으로 존재하게 될 것이며, 이것은 일종의 가현설(docetism)이 되고 말 것이다.

---

102. 이에 대해서는 Enns: 159-233을 보라.

제9장 이사야 묵시록(24-27장)

13-23장은 열방에 대한 말씀을 다루고 있다. 이 장들은 바벨론을 비롯하여 이스라엘을 둘러싸고 있는 열방들에 대한 하나님의 심판을 선언하고 있다. 24-27장은 열방에 대한 하나님의 심판의 맥락을 잇고 있으면서, 개개의 열방을 넘어서 온 땅에 임하는 여호와의 역사를 증거한다는 점에서 이전 장들과 구별된다: "여호와께서 땅을 공허하게 하시며 황무하게 하시며 뒤집어 엎으시고 그 거민을 흩으시리니"(24:1). 특정한 민족이나 나라들 간의 관계를 넘어서 인류 전체, 혹은 땅 전체에 임하는 보편적 차원의 미래를 다루고 있다는 점, 그리고 이 땅에서의 정치적 현실적 영역 뿐 아니라 우주적 영역에 나타나는 하나님의 권능을 담고 있다는 점에서, 이사야 24-27장은 흔히 "이사야 묵시록(the Isaiah Apocalypse)"이라고 불린다 (Barton: 90; Millar).

왕대일은 묵시문학의 특징을 몇 가지로 정리하고 있다(24-29):

첫째, 묵시란 일종의 계시문학이라는 사실이다. … 둘째, 계시의 수령자는 과거 유명한 영웅들의 이름으로 표현되는 것이 보통이다. 묵시문학의 타이틀에 아브라함, 에녹, 다니엘, 에스라, 아담, 엘리야 등의 이름이 흔히 거론되는 것은 이 때문이다. …셋째, 묵시의 내용은 수평적이고도 수직적인 차원을 모두 수용하고 있다. 묵시의 수평적(시간적) 차원이란 묵시가 현실 인류 역사 저 너머에 있는 구원을 관심하고 있다는 것에서 비롯된다. … 묵시의 수직적(공간적) 차원은 천사나 악마 같은, 현실세계에서는 볼 수 없는 존재나, 하늘과 음부, 또는 하나님이 계시는 천상의 성소같은, 현세계 너머에 있는 장소에 관한 묘사가 묵시에 나타나고 있다는 데서 깨닫게 된다. … 여기에서 우리의 관심을 끄는 것은 저자가 보고 겪는 저 세상 여행의 목적이 잘 정돈되어 있는 하늘의 공간, 하늘의 물체들의 질서 정연함을 증언하려고 한다는 점이다. …우주의 질서와 확고부동함은 하나님이 모든 것을 당신의 조종 밑에 두고 계시다는 징표였던 것이다. …이제 정해진 때가 되면-묵시문학의 저자에게 그 때의 도래는 아주 임박해 있다-하나님은 온 세계 역사를 그 절정으로 내모실 것이다. … 이 마지막 때의 징조를 소중하게 여기는 사람들은 마지막이 아주 임박해 있고 악이 판을 치고 있는 현실 세계의 여정도 이제 곧 대단원의 막을 내리고야 말 것을 간파할 수 있다.

　이상의 요소들은 묵시문학으로 분류되는 글들에서 대체로 공통되게 발견되는 것들이다. 그렇지만, 어떤 하나의 묵시문학이 이상의 모든 요소들을 두루 다 갖추고 있는 경우들은 그리 많지 않다. 24-27장이 그 쟝르상 "묵시"라고 볼 수 있지만, 여기에도 모든 요소가 다 있는 것은 아니다. 그렇지만, 여호와께서 온 세상을 지배하고 주관하시며, 여호와께서 행하심으로 이 땅, 현실 세계가 곧 끝이 나게 되고(24:1,19-20), 이러한 종말이 땅에서뿐 아니라 하나님께서 하늘

군대를 벌하시는 것과 하나님을 대적하는 영적 신화적 존재를 무찌르시는 것을 통해서도 임하게 되고(24:21-23; 27:1), 그 때에 세상 질서가 뒤바뀌게 되며(25:1-5; 26:5-6), 이스라엘의 흩어진 자들을 모으시고(27:12-13), 그 날에 구원받고 회복된 이들을 위한 끝날의 잔치가 벌어진다는 점(25:6-8)등은 이 부분을 "묵시"라고 분류할 수 있는 근거들이 된다. "이사야 묵시록"이라고 부르지만, 이 부분이 따로 별도의 자료로 존재했을지 알기는 어려우며, 후대의 본격적인 묵시문학들과는 여전히 차이가 있다는 점도 유의해야 한다. 근본적으로 종말론적 관심사가 이 부분을 묵시라고 불리게 한 주된 원인이 되었다고 할 것이다(Clements 1980: 196). 이러한 묵시의 목적은 뚜렷하다.103 이 묵시를 듣게 되는 청중들은 현재 그들의 삶 속에서 고난을 겪고 있으며, 이 고난은 그들이 여호와 하나님을 신뢰함으로 인해 겪게 되는 고난이고, 이렇게 고난 받는 이들의 수는 이 세상을 지배하고 다스리며 군림하는 이들에 비해 소수이다. 그렇지만, 그들이 처해 있는 시점은 하나님께서 정하신 세상 질서의 마지막 시점이고, 그들이 겪을 고난은 오래지 않아서 끝이 나게 될 것이다. 그렇게 여호와께서 인간의 모든 역사를 뒤집으실 그 날이 오면 세상 질서가 뒤바뀌게 되며, 고난 받던 이들이 하나님과 더불어 영광의 자리로 회복되고, 모든 대적들은 하나님의 영원한 심판으로 진멸될 것이다. 그러므로 "묵시"는 듣는 청중들을 향해 그들이 겪는 고난이 오래지 않아 끝날 것이니 참고 기다리라고 권면한다. 하나님의 백성인 이스라엘을 괴롭히는 각 나라들과 이스라엘의 궁극적

---

103. 비평초기의 연구들이 묵시의 문학적 양식, 이전 형태, 후대 편집추가에 관심이 있었다면, 오늘날의 경우 대체로 묵시의 역할과 위치 그리고 이와 연관해서 아마도 페르시아 시대에 있었을 최종 편집자의 의도에 초점이 있다(Barton: 91-2).

인 운명이 어떻게 결정되어 있는지를 보여주면서(Clements 1980: 196), 현재의 고난을 견디고 여호와를 굳게 신뢰할 것을 격려하는 것이 묵시문학의 기능이라고 할 수 있다.

첫머리에서도 언급하였듯이, 열방 예언의 마지막에 묵시가 놓여 있다는 점은 주목할 만 하다. 열방 예언이 어디까지나 현존하는 질서 위에서의 다가올 변화를 다루고 있다면, 묵시는 현존 질서를 완전히 뒤집으며 임할 일들을 다루고 있다. 다른 예언서들에서도 볼 수 있는 열방 예언들이 여호와께서 온 세상을 주관하심을 공통적으로 보여주고 있지만, 이사야 24-27장은 여호와의 행하심에 대한 기대가 현존 세상의 끝과 궁극적인 회복으로 나타나고 있다. 그런 점에서, 이 장들은 역사 안에서 이루어질 구원을 기대하는 예언이 역사를 초월하는 종말론적 관점의 묵시로 발전하고 있음을 보여주고 있다고 할 수 있다.

24-27장의 내용은 대략적으로 다음과 같이 나누어 볼 수 있다(P. Redditt; Wildberger: 450에서 재인용):

· 24:1-20 현존 세상 질서가 무너짐
· 24:21-26:6 다가오는 세상질서에서 예루살렘의 위치
· 26:7-21 여호와의 심판의 필요성: 탄식시.
· 27:1-13 이스라엘의 구원 조건

1. 24:1-20 현존 세상 질서가 무너짐

24장 1절은 여호와께서 온 땅을 심판하실 것임을 선언하고 있다. "땅을 공허하게 하시며 황무하게(בוקק הארץ ובולקה)" 하신다는 것은 마치 태초에 하나님께서 세상을 창조하시기 이전의 상태를 연상시킨다. 그 때에 온 땅이 "혼돈하고 공허(תהו ובהו)"하였듯이(창

1:2), 이제 다시금 온 세상을 텅 비어 황폐하게 만드실 것임을 여호
와께서 명확히 선언하신다(사 24:3). 세상 심판의 원인은 "영원한
언약(베리트 올람 ברית עולם)"이 파괴되었기 때문이다. 이 "영원
한 언약"이 구체적으로 무엇을 가리키는지에 대해서는 논란이 많
다. 이 표현은 구약 성경에서 모두 18회 쓰이고 있는데, 다시는 물로
멸하시지 않겠다는 약속에서부터(창 9:12, 16), 안식일과(출 31:16),
진설병(레 24:8)에 이르기까지, 폭넓은 내용을 가리키고 있다
(Mason: 178). 그로 인해, 이것이 최초의 창조 언약을 가리킨다고
보는 이들이 있는가 하면, 노아 언약, 모세 언약, 나아가 여러 언약
들이 조합되어 있다고 여기는 학자들도 있다.[104] 노아의 홍수가 일
어난 주된 원인이 땅에 가득한 강포(하마스 חמס)인데(창 6:11), 이
것은 많은 경우에 무죄한 피를 흘리게 한 폭력(violence)을 가리킨
다(삿 9:24; 시 72:14; 렘 51:35; 욜 3:19; 합 2:8,17). 홍수 이후에 하
나님께서 노아와 영원한 언약을 맺으시는데, 여기에서도 역시 피흘
림의 죄에 대한 단서 조항이 있으며, 사람이 하나님의 형상으로 지
음 받았다는 것이 신학적 이유로 제시되어 있다(창 9:6).[105] 온 땅에

---

104. 다윗언약도 영원한 언약으로 불린다(삼하 23:5; 사 55:3). 족장들과
맺은 약속도 그렇게 불린다(대상 16:17=시 105:10). 회복될 유다와 맺으실
언약은 영원한 언약이다(사 61:8; 렘 50:5; 겔 37:26; 참고 사 55:3도 이 맥
락으로 이해할 수 있다). 모세 율법과 연관된 영원한 언약 표현은 안식일
규정과 진설병에 대한 부분에서 나온다. 이사야 24장 5절에서의 "영원한
언약"이 구체적으로 무엇을 가리키는지에 대한 여러 학자들의 견해에 대
해서는 Mason: 178-179를 참고하라.

105. 메이슨(Mason: 184-186)은 노아와 맺은 "영원한 언약" 본문을 단
지 창세기 9장 8-17절로만 볼 것이 아니라, 9장 1-17절로 보아야 한다고 주
장한다. 그에 의하면, 7절에 있는 "브앗템 ואתם"('그리고 너희는')과 9절
에 있는 "바아니 히느니 ואני הנני"('이제 내가')는 쌍방간에 이루어지는
언약의 양 당사자를 가리키는 표현으로, 이 점은 동일한 표현 양식을 볼 수

임하는 재앙과 그로 인해 세상이 공허와 황무에 처하게 된다는 점
에서 이사야 24장의 "영원한 언약"은 노아 홍수와의 연관을 그럴
법 하게 한다. 더욱이, 이사야 묵시록에서도 하나님의 심판을 초래
한 열방의 죄악은 피흘림과 연관되어 있다: "보라 여호와께서 그 처
소에서 나오사 땅의 거민의 죄악을 벌하실 것이라 땅이 *그 위에 잣
았던 피를*(את־דמיה: 직역하면 '그 위의 피흘림을') 드러내고 그 살
해 당한 자를 다시는 가리우지 아니하리라"(사 26:21). 이러한 점들
을 고려하면 이사야 묵시록에서 배경이 되고 있는 "영원한 언약"은
노아 언약을 염두에 두고 있다고 볼 수 있다.[106]

하나님으로 인해 온 땅에 황폐가 임하게 된다. 10절에는 "성읍"
이 언급된다. 이 "혼돈의 성읍"("키르야트-토후 קרית־תהו") 표현은
창조 이전의 상태를 가리키는 "토후"를 사용하고 있어, 특정하게
어떤 도시를 지칭하지 않으면서, 인간 문명 전체에 임한 혼돈을 담
아내고 있고, 창조 이전의 황폐함을 연상시킨다. 앞에서 언급된 노
아언약의 파괴의 당연한 귀결이라고 할 수 있다.

14절에서 16절에 이르는 내용은 이해하기가 쉽지 않다. 우선 이
본문은 하나님을 향해 천지사방에서 불려질 찬송을 표현하고 있다
고 볼 수 있다. 서쪽에서("바다에서부터")는 여호와의 위엄을, 동쪽

있는 창세기 17장 1-2절에서도 발견되며, 17장 역시 또다른 "영원한 언약"
에 대해 말하고 있으며(창 17:7), 쌍무적인 언약이라고 할 수 있다(창
17:1). 이러한 문학적 연관과 더불어 주제에 있어서도 두 단락이 서로 연관
된다는 것을 보이면서, 메이슨은 노아 언약이 흔히 알려지듯 "무조건적인
언약"이 아니라 쌍방간에 지켜야 할 것이 있는 조건적인 언약이었음을 주
장한다. 두 단락 간의 연관성을 수용할 때, 최소한 노아 언약 안에 피흘림
에 대한 단서 조항이 있다는 점은 인정할 수 있다.

106. 또한 Kaiser: 183; Seitz 1993: 180-184; Childs 2001: 179; Blenkin-
sopp: 351-352 등도 이사야 24장 5절을 노아 언약과 연관시킨다.

에서는[107] 여호와께 영광을, 바다 모든 섬에서는 이스라엘의 하나님 여호와의 이름에 영광을, 그리고 땅끝에서는 의로우신 자에게 영광을 돌리는 찬송이 울려 퍼진다. 사방에서 울려질 찬송이라는 점에서 온 세상에 흩어진 유대 디아스포라들이 모여 돌아오면서 부르는 찬송일 수 있다(27:12-13). 그러나 이러한 이해의 문제는 16절의 찬양 이후에 등장하는 "그러나 나는 이르기를 '나는 쇠잔하였고 나는 쇠잔하였으니 내게 화가 있으리로다'"와 부합되지 않는다는 점이다. 특히, 16절에서 땅 끝에서 노래하는 소리인 여호와께 돌리는 "영광"(체비 צבי)은 일인칭의 화자가 스스로를 설명하는 "쇠잔"(라지 רזי)과 대응되는 용어라는 점에서도, 디아스포라의 회복을 기뻐하는 찬양으로 이 본문을 보기 어렵게 한다. 그렇다면, 14-16절 전반절에 이르는 찬양은 예언자가 맞붙어있는 백성들의 착각으로 볼 수 있다. 이스라엘 가운데, 곧 임하게 될 여호와의 날이 열방에게는 재앙이지만 그들에게는 기쁨의 날이라고 여기는 무리가 있으며(미 2:1-11; 암 5:18-20), 이러한 착각에 대한 예언자의 통렬한 선포가 16절 후반절-20절일 수 있다.[108] 온 세상에 임하는 하나님의 심판의 근거가 땅에 흘려진 피였듯이, 이스라엘 역시 무죄한 피를 흘린 백성들이라는 점도(사 1:15; 4:4) 이러한 이해를 뒷받침해 준다. 여호와의 날이 그들의 날일 것으로 착각하는 이들은 "혼돈의 성읍" - 아마도 이스라엘을 공격한 바벨론을 상징하는 성읍 - 이 깨어지는 것을 보고 환호했을 것이나, 여전히 하나님의 심판에 대해 그릇 알고 있었던 것이라고 볼 수 있다(Sweeney: 331). 하나님의 심판은 여호와의 날을 기뻐하는 그들에게도 동일하게 임할 것이며, 16

---

107. 문자적으로는 "빛 가운데서"(באורים).

108. 이와 연관해, 스위니(329-30)는 이 부분에서 "논쟁(disputation)" 패턴이 쓰이고 있다고 여겼다.

절 후반절 이하에서 예언자는 그의 민족에게 임할 재앙과 화를 탄식하고 있다. 사용된 표현으로 인해 14-16절을 순전한 찬양으로 볼 여지가 여전히 있지만, 1-20절이 전반적으로 심판과 재앙의 말씀이라는 점은 14-16절 전반절을 찬양으로 보기 어렵게 만든다.

2. 24:21-26:6 다가오는 세상 질서에서 예루살렘의 위치

24장 1-20절의 내용이 여호와께서 임하심으로 인해 이 땅이 뒤짚혀질 큰 재앙을 다루고 있다면, 21-23절은 그 날에 이루어질 일이 단지 땅에만 해당되는 것이 아니라 하늘('높은 곳'은 하늘을 가리키는 다른 이름)의 영역에도 해당된다는 것을 보여준다. 하나님의 심판은 하늘과 땅의 모든 영역에 임하고, 여호와께서 시온에서 왕이 되실 것이다. 이를 보건대 하늘과 땅의 온 세상에 대한 하나님의 심판은 다름아닌 여호와의 왕되심의 드러남이요, 하나님의 나라가 이루어짐이라고 할 수 있다. 여호와께서 친히 왕으로 좌정하시매, 그 영광 앞에서 해와 달의 빛남도 자취를 감추게 된다. 해와 달이 곧잘 이방에서 신적인 존재로 여겨졌던 것을 생각하면 23절은 이방신들의 패퇴를 의미한다고 볼 수도 있다 (참고: 신 4:19) (Sweeney: 330). 25장에서 찬양시가 이어지고 있는데, 이 시는 여호와의 왕되심을 노래하고 기리면서 여호와의 왕되심이 그 백성에게 미치는 의미를 보여준다. 찬양시를 이루는 기본적인 틀은 여호와를 높이는 찬양과 그러한 찬양의 이유를 이끄는 "키 כִּי"구절로 이루어진다. 가장 기본적이고 오래된 찬양시로는 미리암의 노래를 들 수 있는데, 찬양시의 가장 기본적인 요소를 갖추고 있음을 볼 수 있다:

너희는 여호와를 찬송하라 그는 높고 영화로우심이요(כִּי־גָאֹה גָּאָה)
말과 그 탄 자를 바다에 던지셨음이로다(출 15:21)

25장의 찬양시 역시 여호와께 대한 찬양이 1절 전반절에서 선포되고 있고, 찬양의 이유를 담고 있는 "키" 구절이 이어진다. 특히, 세 번 등장하는 "키" 단락은 모두 잇달아 완료동사를 사용하고 있다는 점에서 뚜렷이 평행되어 있다:

· 1절 후반절 '당신이 기사를 행하셨음이라'

כִּי עָשִׂיתָ פֶּלֶא …

· 2절 '당신이 … 무더기/황무지로 만드셨음이라'

כִּי שַׂמְתָּ לָגַל לְמַפֵּלָה …

· 4절 '당신이 … 보장/보장/피난처/그늘이 되셨음이라'

כִּי־הָיִיתָ מָעוֹז מָעוֹז מַחְסֶה צֵל …

그러므로 이 찬양시는 여호와께서 온 세상을 심판하실 날에 그가 행하실 놀라운 일들을 선언하며 찬양하고 있다. 첫 번째 찬양의 이유가 보다 일반적이라면, 두 번째와 세 번째는 보다 구체적으로 상술하고 있다. 찬양시의 기자는 여호와를 찬양한다. 이는 여호와께서 놀라운 일을 행하시되, 어떤 갑작스러운 새 일을 행하신 것이 아니라, 이미 오래 전부터 말씀하신 계획을 행하시기 때문이다. 1절 마지막에 쓰인 "에무나 오멘 אֱמוּנָה אֹמֶן"은 "계획"을 꾸며주는 말일 수도 있고, 이를 실행하시는 여호와의 신실하심을 꾸며주는 말일 수도 있다. 비슷한 의미를 지닌 단어들이 함께 쓰여 '완전한 신실함'으로 이해될 수 있으며(*BDB*), 여호와의 행하실 일이 참으로 확고하고 신뢰할 수 있음을 보여주고 있다.

여호와께서 마침내 행하시는 오래 전의 계획은 무엇인가? 그 일은 크게 두 가지로 나뉜다. 첫 번째는 여호와를 대적하는 이들에 대한 심판이며, 두 번째는 여호와를 의지하는 이들에 대한 구원이다. 첫 번째의 심판에서는 성읍(עִיר)을 무더기로, 견고한 성읍(קִרְיָה

בַּצּוּרָה)을 황무지로 만들어 버리신다. 여기에 쓰인 “성읍”과 “견고한 성읍”은 잘 방비되고 번성한 도시를 상징하고 있으며 나아가 인간에 의한 문명의 발달을 상징한다고도 할 수 있을 것이다. 폰라트는 이스라엘에 고전 예언자들이 등장하면서 맞닥뜨린 상황의 하나로 도시의 성장을 들고 있다(von Rad: 10). 국가의 등장에 수반된 행정과 세금 체계와 더불어 경제가 도시로 집중되면서 도시의 대토지 소유자들에 의해 이스라엘 농촌의 자유농민들의 생활은 나날이 가난해지며, 땅을 잃고 실질적으로 자유민으로서의 지위 역시 상실하게 되었다. 이로 인한 사회적 불의의 만연이야말로 예언자들이 맞선 현실이었다. 25장의 “성읍”과 “견고한 성읍”은 그러한 강하고 번성한 도시를 떠올리게 한다. 여호와께서는 그러한 강력한 도시들을 모두 폐허로 만들어 버릴 것이다. 여호와의 행하실 놀라운 일의 두 번째 측면은 마땅히 강력한 도시의 힘 아래에서 신음하고 눌린 가난한 이들에 대한 것이다. 하나님은 공포를 불러일으키는 이들(“포학자”: עָרִיץ)이 폭풍처럼 드셀 때, 가난한 자들의 피난처(מָעוֹז: ‘보호’, ‘안전한 장소’, ‘힘’)가 되며 환난중에 있는 곤궁한 자들의 피난처가 되신다. 한쪽에는 “견고한 성읍”, “외인의 궁성” 그리고 이를 반영하는 “포학자”와 “폭풍”, “폭양”과 같은 이미지가 있다면, 다른 한쪽에는 “빈궁한 자”, “가난한 자”가 있다. 강하고 거칠 것이 없고 거센 것들이 한 쪽에 있다면, 다른 한쪽에는 약하고 힘 없는 존재가 있다. 이 약한 이들은 다른 이들에게 두려움을 일으키는 존재가 아니다. 이들은 달리 의지할 곳이 없는 이들이며, 그래서 오직 그들을 보호하시는 하나님께 피한다. 그런 점에서 가난한 자는 시편에서 그렇듯이(가령 시 72:12) 하나님만을 의지하는 자를 가리킨다. 여호와께 피하는 자, 여호와만을 그 피할 곳으로 삼은 자가 가난한 자이며 빈궁한 자이다. 여호와께서는 오래 전에 계획하심을 따라

이 강하고 힘센 모든 것들을 쓰레기 더미와 폐허로 만드시되, 약하고 힘없는 이들을 위한 힘이요, 피난처와 그늘이 되신다. "외인의 궁성"에 대한 언급에서 볼 때, 이 본문이 힘센 열방에 의해 사로잡히거나 고통을 겪고 있던 시기를 살고 있는 이스라엘의 현실을 배경으로 한다고 볼 수 있으며, 그런 점에서 장엄하기로 유명했던 6세기 바벨론의 궁성과 비교할 때, 바벨론땅에 포로로 와있는 유대인의 곤궁함과 그들을 폭풍과 폭양으로부터 막아주시는 하나님을 그리고 있다고 볼 수 있다(Sweeney: 336). 그렇지만, 단지 그 특정한 시기를 넘어, 언제이건 오직 여호와만을 의지하는 가난한 이들이 존재할 때마다 본문의 말씀은 현존 질서를 뒤집으시고 가난하고 빈궁한 이들을 위해 보호자가 되시는 하나님을 선포하고 있다. 이러한 해방과 구속이야말로 오래 계획된 일이다. 그 백성의 보호처는 오직 여호와 하나님이시며 25장 1-5절은 이에 대한 감사의 찬양이다.

가난한 이들의 피난처요 그늘이 되신 하나님께서 그 모은 백성을 위해 베푸시는 잔치에 대한 말씀이 6-8절에서 이어진다. "만군의 여호와", "주 여호와", "여호와"로 하나님의 이름이 반복되면서, 하나님이 친히 행하실 것, 그리고 그 확실함을 강조하고 있다. 하나님께서 모든 백성에게 베푸실 잔치는 "기름진 것과 오래 담가두었던 포도주"에서 짐작할 수 있으며, 풍성함과 기쁨을 나타내는 이 표현이 확대된 채 한 번 더 쓰이고 있다: "골수가 가득한 기름진 것과 오래 저장하였던 맑은 포도주".109 이 산에서 하나님께서는 열방을 덮고 있는 덮개와 휘장을 다 제거하신다. 여기서 쓰인 "휘장과 덮개"는

---

109. 잔치에서 오래 된 더 좋은 포도주를 대접하여 사람들의 기쁨을 넘치게 하는 하나님의 모습은 갈릴리 가나 혼인잔치에서 더 좋은 포도주를 대접하신 예수의 모습에서 발견된다(요 2:1-11).

무지의 상징이라기보다 사람들을 덮고 있는 슬픔과 탄식을 상징한다고 볼 수 있다(Clements 1980: 209). 죽음을 영원토록 삼켜버리시고 모든 얼굴에서 눈물을 없애시며 그의 백성의 수치를 땅 위에서 제하신다. 여기서 죽음을 삼킨다는 표현은 주목할 만 하다. 죽음에 대한 승리는 고대근동신화에 공통되게 등장하는 패턴으로, 고대 왕권과 연관된 풍요신화의 특징인데, 죽음의 신인 모트에 대한 바알의 승리가 이에 견줄만 하다(Sweeney: 337). 동일한 흐름이 이사야 묵시록에서도 발견되는데, 이사야 24장 23절에서도 여호와께서 왕이 되심을 선언하고 있기 때문이다. 여호와께서 시온에서 왕이 되시고, 그 대관을 기념하고 기뻐하는 잔치가 성대하게 베풀어지게 되며, 이와 더불어 왕이 되신 여호와께서 영원토록 죽음을 제거하신다. 이를 보면, 하나님의 왕되심의 나라, 하나님의 나라를 대적하는 것은 죽음임을 알 수 있다. "성읍"과 "견고한 성읍", "포학자"의 기세가 그리도 높은 것은 바로 죽음이 왕노릇하고 있기 때문일 것이다. 죽음은 질병과 대적 등으로 인해 정상적 생활이 제한되는 것이며, 그로 인해 생활의 풍요함을 누릴 수 없고, 나아가 다른 사람들과의 교제가 단절되며, 궁극적으로는 하나님과의 관계가 단절되는 상황이다(Wildberger: 533). 시편 기자들의 탄식도 그러한 맥락에서 이해할 수 있다. 그러므로 단지 육체의 죽음뿐만이 아니라, 우리의 정상적 생활을 가로막는 모든 것이 "죽음"과 연관하여 이해되어야 한다. 이 죽음은 하나님의 사람으로 하여금 그 말씀과 진리를 따라 사는 것을 위협하며 포기하게 만든다. 이제 여호와께서 임하시면 죽음을 제거하실 것이며, 그 아래서 신음하고 고통당하는 가난하고 빈궁한 이들을 건지시고 그들을 위해 풍성하고 기쁜 잔치를 베푸실 것이며, 그들을 덮고 있는 휘장과 덮개도 제하실 것이다. 하나님이 시온에서 왕이 되시고, 그 백성들을 죽음으로 이끄는 삶의 질곡을 제하시며, 그를 통해 사람들의 눈물과 수치를 닦으신다. 여호와께서 죽음을 없애버리신다는 말씀은 당대를 살아가고 있는 하나님의 백성들을 향한 권면과 격려의 기능을 한다. 비록 세상에서 빈궁하고 가난하며 포학자의 기세가 뜨거운 햇볕같지만, 반드시 여호와께서 왕으로 임할 것이며, 죽음을 멸할 것이다. 그러므로 본문의 말씀은 여호와께서 그렇게 행하실 것으로 믿는 이들로 하여금 현재 겪고 있는 어려움과 고난을 참고 견디며 기다릴 것을 격려하고 있다. 이어지는 9절의 말씀은 왕으로 임하실 여호와에 대한 확신에 찬 기다림을 말하고 있다:

> "그 날에 말하기를 이는 우리의 하나님이시라 *우리가 그를 기다렸으니*(קִוִּינוּ לוֹ) 그가 우리를 구원하시리로다 이는 여호와시라 우리가 그를 기다렸으니 우리는 그의 구원을 기뻐하며 즐거워하리라 할 것이며"

여호와께서 이스라엘에게 '기다리신' 것은 공평과 정의였다(5:7). 여호와가 이스라엘을 기다리듯이, 그렇게 여호와를 기다리는 자를 건지실 것을 25장 9절이 보여주고 있다(참고. 8:17; 26:8; 33:2; 51:5). 그러므로 여호와를 기다리는 자는 새 힘을 얻되 독수리의 날개치며 올라감 같을 것이다(40:31). 구약에서는 "부활"에 대해 분명하게 말하고 있지 않지만, 이렇게 여호와께서 왕으로 임하셔서 죽음을 멸하실 것을 기다리며 현재의 고난을 참고 견디는 신앙이야말로 실질적인 부활신앙일 것이다. 참으로 부활신앙은 그 명목에 있지 않고 삶의 내용에 있다. 덧붙일 것은 열방에 대한 강조이다. "만민", "모든 민족", "모든 얼굴" 그리고 "온 천하"와 같은 표현들은 여호와 하나님의 왕되심의 잔치가 단지 이스라엘만을 향한 것이 아니라 열방을 위한 것이기도 함을 확실히 증거하고 있다. 이사야 2장에서 보았듯이, 다시 한번 여호와의 왕되심, 하나님의 나라에 대한 강조는 열방에 대한 회복과 직접적으로 연관되어 있음을 알 수 있다.

10-12절은 모압에 대한 하나님의 심판을 선언한다. 왜 모압이 특별히 거론되고 있는지, 본문의 배경에 있는 일이 어떠한 것인지 알기 어렵다.[110] 그러나 본문의 전승 안에서 "모압"은 하나님과 그 백성을 대적하는 세력으로 읽혀진다는 것은 분명하다. 하나님이 베푸실 놀라운 구원은 그러한 하나님의 역사를 가로막는 세력에 대한 승리와 맞물려 있으며, 이러한 요소들은 후대의 묵시문학에도 필수적으로 등장하고 있다(Wildberger: 540-541).

26장 1-6절은 여호와께서 행하실 때에 여호와를 의뢰하는 이들이 부르는 찬양을 소개하고 있다. 3절에서 "심지"로 옮겨진 히브리어 "예쩨르(יצר)"는 기본적으로 토기장이가 토기를 빚을 때에 사용되는 틀과 연관된 단어로써, 그렇게 틀을 이용하여 만들어진 토기를 의미하거나(사 29:16), 새긴 우상을 만드는 틀(합 2:18)을 의미하기도 한다. 하나님께서 사람을 흙으로 만드실 때에 사용된 틀이라는 의미에서 "체질"을 뜻하기도 한다(시 103:14). 그리고 사람의 마음속에 있는 틀이라는 의미에서 '상상', '계획', '목적'등을 뜻하기도 한다(창 6:5; 신 31:21; 대상 28:9). 이사야 본문에서 '마음의 틀', 즉 마음에 담은 뜻이나 목적이 견고한 이에게 하나님은 평강에 평강을 내리신다. 3절의 후반절은 그 실질적인 의미가 '여호와를 신뢰함'이라고 부연하고 있다. 그러므로 환난의 때를 당하여 그 마음이 흔들리지 않고 여호와를 굳건하게 신뢰하는 이에게는 하나님이 베푸시는 넘치는 평강이 있다.

---

110. 스위니(337)는 모압에 대한 이러한 심판 선포가 7절에서 두 번 연거푸 쓰인 "롯"('덮개')과 연관있다고 지적한다. 하나님께서 그 덮개를 제하시듯, 롯을 제하시는데, 롯은 모압의 아비로 알려져 있다(창 19:30-38).

이사야서에서 "믿음"은 핵심적인 주제이다. 세상 주관자이신 여호와께 드릴 인간의 최대의 응답은 잠잠한 신뢰이다. 원래 이 말씀은 정치적 군사적 맥락에서 나온 것이지만, 보다 넓게 하나님 백성의 모든 삶에 해당되는 것으로 발전하였고, 26장에서는 묵시적 맥락에까지 확장된다(Barton: 117-120). 마지막 때를 살아가는 이들의 삶의 근본 원리도 바로 이 "신뢰"라는 것이다. 여호와는 영원한 반석이기에 그를 신뢰할 것이 촉구되지만(사 26:4), 이 땅의 성들은 허물어진다. 여기서 그렇게 여호와를 신뢰함으로 여호와께서 지키시며 회복하시는 이들은 "빈궁한 자", "곤핍한 자"로 소개되는데, 이들은 이미 25장 4절에서도 "빈궁한 자", "가난한 자"로 언급된 이들이다. 여호와를 신뢰하는 가난한 이들은 건지시되, 세상의 영광과 권세를 상징하는 "성"은 무너질 것이다. 이 "솟은 성(קריה נשגבה)"은 강력함과 위세의 상징이지만, 여호와께서 이 성을 헐어버리실 것이며, 이 세상의 가난하고 빈궁한 자로 그것을 짓밟게 하실 것이다. 그러므로 여호와께서 임하실 그 날은 세상의 질서가 뒤집어지는 날이며, 높은 데 거하던 이들은 낮추어지고, 가난한 이들은 높아지며, 솟아오른 견고한 성은 진토에 미치게 되되, 빈궁한 이들은 그들을 밟을 것이다.

3. 26:7-21절 여호와의 심판의 필요성: 탄식시

26장 7-21절은 여호와께서 임하실 날을 간절히 바라며 사모하는 이들의 탄식시로서, 현실의 고통 속에서 하나님의 도우심을 구하는 기도라고 할 수 있다. 시편 기자는 그가 속한 공동체가 겪는 환난이 여호와의 징벌임을 알고 있다(16). 그로 인해 그들은 하나님이 아닌 다른 이들이 그들의 주인이 된 채 좌우당하고 있으며, 무슨 일을 하여도 결실할 수 없음이 마치 잉태한 여인이 산고 끝에 바람을 낳을 것과도 같음을 신음속에 고백하고 있다. 그러나 시편의 탄식시가 그러하듯이, 탄식시의 중요한 부분을 차지하는 것은 그들이 처한 고통스러운 삶만이 아니라, 그 속에서 여호와의 도우심을 확신하며 고백하는 신뢰의 고백이며, 그 속에서 여호와의 들으심과 구원을 확신하며 부르는 구원의 노래이다. 이러한 신뢰의 고백 혹은 확신은 7-15절에서 볼 수 있으며, 19절은 여호와의 건지심을 믿은 이들이 부르는 구원의 노래로 여길 수 있을 것이다. 특히 19절은 종종 구약에 나타난 부활에 관한 언급으로 여겨지는 구절이기도 하다:

> *"주의 죽은 자들은 살아나고 그들의 시체들은 일어나리이다*(יִחְיוּ מֵתֶיךָ נְבֵלָתִי יְקוּמוּן) 티끌에 누운 자들아 너희는 깨어 노래하라 주의 이슬은 빛난 이슬이니 땅이 *죽은 자들을* (רְפָאִים) 내놓으리로다"

이 구절은 앞에 있는 26장 14절에서 쓰이는 단어들과 연관된다: "그들은 죽었은즉 다시 살지 못하겠고 사망하였은즉 일어나지 못할 것이니[111] …". 14절에 있는 "그들"은 13절에 나오는대로, "우리를 주관하는, 당신이 아닌 주들"을 가리킨다. 이를 보건대, 이들은 하나님의 백성들을 주관하고 다스리며 압제하는 자들을 가리킨다고 볼 수 있으며, 역사 속에서는 이스라엘을 포로삼은 애굽이나 바벨론을 떠올릴 수 있을 것이다. 혹은 애굽과 바벨론으로 상징되는 대적의 세력을 나타낸다고 할 수 있다. 그들의 힘과 위세는 강력해 보이지만, 결국 그들은 무너지게 될 것이고 다시 일어나지 못할 것이다. 그러나 하나님의 백성들은 죽은 자와 방불하지만, 하나님으로 인하여[112] 다시 일어날 것이며 다시 회복될 것이다. 그러므로 19

---

111. … מֵתִים בַּל־יִחְיוּ רְפָאִים בַּל־יָקֻמוּ

112. 죽은 자와 방불한 이스라엘을 다시 살리는 하나님의 능력은 19절

절의 말씀의 기본적인 의미는 포로된 이스라엘의 회복(Wildberger: 567-570)과 귀환을 가리킨다고 할 수 있으며, 이 점은 이사야 묵시록의 마지막인 27장 12-13절에서 선포되는 내용이기도 하다. 이 내용은 에스겔서 37장에 나오는 바 해골들이 하나님의 군대로 변하는 것과 연관될 수 있다. 에스겔서의 내용은 죽은 지 한참 되어 이미 육신은 다 썩어 없어지고 해골만 남은 시체이지만, 이 시체가 다시 살이 붙고 살아나서 하나님의 큰 군대가 될 것을 전하고 있는데, 여호와 하나님께서는 이 비유의 의미가 하나님의 백성 이스라엘이 "무덤을 열고" 그 곳에서 나와 "이스라엘 땅으로 들어가게" 되는 것이며 "고국땅에" 있게 될 것을 의미한다고 일러주신다(겔 37:12-14).

고난과 환난 중에서, 주위의 모든 사람들이 하나님을 배역하고 세상의 주들을 의지하는 속에서, 하나님의 사람들은 오직 하나님의 구원을 기대하고 기다리며 그로 말미암는 부활을 꿈꾼다. 그러므로 이사야서의 본문 자체는 죽음 이후의 삶과 세상에 대한 것을 말하고 있지는 않다고 해야 할 것이다. 그러나 제2성전기 이래 부활신앙이 유대 백성들 가운데 전면적으로 등장하고 부각되면서 이사야서의 구절은 부활을 가리키는 구절로 재해석되었다고 할 수 있다.[113] 이러한 죽음과 부활의 이미지는 25장에 이어 고대근동의 죽음과 삶 이해에서 설명된다. 그런 점에서 이 구절들은 이스라엘의 회복에 대한 간구로 이해되어야 한다. 그러나 부활신앙이 이스라엘 가운데 본격화되면서 이 구절들은 부활을 가리키는 구절로 재해석된다. 그러므로, 이 구절들은 부활신앙을 애초에 의도하지 않았지만, 부활신앙의 단초를 담고 있다고 말할 수 있다.

환난 속에서 하나님의 도우심과 회복시키심을 고백하고 노래한

에서 "당신의 이슬"로 표현되고 있다.

113. 이에 대해 이 장의 마지막에 있는 부록을 참고하라.

이 시의 결론은 마땅하고 자연스럽게도 권면으로 맺어지고 있다(20-21절). 이 절들은 간구와 확신에서 이어지는 실질적인 권면으로, 결국 청중을 향해 "기다릴 것"을 권한다. 그러나 이 기다림의 시간은 길지 않을 것이다. 그것은 "잠깐"(כמעט־רגע)이니, 한 줌 같은 시간이며, 영원에 비하면 아무 것도 아니다(시 30:5). "보라 하나님이 이제 곧 나오시리라"(21절).

　시편 6편 5절은 '사망 중에 어찌 주를 기억하며 음부에서 누가 주께 감사하리이까'라고 기도한다. 죽게 되면 하나님을 기억할 수도 감사할 수도 없으니 이 땅에서 살아가는 동안에 하나님께서 그 인자하심을 베푸사 살려 주시며 회복시켜 주시기를 구하는 기도이다. 만일 그가 신약에서 알려진 것과 동일한 부활 신앙을 지녔더라면 어떻게 기도했을까? 시편 기자의 기도는 이 땅에서의 삶이 얼마나 중요한지를 보여준다. 이 땅은 그저 잠시 머물다 가는 세상이 아니라, 하나님의 인자하심과 은혜를 경험하며 체험하는 곳이다. 이 땅에서 하나님의 은혜를 알지 못한다면, 시편 기자에게 있어서 영원히 하나님께 감사하거나 찬송할 기회가 사라지는 것을 의미한다. 그러므로 이 땅은 하나님의 은혜를 경험하는 땅인 것이다. 하늘에 계신 하나님께서 돌아보사 긍휼과 은혜를 베푸시는 땅이 이 땅이다. 죽음의 위협 앞에서 하나님께서 은혜를 베푸시기를 구하는 시편 기자의 기도는 이 땅을 꼭 붙잡게 한다. 예수 그리스도께서 부활하신 것은 죽음을 이기신 사건이다. 죽음은 그 권세를 힘입어 사람들을 위협하고 굴복하게 한다. 죽음의 위협 앞에서 사람들은 하나님을 대적하는 이들을 따라 불법과 불의의 삶을 살게 된다. 시편 기자 역시 그러한 죽음의 위협 앞에서 하나님의 도우심을 구하고 있는 것이다. 예수께서는 죽음을 이기셨다. 죽으셨으나 다시 살아나심으로 완전한 생명을 보여 주셨다. 죽음은 예수님의 영혼뿐 아니라 육체도 가두지 못하였고, 주님께서는 완전히 다시 사셨다. 그러므로 주님의 부활은 죽음을 이기신 역사적인 사건이며, 이제 주님의 뒤를 따르는 이들에게 보여주신 영원한 승리의 약속이다. 주님께서 죽음을 이기고 부활하셨듯이, 주를 따르는 이들 역시 죽음을 이기고 부활할 것이다. 그러므로 이 땅에서 죽음의 위협은 거짓인 것을 안다. 대적들의 위협은 거짓인 것을 안다. 그렇기에 죽음을 두려워 않고 여호와를 경외하는 삶을 이 땅에서 산다. 시편 기자가 귀히 여긴 이 땅에서의 삶 동안에 여호와의 말씀을 지키며 그 말씀을 행하며 살아가는 것이다. 이 땅은 여전히 소중한 곳이며 하나님의 은혜를 경험하는 곳이다. 그러므로 주님께서는 하나님의 나라가 이 땅에 임하기를 기도하라고 명하셨다. 하나님의 나라가 이 땅에 임하는 데에 최대의 장애는 죽음의 위협일 것이다. 주님께서 죽음의 위협을 물리치셨으니, 이 땅에 임할 하나님의 나라를 소망하고 기도하라. 그래서 부활에 대해 상세히 설명하는 고린도전서 15장은 이 땅에서의 열심있는 삶에 대한 권면으로 마무리된다: "그러므로 내 사랑하는 형제들아 견고하며 흔들리지 말며 항상 주의 일에 더욱 힘쓰는 자들이 되라 이는 너희 수고가 주 안에서 헛되지 않은 줄을 앎이니라"(15:58). 이 땅에서 행하는 우리의 일들은 결코 헛되지 않다. 그것은 이 땅에 임하는 하나님 나라를 위한 일이기 때문이다. 하나님의 나라는 저 바깥 어딘가에서 이루어지는 것이 아니라, 이 땅에서 이루어지는 것이다. 그래서 요한계시록의 구절들은 반복해서 새 예루살렘이 하늘로부터 이 땅에 내려온다고 표현하고 있다 (계 3:12; 21:2,10) (Wright: 176-179). 그리고 주께서 우리에게 명하신 기도는 "하나님의 나라가 임하게 하옵소서"였다. 그러므로 이 땅에서 우리가 행하며 살아가는 것은 하나님의 나라가 이 땅에 임하는 것을 위한 일들이다. 그렇기에 이 일들은 헛되지 않다. 부활신앙은 이 땅에 임하는 하나님의 나라를 사모하는 신앙이며, 그 나라를 사모할 때에 가장 걸림이 되는 죽음의 위협을 무력화시키는 신앙이다. 이 땅에서 하나님의 은혜를 사모하고 하나님의 회복을 사모하는 구약의 말씀들은 부활신앙이 명백히 표현되어 있지 않지만, 이 땅에서 우리의 삶이 얼마나 소중하고 귀한 것인지를 잘 보여주고 있다.

4. 27:1-13 이스라엘의 구원 조건

이제 27장은 24장부터 이어온 말씀들의 결론으로서 여호와께서 대적들을 물리치시고 베푸실 구원을 노래하며, 그 결과 흩어진 포로들의 귀환을 선포한다. 1절에서 "리워야단 לויתן"으로 언급된 단어는 본문에서 "뱀"과 같은 것으로 여겨지지만, 구약의 다른 부분들에서는 "악어"로 여겨지곤 한다(욥 3:8; 41:1[MT 40:25]; 시 74:14; 104:26).114 또한 본문에서 "용"으로 번역된 히브리어는 "탄닌 תנין"인데, 구약에서 다채롭게 번역된다: 큰 바다 짐승(창 1:21); 바다 괴물(욥 7:12); 큰 뱀(렘 51:34); 뱀(출 7:9,10,12; 신 32:33; 시 91:13); 용(시 74:13; 148:7; 사 27:1; 51:9); 악어(겔 29:3; 32:2). 리워야단과 탄닌의 정체에 대해서 아마도 오늘날과 마찬가지로 구약의 시대에도 명확히 알려지지 않은 듯 하다. 그러나 분명한 것은 이러한 존재들이 한편으로는 하나님의 창조하신 피조물로 소개되지만(창 1:21; 욥 41:1; 시 104:26; 148:7), 다른 한편으로는 하나님을 대적하는 어둠의 세력을 상징하는 존재로 쓰이기도 한다는 점이다(욥

---

114. 이 구절들에서 "리워야단"은 개역한글판에서는 "악어"로 번역되었지만, 개역개정판에서는 모두 "리워야단"으로 음역되고, "악어"는 난하주에 소개된다. "리워야단"은 어원적으로 '꼬불꼬불한 것'을 가리킨다는 점에서 뱀과 잘 부합된다(Day: 295).

7:12; 시 74:13,14; 사 27:1; 51:9). 후자의 경우, 세상을 주관하는 신과 어둠과 혼돈을 상징하는 세력간의 싸움이라는 고대 근동의 소재가 반영되어 있다. 우가릿에서 알려진 바알신화를 보면 바알은 바다("Ym")와 용("Tnn), 꾸불거리는 뱀("ltn")을 물리친 이로 소개된다.115 마지막에 등장하는 뱀은 우가릿 신화에서 일곱 머리를 가진 존재로 등장하는데, 꾸며주는 말로 '꼬불거리다', '꿈틀꿈틀거리다' 등이 늘 함께 쓰인다는 점에서(Day: 295), 이사야 27장 1절의 "꼬불꼬불한 뱀"이라는 묘사와 일치한다. 이러한 태고적 싸움에 대한 언급은 구약에서도 발견된다:

> "주께서 주의 능력으로 바다(Ym יָם)를 나누시고 물 가운데 용(Tnn תַּנִּין)들의 머리를 깨뜨리셨으며 리워야단(lwytn לִוְיָתָן)의 머리를 부수시고 그것을 사막에 사는 자에게 음식물로 주셨으며" (시 74:13-14)

시편의 경우, 예로부터 왕이신 여호와의 구원이 바다와 용, 리워야단을 쳐부수시고 베풀어주신 것으로 표현되고 있다는 점에서 바알신화와 일치하고 있는 것을 볼 수 있다. 하나님께서 바다를 가르시는 것 역시 하나님을 대적하는 어떤 악한 세력에 대한 하나님의 승리를 표현한다고 볼 수 있다.116 '바다에서 나오는 괴물'은 다니

---

115. *ANET* 137: "Did you not the crush Ym, the beloved one of El? / did you not prepare an end for Rbm, the flood of El? / did I not muzzle the Tnn? / Indeed, you shattered the writhing serpent [btn 'qltn] / the ruler with the seven heads ⋯⋯".

116. 이사야 11장 15절에서 하나님이 애굽바다를 일곱 갈래로 가르신다고 나오는데, 스위니(344-345)는 이것이 일곱개의 머리를 가진 리워야단에 대한 승리를 가리킨다고 제안한다. 일곱 머리 가진 리워야단에 대해서는 *ANET*, 138. "바다"가 하나님을 대적하는 세력을 상징한다고 할 때, 이사야 43장 16절에서 보듯이, "강한 물들"(מַיִם עַזִּים)과 같은 표현에도

엘 7장 2절 이하에서도 나오고, 특히 요한계시록 13장 1절에서도 나
온다. 또한 마지막에 하나님을 대적할 주된 주체로 "용"이 언급되
는데(계 12장) 이 용은 "옛 뱀"이라고 불린다(계 12:9). 그러므로 이
러한 괴물은 하나님을 대적하는 신화적 존재를 가리키던 것이 하나
님을 대적하는 세력들을 가리키는 것으로 사용되고 있으며(시편 89
편10절에서 "라합"은 "주의 원수"와 평행되어 있다)(Rendtorff: 34-
37), 구체적인 역사적 실체로 해석될 수 있는 여지를 열어놓고 있다.
대개 이러한 싸움은 태고적에 있으며, 이사야서의 또 다른 구절에
서도 현재의 곤경 속에서 그 백성을 건지실 것을 구할 때에, 하나님
의 태고적의 승리를 의지하고 있다:

> "여호와의 팔이여 깨소서 깨소서 능력을 베푸소서 옛날 옛시
> 대에 깨신 것 같이 하소서 라합(רַהַב)을 저미시고 용(תַּנִּין)을
> 찌르신 이가 어찌 주가 아니시며 바다(יָם)를, 넓고 깊은 물
> (מֵי תְהוֹם רַבָּה)을 말리시고 바다 깊은 곳에 길을 내어 구속
> 받은 자들을 건너게 하신 이가 어찌 주가 아니시니이까"
> (사 51:9-10)

라합, 탄닌, 얌, 그리고 트홈에 이르기까지 고대 근동의 신화적 존
재들이 함께 열거되고 있으며, 여기에 출애굽과 홍해 모티브까지
같이 결합되어, 여호와의 구원의 능력을 두드러지게 보여주고 있
다. 구약 기자들에게 있어서 근동의 신화적 존재는 다만 여호와의
권능을 드러내는 수단일 뿐이다. 이사야서 27장에서도, 하나님께서
세상을 회복하실 마지막 날에 다시금 하나님을 대적하는 세력과의

그러한 이미지가 담겨있는 것으로 볼 수 있다. 종종 "깊은 물"은 히브리어
"트홈(תְהוֹם)"의 번역어이다. 바벨론의 티아맛과 연관된 것으로 여겨지는
트홈도 하나님의 창조의 대적세력이라고 할 수 있다(창 1:2). 하나님은 트
홈을 물러가게 하시고(시 104:6-7), 말리신다(사 51:10).

전쟁이 벌어지게 되며, 태고적에 승리하신 하나님께서 최종적으로 승리하실 것을 전하고 있다(Clements 1980: 218).

여호와 하나님께서 그 대적하는 세력들을 죽이실 것에 비해, 하나님의 백성들은 하나님의 돌보심과 구원을 경험하게 될 것이다. 27장 1절은 대적에 대한 여호와의 승리를 선언하고 있고, 2절 이하의 본문은 그 백성에 대한 여호와의 은혜를 보여주고 있다. 여기에 사용된 소재는 앞에서 사용되었던 포도원이다(사 5:1-7). 여호와께서 찾으시는 열매를 맺지 않은 포도원은 짓밟히고 파괴되었으되, 이제 여호와를 의지하여 그 돌보심을 받는 포도원은 뿌리를 내릴 것이며 결실을 거두게 될 것이다. 이는 여호와께서 그 포도원을 지키시기 때문이다(27:3).[117] 4-5절은 이해하기 쉽지 않다. 그러나 6절이 말하는 바는 분명하다: '날이 이르리니 그 날에 야곱의 뿌리가 땅에 단단히 뿌리내리고 그 싹이 돋을 것이며 온 땅위에 야곱, 이스라엘이 맺은 열매가 가득하게 될 것이다'. 첫 번 포도원의 노래가 담고 있는 결실의 실패와 대비되게, 27장에서 기대되고 있는 것은 다가오는 그 날에 있을 이스라엘의 결실이다. 그들의 결실은 단지 그들만의 기쁨이 아니라 온 땅 온 지면을 가득 채우는 사건이다.

27장 7-13절은 이사야 묵시록을 종결짓고 있다. 7-11절이 이스라엘을 핍박한 세력에 대한 심판 선고라면, 12-13절은 흩어진 이스라엘 백성들의 회복과 귀환을 선언하고 있다. 이스라엘을 핍박한 세력은 "견고한 성읍(עיר בצורה)"으로 상징화되어 있어서, 이전 장들에서 나온 "성"의 이미지와 연관된다. 24장 10절의 "혼돈의 성(קרית־תהו)", 25장 2절의 "견고한 성(קריה בצורה)", 그리고 26장

---

117. 개역에서는 분명치 않지만, 히브리어 본문에서 '지키다'를 뜻하는 단어(נצר)가 이 절의 처음과 끝에 놓여 있어서, 시각적으로도 여호와의 지키심을 두드러지게 만들고 있다.

5절의 "솟은 성(קריה נשגבה)"에서 27장의 "견고한 성읍"까지 이 표현들은 모두 하나님을 대적하는 이의 강력함과 권능을 나타내고 있다. 그러나 마침내 하나님께서는 이 견고하고 강한 곳을 무너뜨릴 것이며, 적막하게 버려진 광야 같게 하실 것이다. 인간의 문명과 힘을 자랑하는 드높은 성은 여호와께서 임하실 그 날에 반드시 붕괴되어 황무한 곳으로 바뀔 것이다. 그러나 여호와께서는 유프라테스강에서부터118 애굽 시내에 이르기까지 흩어진 이스라엘을 모으실 것이다. 앗수르와 애굽땅으로부터 쫓겨난 자들을 모으시니, 그들이 돌아와서 예루살렘 성산에서 여호와께 경배하게 된다. 앗수르에 대한 언급은 이 본문이 북왕국 이스라엘의 회복 역시 염두에 두고 있음을 보여준다. 북왕국의 회복이 이루어져야 온전한 다윗의 통치의 회복이라고 할 수 있다. 그런 점에서 이 본문은 남북의 흩어진 자들이 모두 모여와서 함께 예루살렘 성산에서 여호와께 경배하는 세상에 대한 기대를 보여주고 있다. 이미 북왕국은 멸망하여 그 흔적도 찾기 어렵지만 예언자들의 지평 안에는 흩어진 북왕국이 끊임없이 포함되어 있으며 성경은 이러한 북왕국을 향한 말씀모음들을 전하고 있다. 확실히 예언자들에는 "온 이스라엘적 관점"이 있다고 할 것이다.119

부록: 제2성전기 문헌에 나타난 부활 신앙

---

118. 개역 성경의 "창일하는 하수에서부터 … 과실을 떠는 것 같이"라는 번역은 적절치 않다. '창일하는 하수의 개울들로부터 추수하실 것이다' 혹은 '창일하는 하수로부터 낟알들을 추수하실 것이다'라고 옮기는 것이 더 정확하다고 할 것이다. 이에 대해서는 김근주 2007b: 304-306; Roberts: 40-41을 참고하라.

119. 사 27:12-13; 렘 30:1-3; 겔 37:15-23; 슥 1:19; 8:13.

　　부활과 영혼의 불멸에 대한 가르침은 제2성전기 문헌들에서 본격적으로 등장한다. 대표적인 것으로 *집회서*(Sirach)를 들 수 있다. 이 책에 나타난 헬라 철학 특히 스토아 철학의 영향은 분명하다: 저승에서는 하나님을 찬양할 수 없다; 살아 있는 동안에 하나님을 경외하라; 또한 17:27-32(인간의 아들은 불멸하는 존재가 아니며[οὐκ ἀθάνατος υἱὸς ἀνθρώπου] 재와 먼지일 뿐). 여기서 "저승"으로 번역된 것은 "하데스 ᾅδης"이다. 이 단어는 구약에서 "스올"에 대응된다(시 16:10). 구약의 스올은 모든 사람이 죽으면 가게 되는 곳인데 비해(창 37:35; 전 9:10; cf. 전 3:20), 신약에서 "하데스"는 심판의 장소이며 사망의 권세를 상징한다. 나사로는 아브라함의 품에 있으되, 부자는 하데스에 있다(눅 16:23). 시편 16편에서 스올에서 건지신 하나님을 찬양하는 내용이 오순절 사건 이후 베드로를 통해 예수 그리스도의 부활을 예고한 예언으로 해석된다(행 2:23-32). 집회서에서 언약에 대한 충성의 주된 동기부여는 그 이름에 대한 후대의 기억이다. 악인들은 그 좋지 않은 이름조차 남지 않지만, 좋은 이름은 영원히 남는다(41:11-13). 46:12에서 사사들의 뼈가 무덤에서 일어나기를 바라는 기원 역시 후반절에서 주어지는 바, 그 이름에 대한 후대의 기억을 의미한다. 마른 뼈가 되살아나는 것에 대한 언급이 이름의 기억이라는 점은 에스겔 37장의 내용과도 연관된다고 할 수 있다. 집회서 44장 이후에 나오는 언약의 조상들에 대한 목록은 그 이름을 기억하고 전하여 명예롭게 하고 율법과 지혜에 충성되게 만들고자 함에 그 의도가 있다는 것이다. 기본적으로 잠언과 동일한 방향을 향하고 있다. 저자 자신이 밝혔듯, 여호와를 경외하며 토라를 준수하고 지혜를 추구하며 살 때에 곤경이 있으나, 반드시 하나님께서 지키시고 상급을 주실 것이니, 지혜를 떠나지 말 것을 촉구하고 있다. 집회서는 전도서의 저자가 지혜에 대한 오랜 탐구 끝에 모든 것이 헛되다는 결론을 내리고 있는 것과 대조적이다. 양쪽 모두 여호와를 경외할 것을 강조하고 있다는 점에서는 동일하지만, 지혜가 가져오는 결과에 대해서는 커다란 차이가 있다. 전도서 기자는 이름이 주는 의미에 대해 지극히 회의적이다. 그 거룩하고 용기 있는 이름조차 곧 잊혀지며, 기억되지 않더라는 것이다(전 2:16; 8:10; 9:5,15).

그에 비해 *솔로몬의 지혜*(Wisdom of Solomon)는 부활 신앙에 대해 명백히 증거하고 있다. 이 책에서 죽음을 각오하고 여호와 신앙을 지키는 동기 부여는 내세의 상급이다. 죽음 이후의 세계, 죽음 이후의 보상에 대한 말씀의 배경은 현재 살아가는 세상에서 의인이 겪는 고난일 것이다. 그런 점에서 솔로몬의 지혜는 현재의 고난 속에서 의인들로 하여금 자신들의 삶의 방식을 굳건히 지키도록 권면하는 데에 목적이 있다고 할 수 있다. 의인의 고난이라는 현실이야말로 부활과 죽음 이후에 주어지는 영원한 생명에 대한 신앙이 싹트는 온상일 것이다. 전도서에서는 모든 것이 헛되기 때문에 지금의 삶을 즐기자고 말하지만, 지혜의 저자는 이러한 사상을 반박한다. 이 세상 뿐이고 헛되다며 정의를 버리고 현재를 즐기자고 악인들은 말하지만(2:1-20), 그들의 주장은 틀렸다는 것이다. 왜냐하면 그들은 거룩한 삶에 대한 보상, 흠없는 영혼들이 받을 상급, 불멸의 존재를 알지 못하며(2:21-23), 불사의 희망과 주님의 영원한 다스리심을 모르기 때문이다(3:1-9). 악인들이 보는 앞에서 의인들을 신원하실 것이다. 이러한 전세의 역전은 의인들을 조롱하는 악인의 말(2:1-20)과 회복된 의인들을 보고 놀라며 절망하는 악인의 말(5:3-13)이 모두 직접 인용으로 처리되면서 두드러지게 대조되고 있다. 이러한 기대는 요한계시록에서 볼 수 있는 기대이기도 하다. 이 시대에 소수의 유대인 공동체로 하여금 자신의 신앙을 버리고 영화를 누리는 이들에게 유혹되지 말고 믿음을 견고하게 붙잡도록 권하는 데에 있어서 가장 본질적인 역할을 하는 것이 바로 이러한 심판과 상급에 대한 신앙이었다고 할 수 있다. 이것은 바울에게서도 분명히 드러난다. 바울은 때마다 위험을 무릅쓰는 것은 죽은 자들의 부활이 있기 때문이라고 분명히 증거한다(고전 15:30). 부활이 없다면 내일 죽을 터이니 먹고 마시자 할 것이라는 언급은(고전 15:32) 정확히 솔로몬의 지혜 2장에 나오는 악인의 말과 같다 할 것이다.

제2마카비서 7장은 한 어머니와 일곱 아들의 순교에 대해 전하고 있다. 둘째 아들은 죽으면서 자신이 이승에서는 죽지만, "온 세상의 임금님께서 당신의 법을 위하여 *죽은 우리를 일으키시어 영원한 생명을*(εἰς αἰώνιον ἀναβίωσιν ζωῆς ἡμᾶς ἀναστήσει) 누리게 하실 것이오"라고 대답한다. 셋째 아들 역시 하나님께로부터 다시 몸을 받게 될 것에 대한 고백을 하고 있는데, 몸의 부활을 증거하고 있는, 아주 이른 시기의 본문이라고 할 수 있다. 넷째는 하나님께서 다시 일으켜 주시리라는 희망을 고백하며, 어머니는 온 세상의 창조주께서 목숨과 생명을 다시 주실 것이라고 아들들을 격려한다. 막내 아들 역시 "잠시 고통을 겪고 나서 하나님의 계약 덕분에 영원한 생명을" 누리게 될 것을 고백한다. 어머니의 고백에는 무로부터의 창조에 대한 고백도 있다 - "하나님께서 이미 있는 것에서 그것들을 만들지 않으셨음을 깨달아라"(28). 무로부터의 창조라는 창조신앙(7:28)이 현재의 고난을 이겨내는 힘과 근거가 되며 부활신앙에 대한 기초도 된다. 창조신앙의 능력과 효과는 고난의 자리에서도 두드러진다. 막내아들은 죽으면서 자신과 형들의 죽음으로 인해 하나님의 정당한 진노가 돌이켜지기를 기도한다. 7:37-38에 있는 진술은 그들의 순교가 대속적일 수 있음을 보여주고 있으며, 8:5은 하나님의 진노가 실제로 돌이켜졌다고 적고 있다. 이 시기 순교자들의 죽음은 민족을 위한 죽음이었다고 할 것이다. 이 순교자들을 다루고 있는 또다른 본문인 제4마카비(주전 1c - 주후 1c)에서도 이 점이 뚜렷하다: "Be merciful to your people, and let our punishment suffice for them. Make my blood their purification, and take my life in exchange for theirs."(6:28-29); "the tyrant was punished, and the homeland purified – they having become, as it were, a ransom for the sin of our nation."(17:21-22). 순교자들의 이야기는 히브리서 11장 35절 후반절에서 사용되고 있으며, 많은 교부들의 문헌에도 남아 있다.

제10장 히스기야 시대(28-39장)

이 부분은 크게 28-33장, 34-35장, 그리고 36-39장으로 나뉜다. 28-33장은 하나의 단위로 묶을 수 있는데, 28, 29, 30, 31, 33장들의 경우 모두 "화로다"(הוֹי)로 시작한다. 히스기야 시대 반앗수르 정책과 결부되어 이루어진 애굽에 대한 의뢰로 비롯된 당시의 상황에 대한 예언자의 비판이 이 장들에서 다루어진다.

1. 28-33장

28장은 아마도 722년 이전에 선포되었을 에브라임에 관한 말씀으로 시작한다. 그렇지만, 이 부분은 실질적으로 7절부터 시작되는 유다에 대한 책망과 심판의 말씀을 위한 도입부의 역할을 하고 있다. 에브라임은 술 취한 자들의 교만한 면류관이며 그 아름다움의 영광이 사그라져 가는 꽃과 같으나, 하나님이야말로 그 백성의 남은 자에게 진정한 영광의 면류관이 되시며 아름다운 화관이 되신다

(참고: 사 4:2). 어리석게도 에브라임은 스스로의 부귀 영화에 취하여 교만하였으나 오직 여호와께서는 그로 발에 밟히게 하실 것이다. 에브라임의 어리석음은 단지 그들에게만 제한되지 않는다. 유다 역시 똑같이 술과 포도주에 취하여 여호와의 말씀을 그릇 풀이한다. 7절 이하는 더 이상 에브라임에 대한 것이 아니라 유다를 향한 말씀으로 볼 수 있다. 그리고 7절 이하는 앞에 나왔던 '술취함'의 모티브를 사용하여 연결된다. 첫머리의 "그리하여도 이들은 (וְגַם־אֵלֶּה)"은 유다에 관한 말씀을 에브라임에 대한 책망과 연결시키는 고리 역할을 하고 있다.[120] 제사장과 예언자는 이스라엘의 대표적인 중재자들이다. 그들은 하나님과 사람 사이에서 하나님의 뜻을 백성에게 전하는 자들이며, 백성들의 형편을 하나님의 율법에 근거해서 판결해야 하는 자들이다. 그러나 그들이 포도주와 독주에 취해 있다. 기본적으로는 예루살렘의 절기에 술에 취해 버린 제사장들을 향한 말씀일 것이다. 포도주와 독주에 취하여서 환상을 볼 때에 오락가락하고 재판을 할 때에 실수한다. 에브라임이 술에 취해 있다는 것이 그들이 더 이상 하나님을 바라보지 않고 자신들의 힘과 아름다움에만 도취되어 있음을 말한다고 할 때, 유다의 제사장과 선지자들이 취해 있다는 것도 이들이 사람의 영광과 아름다움에 도취되어 있는 것으로 생각해 볼 수 있을 것이다(29:9). 여전히 그들이 율법을 이야기하고 이상을 풀이한다 하지만, 이사야가 보기에 그것은 그 먹은 것을 토해낸 것, 배설한 것일 뿐이다. 하나님을 말하고 성경을 말하지만, 이 땅에서의 영광과 부귀에 취하여, 하나님의 좋은 것이 차려져야 할 상위에 토한 것으로 가득 채우고 배설한 것으로 가득 채우는 것이 어찌 그 때뿐이랴.

9절의 말씀은 그들 취한 제사장과 예언자가 이사야에게 하는 말

---

120. 개역한글판에서는 이 부분을 "이 유다 사람들도"라고 옮겼다.

로 볼 수 있다.[121] 이사야가 그들을 향해 선포했을 심판의 말씀에 대해 이들은 반응하기를 '네가 가르치는 것을 보니 우리를 어린아이로 아는 것인가'라고 대답하는 것이다. 이사야의 교훈을 어린아이에게나 어울릴 것으로 조롱하고 비웃고 있다. 그런 점에서 이사야의 선포는 아마도 아주 원칙적이며 '순진'했을 것이다. 언제건 하나님의 말씀을 곧이 곧대로 선포하는 이들을 향해 '순진하다'고 비웃는 이들이 있다. 우리도 그런 것쯤은 다 알고 있다고, 우리를 어린아이 취급하냐며 조롱하고 원칙 대로의 말씀을 거부하는 이들이 있다. 10절의 말씀에 대해서는 여러 견해가 있으나, 아마도 젖먹이 혹은 이제 말을 배우는 어린이의 말 연습 소리로 보는 것이 나아보인다(Clements 1980: 228). 히브리말 그대로 옮겨 보자면 "차브라차브 차브라차브 카브라카브 카브라카브 제에르샴 제에르샴"이 된다. 이사야의 가르침이 이처럼 어린 아이를 향한 말배우기 같다는 비웃음일 것이다. 11-13절은 그들을 향해 선포된 말씀으로, 참으로 더듬는 입술과 다른 방언으로 말씀하실 것이고 그래서 듣는 이들은 하나님의 말씀을 이해할 수 없게 될 것이다. 13절에서 이전에 이사야가 전한 말씀을 어린이의 말배우기 소리로 비웃었던 내용이 실제 그들을 향한 심판의 선포가 되어 버렸고 그들은 전혀 그 소리를 이해할 수 없게 되었다. 그들은 걷되 넘어질 것이고 부러지고 함정에 걸리고 포로로 붙잡히게 될 것이다. 스스로 사망과 맹약을 맺었다 하며 안전하고 죽지 않으리라 말하는 유다를 재어보고 평가하시는 하나님의 기준은 다름아닌 "공평과 정의"이다(28:17).

28장 23-29절은 만군의 여호와의 지혜의 오묘하심에 대해 말하고 있다. 이 단락이 말하는 바는 농사에 있어서 알맞은 때가 있다는

---

121. 개역개정판은 이 점을 분명히 하기 위해 마소라 본문에 없는 "그들이 이르기를"을 첨가하고 있다.

점이다. 이제까지의 내용이 심판으로 일관되었지만, 농부가 농사지을 때 땅을 평평히 하면 이제 씨를 뿌릴 때가 있고, 그 거둔 것을 추수할 때가 있듯이, 심판의 끝에 하나님이 예비하신 구원의 때가 있다는 것을 암시하고 있다고 볼 수 있다. 그런 점에서 심판도 구원도 하나님께서 그 백성에게 향하신 경륜의 한 계획 안에 있다고 할 수 있다. 심판을 심판으로만 여길 것이 아니라, 그 심판이 거름이 되고 기초가 되어 이루어질 하나님의 예비하신 놀라운 구원이 있다는 것이다.

29-31장까지의 말씀은 28장에 언급된 대로 그들의 술취한 상태에 대한 보다 상세하고 자세한 부연으로 볼 수 있을 것이다. 아울러 28장에서 보듯, 하나님의 심판과 이후에 이루실 구원이 교차되어 배열되어 있으면서 심판과 구원에 담긴 하나님의 경륜을 보여주고 있다. 이 부분에서 하나님의 뜻을 깨닫지 못하는 이들은 일관되게 보아도 보지 못하고 들어도 듣지 못하는 이들로 표현되고 있다(29:1-16). 이들은 입술로만 하나님을 공경할 뿐이고(29:13), 여호와를 의지하기보다 애굽의 도움을 구하여 끊임없이 사신들을 그리로 보내는 자들이다(30:1-7; 31:1-3). 그러나 애굽은 아무런 도움이 되지 못하는 무기력한 존재일 뿐이고(30:7 "가만히 앉은 라합"), 그저 넘어지고 쓰러지는 사람일 뿐이기에 돕는 자도 도움을 받는 자도 모두 넘어질 것이다(31:3). 그러나 심판 후에 여호와께서 긍휼을 베푸사 그 백성을 회복하실 때에 보지 못하던 이들이 보게 되며, 듣지 못하던 이들이 듣게 될 것이다(29:18; 30:20-21; 32:3-4). 여호와 하나님이 그 백성을 회복하시는 날은 32장에서 새로운 왕의 통치로 표현된다. 이 왕의 통치는 공평과 정의로 특징지워지며(32:1), 위에서부터 거룩한 영이 부어지게 될 때에도 광야와 밭에 공평과 정의가 가득하게 된다는 점에서 이 역시 왕의 통치와 연관된다고 할 수

있다(32:16).[122] 이에 대해 여호와께서 높은 데 거하시며 다스리실 때에 시온이 공평과 정의로 충만하게 된다는 언급(33:5)은 이 왕의 통치가 실질적으로 여호와 하나님의 다스리심을 상징하고 있음을 깨닫게 한다. 하나님께서 교만하고 범죄한 유다를 측량하시는 줄과 추가 공평과 정의였으며(28:19), 이제 하나님이 회복하시는 나라는 공평과 정의로 가득하게 된다. 이상의 논의를 이어 33장은 장엄한 시온에 대한 묘사로 마무리되고 있다. 여호와께서 이 시온에서 그 백성들의 재판장이요, 율법을 세우신 자시며, 왕이시라는 선언(33:22)은 회복될 하나님의 나라, 왕이신 여호와께서 좌정하신 나라의 상징으로 시온을 증거하고 있다. 그러므로 하나님이 왕으로 거하시는 시온은 공평과 정의의 나라이다. 이 예루살렘은 "안정된 처소"요, "옮겨지지 아니할 장막"이다(33:20). 한 가지를 덧붙여야 할 것이다. 시온의 견고함과 안정은 그 안에서 이루어지는 여호와의 다스리심과 공평과 정의에 달려 있다. 그러나 시간이 흐르면서 사람들은 이러한 시온의 견고함을 오직 그 장소에 한정된 것으로만 여겼다. 그래서 예루살렘을 신성시하고 그 안에서 평안을 구하였다. 예레미야의 선포는 이에 대해 정면으로 반박하고 있으며(렘 7:4), 예수께서는 이러한 예루살렘을 향해 그 완전한 멸망을 선포하셨다(막 13:1-2; 눅 21:5).

2. 34-35장

---

122. 32장은 공평과 정의로 짜여져 있다. 첫머리에 공평과 정의로 다스릴 왕에 대해 다루고 있고, 마지막 절들에서 공평과 정의가 가득찬 세상에 대해 보여주고 있어서 크게 a-b-a′의 구조라고 할 수 있다. 새로이 등장할 왕은 공평과 정의로 다스리는 왕이지만, 그들이 현재 살고 있는 현실은 가시와 찔레로 대표된다. 그러나 하나님이 회복하실 그 때에는 공평과 정의가 광야와 밭에까지 거하게 될 것이다.

34-35장은 세상 전체에 임하는 여호와의 심판을 다루고 있다는 점에서 24-27장과 비슷한 성격을 지닌 본문이라고 할 수 있다. 열국과 민족, 세계의 모든 나라에 대한 하나님의 심판이 선포되며, 이와 더불어 "하늘의 만상이 사라지"는(34:4) 변화에 대한 예고도 이 장들이 종말에 임할 "묵시"를 전하고 있음을 보여준다. 그로 인해 이 장들은 "소묵시록"이라고 불리기도 한다. 특이하게도, 열방에 대한 심판과 더불어 에돔에 대한 전면적인 심판이 예고되고 있는데, 이것은 24-27장에서 보았던 모압에 대한 심판 말씀과 견줄 만 하다. 여기서 에돔이 언급되는 배경은 알기 어렵다. 열방 예언을 담고 있는 예레미야와 에스겔의 경우에 에돔이 포함되어 있지만(렘 49:7-22; 겔 25:12-17), 이사야서의 열방 본문은 에돔을 다루지 않고 있다(Seitz 1991: 342-343). 에돔에 임할 재앙은 일시적이거나 국지적이지 않되, "큰 살륙"이 일어나게 되고, 그 시내들과 흙들은 역청과 유황으로 바뀌어 도저히 사람이 살 수 없는 환경이 될 것이되, 야생 짐승들만이 짝을 이루어 그 땅에 거하게 될 것이 선포된다.[123] 8절은 에돔에 대한 여호와의 심판이 여호와 하나님의 "보복"과 시온의 소송에 대한 "신원"으로[124] 이루어지고 있음을 분명히 하고 있다. 그

---

123. 34장 16-17절은 종종 여호와의 모든 말씀은 짝이 있다는 식으로 이해되는 경우가 있는데, 본문 자체의 문맥은 황무해진 에돔 땅에 야생 짐승들이 쌍쌍이 짝을 이루어 거하게 될 것을 말하고 있다.

124. 여기서 "신원"으로 번역된 히브리말은 "실루밈 שׁלּוּמִים"인데, 기본적인 의미는 '보응', '보복'에 해당한다. 이를 보면 '억울한 것을 풀다'는 뜻을 가진 "伸寃"이라는 개역의 번역은 상당히 강한 번역이라고 할 수 있다. 그렇지만, 실제로 이사야서의 본문은 여호와께서 그 백성의 억울하고 원통한 사정을 해결해 주실 분임을 전하고 있다는 점에서 그 의미를 충분히 살린 적절한 번역임이 분명하다.

러므로 여기서의 에돔은 하나님과 그 백성 시온을 대적하는 세력을 상징한다. 그리고 '복수'와 억울함에 대한 '신원'이 언급되고 있다는 것은 여호와의 심판이 임하기 전에 시온은 에돔으로 인하여 억울하고 원통한 일을 겪었음을 전제한다. 이 땅에서 하나님의 대적들로 인해 억울한 일을 당하고 달리 맞설 수도 복수할 수도 없던 시온을 위해, 그 날에 마침내 여호와께서는 에돔을 향해 그 백성을 위해 복수하시되, 영원한 황무지로 만드실 것이다. 그러므로 에돔에 대한 전면적인 심판의 말씀은 원통하고 억울한 하나님의 백성들을 불쌍히 여기시는 하나님을 반영한다. 이 땅의 질서 안에서 약하고 원통한 이들을 위한 오실 하나님의 나라가 있다. 원수들에 대해 심한 저주의 말을 기도하고 있는 시편의 저주시의 근본에 악을 대적하시는 하나님,[125] 가난하고 억울한 백성의 오른편에 서시는 하나님이 놓여 있듯이(시 109:31), 에돔 혹은 모압에 대한 하나님의 심판에도 공의로우신 하나님, 원통한 사람을 양산하는 이 땅의 열방을 뒤엎으시는 하나님이 놓여 있다.

그러므로 34장과 짝이 되어 있는 35장은 하나님의 백성들에게 임할 구원의 나라를 그리고 있다. 하나님께서 그의 백성들의 원수들에게 복수하시는 그 날이 그의 백성들에게는 구원의 복된 날이 될 것이다. 34장과 35장은 동전의 양면처럼 연결된다. 에돔은 광야로 변할 것이지만, 이스라엘의 광야는 좋은 땅으로 변화될 것이다(Barton: 93). 1-2절에서 언급되는 "광야와 메마른 땅, 사막"은 하나님의 백성들의 척박한 삶을 상징한다. 이러한 곳에 기쁨이 넘치게 될 것이며, 물이 넘쳐 시내가 흐르고 샘의 근원이 될 것이다(35:1,6-7). 시온에 거하나 여호와를 경외치 않으면 "레바논은 부끄러워하고 마르며 샤론은 사막과 같고 바산과 갈멜은 나뭇잎을 떨어뜨리"

---

125. 이에 대해 McCann: 167-184를 보라.

게 되지만(33:9), 여호와께서 열방을 심판하시고 그 백성을 회복하시는 그 날에 광야와 메마른 땅, 사막이던 곳이 도리어 "레바논의 영광과 갈멜과 샤론의 아름다움을" 얻게 될 것이다(35:2). 그러므로 하나님의 나라의 아름다움과 영광은 땅 자체에 달려 있지 않다. 여호와를 떠나면 아무리 비옥한 땅에 거하여도 그 곳은 사막일 뿐이다. 그러나 광야에 거한다 할지라도 여호와를 경외하고 바라고 소망한다면 그 곳이야말로 레바논의 영광, 갈멜과 샤론의 아름다움이 가득한 땅이 될 것이다. 여호와 하나님을 모신 그 곳이 광야이지만 옥토이다. 하나님의 백성들에게 갈멜과 샤론은 따로 있지 않다. 여호와를 경외하는 그들이 있는 곳이 바로 갈멜이고 샤론이기 때문이다. 이 땅에 거하는 이들이 "여호와의 영광, 우리 하나님의 광채"를 볼 것이다(35:2). 은금과 보화, 마필과 병거가 무한하여 부귀 영화를 누리며 교만하고 거만하던 이들은 "여호와의 위엄과 그 광대하심의 영광" 앞에 바위 틈에 들어가 숨게 되지만(2:10-22), 광야와 메마른 땅에 거하며 오직 여호와의 구원을 구하던 이들은 그 날에 그 하나님의 영광과 광채를 보게 될 것이다. 이렇게 여호와를 구하는 이들이 3-4절에서는 "약한 손", "떨리는 무릎", "겁내는 자"라고 표현된다. 하나님께서는 이들을 격려하라고 말씀하신다. 왜냐하면 여호와께서 그들을 위해 복수하시는 날이 곧 오기 때문이다. 모든 세상의 약한 자들이여, 강하고 부유한 자들이 교만하며 거만한 세상에서 약하고 떠는 자들이여 두려워 말라. 굳세게 하라. 너희 하나님이 오셔서 복수하실 것이다(35:4). 그 때에 소경의 눈이 열리고 귀머거리의 귀가 열릴 것이다. 그 백성에 대한 하나님의 복수는 흩어진 하나님 백성들의 회복과 귀환으로 절정에 이른다(35:8-10). 이 점에서도 24-27장의 결론과 동일하다고 할 수 있다(27:12-13). 이 회복의 날에 존재할 "대로"는 하나님의 구속의 확실함과 안전함을 상징하고 있다고 할 수 있다(참고: 사 11:16). 그러므로, 그 날에는 우매한 자라 할지라도 길을 잃지 아니한다. 개역의 “구속함을 입은”은 원문에는 없는 것이다. 이 부분을 직역하자면, “그것은 그들 즉 그 길을 걷는 이들을 위한 것이다(הוּא־לָמוֹ הֹלֵךְ דֶּרֶךְ)”라고 할 수 있다.126 황폐하던 곳이 변하여 물이 솟고 샘이 솟게 될 때, 그 땅에 큰 길이 있을 것이며 부정한 자는 그 길을 걷지 못한다. 9절에서는 이 길을 걷게 될 이들을 “구속함을 입은 자들”(גְּאוּלִים)로 표현한다.

그 날에 맹인의 눈이 열리고 못 듣는 자들의 귀가 열리게 될 것이다. 맹인과 못 듣는 이에 대한 모티브는 이사야 40장 이후에서도 빈번히 등장하며 특히 42장에서 포로에 처한 이스라엘을 가리키는 데에 사용되었다(42:7,16,18-20). 40장 이후의 본문들과 35장의 공통점은 “대로” 모티브(40:3-5)에서도 볼 수 있으며, 특히 35장 10절은 포로로부터의 귀환을 말하고 있는 51장 11절과 글자 그대로 동일하다(Clements 1980: 275; Barton: 94). 그러므로 35장은 1-39장을 40장 이후와 연결시키는 고리 역할을 하고 있으며, 35장의 회복은 포로된 이스라엘의 온전한 회복에 대한 선포로 이해된다.

결론적으로, 34-35장에서 궁극적으로 말하고 있는 것은 열방에 대한 심판, 그리고 흩어진 이스라엘의 귀환이며 이 두 주제는 바벨론 포로기를 거친 모든 유대인들에게는 가장 핵심적인 희망이 된다고 말할 수 있을 것이다.

한 가지 덧붙일 것은 35장의 신약에서의 사용이다. 감옥에 갇힌 세례 요한이 오실 그 분이 예수인지를 알고자 하여 그의 제자들을 보냈을 때, 예수께서는 35장 5절의 내용을 포함한 말씀으로 참으로

---

126. 칠십인경은 8절의 이 부분을 “그러나 흩어진 자들이 그 위로 걸으리라 (οἱ δὲ διεσπαρμένοι πορεύσονται ἐπ’ αὐτῆς)”고 옮기면서, 디아스포라를 위한 길로 이해하고 있다.

적절하게 답하신다: "맹인이 보며 못 걷는 사람이 걸으며 나병환자가 깨끗함을 받으며 못 듣는 자가 들으며 죽은 자가 살아나며 가난한 자에게 복음이 전파된다 하라"(마 11:5).[127] 예수께서는 자신의 메시야 되심에 대해서 이러한 회복과 해방 사역의 성취를 통해 스스로를 입증하신 것이다. 오늘날에 신약의 교회는 예수의 그리스도 되심을 무엇으로 증명할 것인가? 교리적인 증명도 당연히 필요하겠지만, 정작 예수께서는 그 삶과 행위를 통하여 입증하셨다는 점을 주목해야 할 것이다. 그는 자신이 다윗의 후손임을 내세우시지 않고,[128] 메시야가 오시면 일어나는 일을 실제로 보여주신다. 이 말씀은 11장에서 이새의 뿌리에서 난 자가 이룰 평화의 왕국과 직접적으로 연결된다. 예수께서 오실 그 분이라는 것은 주님과 더불어 이루어지는 평화의 왕국을 통해 입증된다. 예수께서 메시야 되심은 그 분이 이루시는 회복과 구원의 역사, 앞 못 보는 이가 보게 되고, 가난한 자에게 복음이 선포되는 현실에서의 역사를 통해 입증된다.

3. 36-39장(비교: 왕하 18:13-19:37; 대하 32:1-23)

산헤립이 이끄는 앗수르의 유다 침공 사건을 다루고 있는 36-37

---

127. 35장의 구절보다 마태복음의 내용은 더 길다. 그러나 앞 못 보는 이가 보게 되고 못 듣는 이가 듣게 된다는 것은 본 절을 포함해 이사야 29장 18절, 42장 18절에서 볼 수 있고, 이 모티브는 앞에서 언급된 것처럼 이사야서의 중요한 소재이기도 하다. 그러므로 마태의 본문은 이사야에게서 비롯되었다고 여겨진다. 아울러 '가난한 자에게 복음이 선포된다'는 마태의 언급은 확실히 이사야 61장 1절에서 온 것으로 볼 수 있다.

128. 복음서에 따르면, 예수께서 단 한번도 스스로 다윗의 후손임을 언급하신 적이 없으며, 도리어 사람들이 그리스도가 다윗의 후손임을 말할 때에, 그리스도는 다윗의 주가 되신다는 것을 강력하게 말씀하셨을 뿐이다(마 22:41-46).

장은 두 부분으로 나누어 진다(36:1-37:7; 37:8-37:38). 두 부분으로 이루어진 랍사게의 조롱('애굽을 의지하지만, 오히려 앗수르의 진군은 여호와의 뜻이다'; '어떤 신도 앗수르의 말발굽 아래서 그 백성을 건지지 못하였다')과 히스기야가 성전에서 기도하며 이사야에게 전한 말 그리고 이사야의 구원신탁('앗수르왕이 소문을 듣고 돌아가는 길에 죽으리라')이 첫 부분이라면, 두 번째 부분은 앗수르왕이 히스기야에게 보낸 사자들을 통해 전한 말('다른 신들도 앗수르왕으로부터 그 나라를 지키지 못하였다' - 이 부분은 랍사게의 두 번째 조롱의 내용과 거의 동일하다), 그리고 히스기야가 성전에서 드린 기도, 이사야를 통한 구원신탁과 앗수르에 대한 심판 선포('오던 길로 돌아가게 되리라')로 이루어진다. 그런 점에서 두 번의 조롱, 두 번의 기도, 두 번의 구원 말씀으로 36-37장이 이루어져 있다고 할 것이다.

이 부분과 열왕기하 본문의 일치에 대해서는 세 가지의 의견이 가능하다: 이사야서의 저자가 열왕기서의 본문을 사용하였다; 열왕기서의 저자가 이사야서의 본문을 사용하였다; 열왕기서와 이사야서 모두 제3의 자료에서 자신들의 내용을 가져왔다.

이 글에서는 이에 대해 자세히 논하는 대신에 현재의 이사야서 본문이 주는 의미에 집중할 것이다. 36-39장이 주는 의미에 대해 살펴볼 때, 논의의 출발점이 되는 것은 히스기야가 중병에 걸린 사실이 산헤립 침공 이전이라는 점이다. 38장은 산헤립의 퇴각과 죽음을 말하고 있는 37장에 이어지면서, 병이 생긴 히스기야가 곧 죽게 될 것이라는 이사야의 말씀을 소개하고 있다. 38장 1절은 "그때에 (בימים ההם)"로 시작하면서 37장과 38장을 연결시키고 있는데, 히스기야의 병과 죽음의 예고에 대한 내용이 산헤립의 공성(攻城) 도중에 일어난 것이라고 보기는 어려울 것이다. 그가 병에서 나을 것이며, 앗수르의 손으로부터도 건져내실 것이라는 언급(6절) 역시 아직 앗수르로부터 놓여나지 않은 상태임을 알려준다. 39장에서 바벨론 사절단의 방문 이유가 히스기야의 발병 때문임을 볼 때에도 앗수르의 퇴각 이전임을 알려주고, 자유로이 바벨론 사절단이 올 수 있었다는 점은 앗수르가 아직 팔레스타인에 진군하지 않은 시기임을 짐작하게 한다. 그러므로 히스기야의 발병은 산헤립 침공 이전이라고 할 수 있다. 그러면 실제의 역사적 순서는 38-39-36-37장일 것이다. 그러므로 왜 이사야서에서 이러한 실제의 순서와는 다르게 장들이 배열되었는지가 이 부분을 이해하는 초점이 된다.

기본적으로 이러한 장 배열은 이사야의 초점을 앗수르에서 바벨론 이후 시대로 옮겨가게 하는 역할을 한다는 점을 우선 지적할 수 있다(Sweeney: 485). 36-37장은 앗수르의 침공에 대해 다루고 있으며, 이를 통해 36장에 이르기까지 이사야서가 주로 다루고 있는 앗수르 시대를 정리하고 있다고 할 수 있다. 그에 비해, 38-39장은 바벨론이 언급되는 본문이라는 점에서 40장 이후부터의 바벨론 포로를 배경으로 한 본문들로 이끌어 들이는 역할을 한다. 사실, 35장과 40장의 내용은 밀접히 연결된다. 그러나 36-39장이 이 자리에 있으면서 35장과 40장의 연결은 일단 단절되고 35장은 34장까지의 결론으로 기능하게 되며, 40장은 새로운 시기를 여는 서장으로 기능하게 되었다. 36-39장의 역할은 이 사이에 위치해서 앗수르 시대에서 바벨론 시대로 넘어가는 교량 역할을 해주고 있다. 이러한 점을 생각하면 이사야서의 배열이 원래적인 것이 아닌가 여겨지게 한다. 실제의 연대기적 순서와는 다른, 현재의 이사야 배열은 이사야서 안에서 그 완전한 의미가 있다는 점에서, 이사야서의 배열과 기록이 먼저이고 이러한 배열이 열왕기 기자에게 그대로 사용되었다고 볼 수 있다(Williamson 1994: 189이하). 물론 아예 이사야와 열왕기

기자가 검토한 제3의 자료가 있을 수 있지만, 적어도 이러한 배열은 이사야서의 짜임새 안에서 보다 매끄럽다고 말할 수 있다.

　아울러, 콘래드와 같은 이는 7장에 나오는 아하스 관련 본문과 36-39장의 히스기야 관련 본문이 서로 연관되어 있음을 보여주고 있다: 외국 군대의 침략을 알리면서 시작하고 예루살렘이 처한 위협을 나타내주고 있다는 점(7:1; 36:2), "윗못 수도끝 세탁자의 밭 큰 길"이라는 장소가 똑같이 언급되고 있다는 점(7:3; 36:2), 전쟁의 소식을 들은 왕들이 겪는 큰 번민에 대한 언급(7:2; 37:1), 이사야를 통해 그들에게 전해진 "두려워 말라"는 권면(7:4-9; 37:6-7), 그들에게 주어진 징조(7:10-16; 37:30-32; cf. 38:7,22), 남아 있는 불길한 여운(7:15-17,20; 39:6-7)(Conrad: 69-71). 이사야서 안에서의 이러한 내적 연관은 36-39장의 본문이 이사야서 안에 잘 통합되어 있음을 다시 한번 확인시켜준다. 이렇게 열왕기에서는 볼 수 없는, 아하스 본문과 히스기야 본문 사이의 연관은 이사야서 자체가 아하스와 히스기야를 서로 대조시키고 있음을 깨닫게 한다. 그들에게 동일한 위기가 닥쳐왔으며, 동일하게 하나님께서 '두려워 말라' 권면하시며 그들을 위해 징조를 주시고자 하지만, 여호와를 경외치 않은 채, 징조를 거부하는 아하스가 있는가 하면, 징조를 받고, 다가온 구원을 하나님이 주신 것으로 경험하는 히스기야가 있다. 이러한 맥락에서 히스기야의 치유와 생명 연장은 그의 경건의 열매로 제시되고 있음을 볼 수 있다. 그의 경건을 더욱 두드러지게 만들고 있는 것은 이사야서에만 나타나는 그의 기도이다(38:10-20). 그런 점에서 히스기야의 기도를 들으신 하나님께서는 아하스의 일영표를 뒤로 물러가게 하셨다는 언급은 의미심장하다.[129] 아하스로 인해 비롯된 유다

---

129. 사 38:22는 왕하 20:1-11과 비교하건대, 38:6 다음에 와야 할 것이다. 현재의 위치에서 히스기야가 징조에 대해 구한 질문은 대답 없는 것이

의 멸망이 늦추어졌음을 상징한다고 할 수 있기 때문이다. 그런 점에서 히스기야의 생명 연장은 단지 그 개인의 생명이 아니라 유다의 생명 연장이라고 할 수 있다. 열왕기에서는 히스기야가 성전의 금은을 비롯한 막대한 재물로 산혜립을 막아보려고 한 헛된 시도가 포함되어 있지만(왕하 18:13-16), 이사야서에서 그 부분을 다루지 않는 것도 이러한 히스기야-아하스 대비 구성과 연관된 선택일 수 있다. 병이 나은 히스기야가 드린 이 기도는 이사야 전체의 맥락과도 연결되어 있다. 병으로 인해 죽게 되었던 히스기야를 하나님께서 다시 살리시고 건져내셨다: "내게 큰 고통을 더하신 것은 내게 평안을 주려 하심이라 주께서 내 영혼을 사랑하사 멸망의 구덩이에서 건지셨고 내 모든 죄를 주의 등 뒤에 던지셨나이다"(17절). 이러한 언급은 단지 히스기야 개인의 삶만이 아니라, 유다가 겪게 될 심판과 회복을 담고 있다고 볼 수 있다. 그런 점에서 이 구절은 39장까지의 심판의 말씀과 40장 이후의 회복의 말씀을 내다보고 있고, 서로 연결시켜 주고 있다. 이 점에서도 열왕기서에는 없는 이 시가 이사야서에는 포함되어 있는 까닭을 이해하게 된다(Ackroyd 1974: 165-166; Williamson 1994: 203).

그러나 15년의 연장은 다른 한편으로는 15년의 시한부 생명의 선고임을 깨닫게 한다는 점에서, 바벨론으로부터 드리워질 검은 그림자를 암시하고 있다. 그리고 이어지는 39장은 바벨론으로부터의 재앙을 기정 사실로 확인시키고 있으며, 40장에서 등장하는 포로 기간의 종결 선언의 배경을 제시하고 있다. 39장에서 므로닥발라단에게 내탕고를 보여준 사건에 대한 이사야의 선포는 언뜻 과하게 들린다. 그러나 바벨론에 의한 멸망은 단지 히스기야가 내탕고를 보여준 때문에 초래된 결과는 아닐 것이다. 이미 이사야의 소명 기

되고 말았다.

사에서부터 유다의 멸망과 포로됨은 예고되었으며, 히스기야 시기
는 그나마 멸망의 시간을 얼마간 늦추었던 시기라고 할 것이다. 그
럼에도 유다에 임할 하나님의 재앙과 심판은 돌이킬 수 있는 것이
아니었고, 히스기야가 바벨론 사절단에게 왕궁 내탕고를 보여준 것
은 앞으로 유다에 임할 재앙을 상징적으로 보여준 일화라고 할 수
있다. 마치 1장에서 제사드리는 백성들의 손에 묻은 피를 보고서 그
백성 가운데 만연한 이웃에 대한 폭력을 이사야가 보았듯이, 사절
단에게 보여준 내탕고를 통해, 유다의 모든 보물이 바벨론으로 실
려 가게 될 앞날을 하나님께서 이사야에게 깨닫게 하신 것이라고
볼 수 있다. 그러므로 39장은 범죄로 인한 합당한 재앙의 선포라기
보다는, 오랜 기간 유다에서 지속되어 온 죄악으로 인해 임할 심판
이 그 상징적 사건을 계기로 선포되고 드러난 것으로 여겨야 한다.
히스기야가 바벨론 사절단에게 보여준 모든 것이 다 바벨론으로 포
획될 것이다. 그 점에서 6절은 587년에 일어날 사건을 정확히 반영
하고 있다. 이를 생각하면 히스기야의 마지막 말을 이해할 수 있다:
"당신이 이른 바 여호와의 말씀이 좋소이다 … 내 생전에는 평안과
견고함이 있으리로다". 그의 개인적인 죽음에 대한 그의 즉각적인
반응과는 대조적이라는 점에서(38:2), 어찌 보면 극히 이기적이고
무책임한 반응으로 보일 수 있다. 이사야서가 지닌 대로, 아하스-히
스기야 대조의 구도를 보건대, 히스기야의 행동을 이기적이거나 해
이함의 결과로 보는 것은 일관되지 않다. 바벨론에 의한 멸망 자체
는 이미 기정사실이며, 히스기야가 사절단에게 했던 행동은 그것을
상징적으로 그림처럼 보여준 행동일 뿐이다. 멸망의 해시계는 비록
늦추어졌을지언정, 멈추지 않을 것이다. 히스기야의 대답은 이에
대한 순응이다. 그만큼 유다를 향한 심판이 엄중하여 돌이킬 수 없
음을 보여준다. 아울러 그럼에도 불구하고 시간을 늦추신 하나님께

대한 감사를 그의 생전에 있을 평안과 견고함에 대한 언급에서 엿볼 수 있다. 그러므로 39장 본문은 히스기야 개인의 경건에 대한 책망의 결과로서의 바벨론 포로와는 무관하다. 유다가 하나님을 떠난 죄악이 그토록 극심한 것이며, 그로 인한 심판과 멸망은 돌이킬 수 없다. 이미 여러 곳에서 보았지만, 이사야서는 미래에 대한 헛된 기대를 철저히 배격한다. 이에 따르면, 심판이 없는 회복은 없다.

4. 이사야 1-39장

앗수르 시대를 다루는 본문(1-12, 28-33, 36-37)과 바벨론 시대를 다루는 본문(13-27, 34-35, 38-39)이 적절히 배열되어 이사야의 첫부분인 1-39장은 두 번째 부분인 40장 이후에 대한 일관적인 서곡으로 기능하고 있으며, 40장 이후의 본문은 자신의 문학적, 역사적, 신학적 함의에 대해 1-39장에 기대고 있다. 이런 식으로 이사야서의 이전 일은 나중 일과 조화되어 있으며, 심판의 시대는 종결을 고하고 변화의 새로운 시대가 동터오르게 되는 것이다.

이사야 1-39장에서 볼 수 있는 회복의 이상은 그 완전한 성취가 없는, 그야말로 이상인 채로 이후의 역사에서 전해져 왔다. 그야말로 이사야서는 말 그대로 미래의 약속에 대한 "환상(vision)"이다. 수세기 동안 기독교회의 고백에서 교회의 메시야적 희망은 나사렛 예수 안에서 완전히 성취되었다. 그러나 평화의 왕은 이 위대한 예언자에 의해 선포된 평강의 시대를 이제 시작한 것일 따름이다. 이사야가 본 환상을 통해 선포된 하나님의 말씀의 최종적인 성취는, 미래에 대한 그리고 온 땅에 임할 하나님의 궁극적인 통치에 대한 유대교와 기독교의 희망의 중심점을 이루고 있다. 그런 점에서 참으로 이사야서는 미래를 지향하며 말한(forth-telling) 예언자이면서 동시에 앞일을 예고한(fore-telling) 예언자의 모습을 보여준다. 예언자의 이 두 차원이 함께 고려되지 않는 것은 잘못된 것이다. 역사적 차원은 종말론적인 차원을 불러일으키며 이것들은 서로서로를 조명하고 풍부하게 해주어야 한다.

부록: 히스기야의 연대 문제

히스기야는 25세에 즉위하여 29년을 통치하였는데(왕하 18:2), 그의 즉위해는 호세아 3년이었다. 그리고 히스기야 재위 6년 호세아 9년에 이스라엘이 멸망하였다(왕하 18:10). 그의 재위 14년에 산헤립이 침공하여 조공을 바쳤다(왕하 18:13-16). 열왕기하 20장은 그가 병이 들었으나 하나님의 은혜로 15년이 연장되었음을 말한다. 그의 아들인 므낫세는 12세에 등극해서 55년을 통치하였고(왕하 21:1), 다음에 아몬이 22세에 즉위해서 2년을 통치하였으며(왕하 21:19), 요시야는 8세에 즉위해서 31년을 통치하였다(왕하 22:1). 이후 여호아하스 석달(왕하 23:31), 여호야김 11년(왕하 23:36), 여호야긴 석달(왕하 24:8), 시드기야 11년 통치(왕하 24:18)로 이어진다. 유다가 멸망한 해가 주전 587년임을 고려하여 왕들의 연대를 설정하면, 시드기야 598-587, 여호야김 609-598, 요시야 640-609, 아몬 642-640, 므낫세 697-642, 히스기야 726-697로 된다. 이상의 수치는 역대하에서도 동일하게 등장한다.

그러나 주전 701년에 일어난 산헤립의 유다 침공이 히스기야 14년이라면, 히스기야의 재위 기간은 주전 715-687년이 된다.[130] 존

---

130. 존 브라이트(Bright: 377-427)를 비롯해서 많은 학자들이 이러한 연대를 취하고 있다. 그러나 이 경우 아하스의 통치는 주전 735-715년이 되면서, 열왕기하의 16년 통치와는 다르게 20년의 통치가 되어버리는 어

브라이트는 계속해서 므낫세(687-642), 아몬을 거쳐 요시야의 재위 기간을 주전 640-609년으로 제시한다. 여호야김의 즉위 연대에 이르러서는 동일한 연대가 제시되는데, 이것은 므낫세의 재위 기간을 성경의 진술과는 달리 45년으로 보았기 때문에 가능해졌다. 존 브라이트는 이에 대해서는 아무런 근거나 설명을 제시하지 않고 있다. 45(אַרְבָּעִים וְחָמֵשׁ שָׁנָה)와 55(חֲמִשִּׁים וְחָמֵשׁ שָׁנָה)라는 숫자가 착각될 수 있을까? 어찌 되었건, 두 연대간에 모순이 생기게 된다.[131] 히스기야 14년에 산헤립이 침공했다는 기사는 그의 생명 연장 15년 때문에 설정된 비교 연대일 가능성이 많다(Hayes and Millar: 439). 그래서 헤이즈-밀러는 히스기야의 연대를 주전 727년-698년으로 제시하며, 벤-사손 역시 이 연대를 따른다(Ben-Sasson: 139ff). 헤이즈-밀러와 벤-사손의 견해를 따라 히스기야의 재위를 727-698로 잡을 경우, 성경의 수치들과 거의 일치한다. 그러나 히스기야 14년에 산헤립의 침공이 있었다는 진술과는 결정적으로 충돌된다. 위 연대를 따르면, 산헤립의 침공은 히스기야 26년이 된다. 그러나, 브라이트의 견해를 따른다 할지라도 여전히 성경의 수치와는 충돌된다. 므낫세의 통치 연대가 아무런 근거와 이유없이 단축되어야 하는 것이다. 여기에서 레온 우드(L. Wood)는 므낫세가 히스기야 말기에 섭정을 맡은 것으로 해결한다(Wood: 404-405).[132]

려움도 생긴다.

131. 아하스의 연대에 문제가 많다. 왕하 16:2에 따르면 그는 20세에 즉위해서 16년을 통치했다. 히스기야가 25세에 즉위했으므로, 아하스는 11세에 히스기야를 낳은 셈이 된다. 더구나 왕하 16:3에 따르면 아하스는 아마도 맏아들을 번제로 드린 것 같으며, 또 다른 아들도 아마도 반역 때문에 죽임을 당했다고 나온다(대하 28:7). 이점들을 생각하면 아하스의 맏아들은 히스기야가 아닌 것으로 되고, 더더욱 아하스 11세에 히스기야를 낳았다는 기록에 문제가 있음을 발견하게 된다(Hayes and Millar: 438).

간단히 살펴 보았듯이, 히스기야의 연대 문제는 결코 손쉽게 해결될 수 없다. 어느 한 쪽을 어느 정도 희생하지 않고서는 구약 본문들 간의 충돌은 풀리지 않는다고 할 수 있다. 그런 점에서 오늘날에 구약 본문을 볼 때에, 가능한 최선을 다해 연대 문제를 객관적으로 접근하여 해결점을 찾되, 우리가 현재 지닌 구약 본문이 그 특정한 연대의 제시를 통해 독자들에게 무엇을 말하고 있는지에 보다 초점을 맞출 필요가 있다고 하겠다.[133]

---

132. 그러나, 그는 아하스와 히스기야 역시 섭정통치로 겹치는 기간이 있음을 지적하는데, 이 경우 히스기야의 섭정기간은 히스기야 재위 기간에 포함되어 있지않고, 므낫세의 섭정기간은 재위기간에 포함되어 있게 되면서 일관성이 없게 된다. 이에 대해 2장을 참고하라.

133. 이에 대해 2장을 참고하라.

제11장 40-55장: 바벨론 포로와 하나님 나라

1. 40-55장의 시점

이사야 40장은 그 백성을 향해 선포되는 위로로 시작된다. "그 노역의 때가 끝났고 그 죄악이 사함을 받았느니라"고 주어진 위로의 말씀은 40장 이후의 본문을 바벨론 포로로부터 해방되는 유다 백성들에 관한 것으로 여기게 한다. 페르시아의 여러 부족들을 규합해 낸 고레스(Cyrus)는 550년에 메대를 멸망시키고, 얼마후 당시 강국이던 리디아를 정복했고, 여러 소국들을 차례로 점령하였다. 바벨론 진격에 앞서 이란 고원 전역과 북서인도에까지 이르는 영토를 확보한 고레스가 마침내 주전 539년 바벨론으로 진격했을 때, 바벨론 내부의 여러 갈등과 분열들로 인해, 역사의 기록들은 그가 무혈로 입성했다고 전하고 있다. 페르시아 제국의 식민지 정책인, 바벨론에 의해 끌려온 포로들의 귀환과 토착 종교의 장려, 성전 기명의 반환 등이 "고레스 원통(Cyrus Cylinder)"과 같은 유물들을 통해 전해진다. 구약성경 에스라서 등(대하 36:22-23; 스 1:2-4; 6:2-5)에 보존되어 있는 "고레스 칙령" 역시 이러한 기본적 원칙 위에서 유다의 귀환과 성전 건축과 같은 내용이 포함되어 있다. 유다 포로의 귀환과 해방은 바로 이 고레스의 등장과 직접적으로 연관되어 있으며, 이사야 45장 1절에서 언급되고 있는 "고레스"라는 이름은 바벨론 포로들의 귀환과 연관된 시대적 배경을 단적으로 보여준다.

역사비평학으로 이름지어지는 바, 성경 본문에 대한 비판적 역사적 접근이 두드러지기 전에, 교회는 거의 이천 년에 이르도록, 이사야 40-66장은 1-39장과 마찬가지로 주전 8세기를 살았던 예루살렘 이사야에 의해 기록되었으며, 하나님의 능력이 완전히 새로운 방식으로 드러날 미래의 날에 대한 기대가 담겨 있기에, 넘쳐나는 기쁨의 분위기 속에서 이 부분이 기록되었다고 여겼었다고 할 수 있다. 그러나 역사비평학의 등장과 함께, 학자들은 더 이상 40장 이후의 본문이 같은 저자에 의한 다른 분위기의 글이 아니라, 바벨론 포로로부터의 해방이라는 격정적이고 감격적인 현장에 살았던 어떤 익명의 예언자("제2이사야")에 의해 쓰여진 것이라고 여기기 시작했다. 예루살렘 이사야에게 깊은 영향을 받은 이 익명의 예언자가 그로부터 주요한 신학적 개념들을 가져와서 사용하고, 때로 동일한 구나 단어를 차용하기도 하였으며, 그 나름대로 독자적인 문학적 특징과 신학적 주장도 반영하였다고 주장되었다.

40장 이후가 다른 저자에 의해 형성된 것이라고 주장하는 근거로는 다음과 같은 사항들이 있다. 우선 40장 이후의 본문은 이전의 본문들과 확연히 다른 분위기를 반영하고 있다는 것이다. 1-39장에서는 민족의 현재의 죄를 다루고 있고, 다가올 심판이 하나님의 행동의 결과로 말해지고 있다. 그렇지만 40-55장에 가면 심판은 과거의 일이고, 다가오는 미래는 하나님의 위대한 구원행동의 장이 될 것이라고 말하고 있다. 40장 이후의 언어는 그런 점에서 앞부분과 구별된 특징을 지니고 있다(가령, 40장 이후에 빈번하게 쓰이는 "두려워 말라"와 같은 구절). 아울러 이러한 분위기의 변화에는 본문이 전제하고 있는 상황의 변화도 있다. 1-39장은 주전 8세기에 예루살렘에서 활동하던 이사야를 반영하고 있지만, 40-55장은 바벨론에 있는 유대인 공동체의 상황을 담고 있다고 여겨진다. 또한 아하스, 히스기야, 산헤립 같은 이사야 당시의 인물들이 1-39장에 많이 거론되는데 비해, 40-55장에 나오는 유일한 역사적 인물은 페르시아왕 고레스 뿐이다. 또한 이 장들에서 이사야의 이름은 전혀 언급되지 않는다.

또한 저자 스스로가 서있는 역사적 위치가 고려되어야 한다는 주장도 있다. 앞서 언급한 내용과 연관되지만, 40장 이후의 본문에서는 유배에 대한 예언이 없다. 유배는 미래의 어떤 것으로 선포되고 있지 않다. 그것은 전제되어 있으며, 단지 유배에서 놓여나는 것이 예고되고 있다. 그에 비해, 1-39장은 유배로부터 놓여나게 될 것에 대한 약속의 말씀도 물론 있지만, 대체로 유배는 다가올 가장 큰 재앙으로 선포되고 있다. 그런 점에서 유배를 다가올 것으로 선포하고 있는 예레미야가 선 자리와 유배 도중을 살고 있는 에스겔의 자리와는 명확히 다른 지점에 40장 이후의 본문이 서 있음이 주장된다.

이사야서 40장 이후가 주전 8세기 이사야에 의해 쓰여졌음을 부정하는 이러한 견해들은 당연히 교회와 보수적인 신학자들로부터 거센 반발을 불러 일으켰다(Archer: 382-404). 이러한 학자들은 고레스의 이름이 언급되었다고 해서 고레스 이후 시기에 본문이 기록되었다고 여기는 방식이 구약에 담긴 미래 예언의 가능성을 부인하는 것이라고 본다(가령, Allis; Motyer 1999). 마땅히 하나님께서는 얼마든지 그러한 일을 하실 수 있으며, 여로보암1세 때에 요시야의 이름이 예고된 경우(왕상 13:2) 혹은 베들레헴 예언(미 5:2)같은 경우들이 곧잘 실제적인 예로 언급되곤 한다. 신실한 신자라면 다가올 멸망과 심판, 포로를 예견할 수 있었고, 하나님께서 그들로 하여금 그들에게 도래할 구원과 귀환을 알리기 위해 매우 분명한 표나 상징을 제공해 주시는 일이 하나님께는 적절한 일이었을 것이다. 한마디로 그 부분에 고레스의 이름이 거론되는 것은 8세기 유다의 상황에서 지극히 적절한 언급이라는 것이다. 이와 더불어 글리슨 아처(Gleason Archer)는 제1이사야의 본문이라고 여겨지는 것에서도 많은 앞일 예언이 나오고 성취되고 있다는 것을 보인다. 가령, 6:11-12절에서 느부갓네살 시대 유다의 인구감소와 황폐에 대해 예언하고 있다는 사실을 지적한다(385).

또한 많은 보수적인 학자들은 40장 이후의 본문은 하나님의 징계로서의 심판과 이후에 베푸시는 구원이 성취되기 오래 전에 하나님께서 이사야를 통해 미리 알리신 것이며, 유일하신 하나님으로서 여호와의 공의와 주권을 명백히 드러내신 사건으로 여겨야 함을 주장한다. 그래서 영(E.J. Young)과 같은 학자는 40장 이후의 상황이 여호와를 떠나 배교했던 므낫세의 시대를 배경으로 하여 우상들에 대해 여호와 하나님의 주권을 강력하게 드러내고 선포하고 있다고 주장하기도 한다(238-239; Archer: 385-387). 오히려 포로 후기 시대에 이러한 극심한 우상숭배는 유대 사회에 더 이상 주된 쟁점이지 않다는 점도 지적된다. 그 외에, 40장 이후에 등장하는 본문들에서 열거하는 죄악의 내용과 39장 이전까지의 죄악의 내용들에 대한 언급이 기본적으로 동일하다는 것도 지적된다.[134] 언어와 문체가 39

---

134. 가령, 피흘림의 죄에 대한 1장 1절과 59장 3절,7절 그리고 불의에

장 이전과 40장 이후에서 달라지지 않고 오히려 일관된다는 것을
보여주는 증거들도 제기된다.135 가령, "이스라엘의 거룩한 자"로
여호와를 부르는 경우는 이사야 외의 구약 본문에서 겨우 5회 정도
나올 뿐인데, 이사야서의 경우, 39장까지 21회, 40장 이후에 14회
가량 나오고 있다는 것은 이사야서 전체의 통일성과 일관성을 보여
주기에 충분하다고 할 수 있다. 아울러, 이사야서 40장 이후의 본문
이 미가서와 유사한 부분들이 있다는 점(사 52:12-미 2:13; 사 58:1-
미 3:8)도 이 본문들이 주전 8세기와 연관되어 있는 증거로 여겨질
수 있다.

　이러한 주장에 있어서 실질적으로 가장 결정적인 근거가 되는 것
은 신약성경의 증언이라고 할 수 있다. 특히 요한복음 12장 38-41절
은 이사야 53장 1절과 6장 9-10절을 함께 인용하면서 이 모두를 이
사야의 것으로 가리키고 있다. 그 외에 신약의 여러 구절들은 40장
이후의 본문들을 모두 이사야의 이름으로 인용하고 있다.136 그렇
지만, 신약의 언급에 대한 부분은 신중히 고려할 필요가 있다. 신약
문서들이 기록되던 시기에 유대인들은 기본적으로 오경은 모세의
글로, 시편은 다윗의 글로, 지혜는 솔로몬의 글로 여겼던 것으로 보
이며, 이러한 유대인들의 견해가 신약 문서들에도 반영되고 있다고
볼 수 있다. 가령, 사도행전 4장 25-26절은 시편 2편 1-2절을 인용하

대한 10장 1-2절과 59장 4-9절, 위선된 종교생활에 대한 29장 13절과 58장
2절,4절 등.

　135. 나 여호와의 입의 말씀이니라, 내가 행하리니 누가 막으리요, 이것
이 여호와의 보수할 날이요, 광야에서 물이 솟겠고 사막에서 시내가 흐를
것임이라, 사자가 소처럼 풀을 먹을 것이요 등과 같은 표현들을 예로 들 수
있다.

　136. 마 12:17-18과 사 42:1; 마 3:3과 사 40:3; 행 8:28과 사 53:7-8; 롬
10:16과 사 53:1.

면서 "다윗의 입을 통하여 성령으로 말씀"하신 것이라고 전하고 있지만, 정작 우리가 지닌 시편 2편은 저자에 대한 어떠한 언급도 갖고 있지 않다. 시편의 경우 3편부터 1권의 마지막인 41편까지 사실상 모든 시들의 표제에서 다윗의 이름을 언급하고 있지만,[137] 1편과 2편은 아무런 표제 없이 현재의 위치에 놓여 있다. 그런 점에서 사도행전의 언급은 '시편은 다윗'이라는 당시의 보편적인 유대인들의 관념을 배경으로 한 것으로 이해할 수 있다. 이를 생각하면 신약의 진술들을 오늘날과 같은 저자의 개념을 가리키는 것으로 보는 것이 현대적인 개념을 이천 년 전의 글들에 주입하는 무리를 범하는 것일 수 있음을 깨닫게 된다.

이 점은 저자 문제에 대한 오늘날의 논쟁 자체에 대해서도 재고하게 한다. 오늘날에는 다른 사람의 저작을 자신의 이름으로 칭하는 것은 심각한 범죄이며 용납될 수 없는 일이다. 그렇지만, 이러한 지극히 현대적인 시각을 수천 년 전의 글들에 고스란히 적용하는 것은 문제의 해결보다는 더 큰 문제를 가져오기 쉽다고 해야할 것이다. 그런 점에서 이사야니 제2이사야니 제3이사야니 하는 별도의 서로 다른 저자들을 끊임없이 제시하고 상정하는 비평적인 견해들이나, 이사야서는 주전 8세기의 단 한 사람에 의해 전부 쓰였다고 하는 보수적인 견해나, 오늘날의 저자 개념으로 고대의 글을 들여다 보고 평가한다는 점에서는 본질적으로 동일한 접근법이라고 할 것이다. 그러므로 어느 한 쪽의 입장이 이사야서를 보는 학문적인

---

137. 10편과 33편은 표제가 없지만, 앞선 시편들인 9편과 32편에 연결된 것으로 볼 수 있다. 칠십인경의 경우, 9편과 10편은 하나의 시로 결합되어 있고, 33편에는 다윗의 이름으로 표제가 붙어 있다. 그렇지만, 마소라 본문보다 훨씬 많은 시들에 표제를 달고 있는 칠십인경에서도 1편과 2편이 표제 없이 제시되어 있다는 점은 주목할 만 하다.

입장을 반영하지도, 혹은 '신앙적인' 입장을 반영하지도 않는다고 여겨진다. 다만, 비평적인 입장은 이사야서 안에 다른 저자의 글로 보일만큼 서로 차이나는 내용이 있음을 잘 부각시키고 있고, 보수적인 입장은 이사야서가 한 사람에 의해 쓰였다고 할만큼 일관성과 통일성을 갖고 있음을 잘 드러내고 있다고 할 수 있을 것이다.[138] 그런 점에서 오늘날 이사야를 이해하기 위한 가장 기본적인 핵심은 1-39장과 40-66장이 분명하고도 명확하게 구별되어 있다는 점, 그러면서 이 두 덩어리의 책이 한 사람 이사야의 이름으로 전해지고 있다는 점일 것이다. 구약 전체가 여러 저자에 의해 쓰였으나, 한 분 하나님을 증거하고 있으며, 이사야서가 서로 구별되는 내용을 담고 있으나 한 사람 이사야의 이름으로 전해져 왔다. 그러므로 우리는 1-39장과 40-66장으로 대변되는 이사야서의 다양성과 더불어, 그 둘을 하나로 묶는 이사야서의 통일성을 함께 붙잡아야 할 것이다.

40장 이후는 여전히 이사야의 이름으로 우리에게 전해져 왔다. 그렇지만, 이 장들이 주전 8세기의 상황과는 다른 시대를 반영하고 있음도 분명하다. 그렇다면, 우리에게 전해져 있는 대로의 40장 이후의 본문들이 청중으로 하여금 혹은 오늘날의 독자로 하여금 어떤

---

138. 여러명의 저자를 상정하는 이론이 이제껏 공격받아 왔듯이 미래를 예측하는 예언의 가능성을 회피하려는 의도에서 생겨난 것이 아니라는 윌리암슨의 지적은 타당하다고 할 것이다(Williamson 1994: 2). 사실, 40장 이후의 본문이 흔히 주장하는대로 바벨론 포로기에 최초로 쓰여졌다해도, 여전히 이 본문들 안에는 수많은 앞일 예언이 존재한다(가령, 45:13). 이사야서의 결론부분의 의도 중의 일부는, 이러한 예언들이 귀환과 포로 이후의 회복의 경험 속에서 성취되지 않는 것으로 보인다는 문제제기들에 대해 답변을 시도하는 것이라고 볼 수 있다. 다시 말해, "제2이사야"같은 주장을 하는 학자들이 모두 성경 안에서 '미래 예언'의 가능성을 부정하고 있다고 보는 것은 타당하지 않다.

자리에서 본문을 보도록 하는지를 유심히 살펴볼 필요가 있다. 40 장 이후의 저자가 중요한 것이 아니라, 40장 이후의 본문이 제시하는 본문을 읽는 지점(standpoint)에 대한 관찰이 중요하다.

이 본문들을 읽는 지점을 고려할 때, 가장 기본적인 점은, '40장 이후의 본문이 이제 막 선포되고 있는 새로운 메시지에 대한 믿음을 고무하기 위해 이미 이루어진 예언으로부터 주장을 이끌어내고 있다는 것'이다(Willamson 1994: 2-3). 먼저 40-55장까지의 기본적인 내용 전개를 전체적으로 살펴보면, 다음과 같이 논리가 전개됨을 알 수 있게 된다:

하나님은 역사의 창조주이시며 이전 일과 앞 일을 계획하시고 행하시는 분이시나, 우상은 무기력하고 헛되다 → 그러니 야곱은 하나님을 의뢰하고 그를 구하라 → 하나님이여 깨소서 → 이스라엘이여 바벨론에서 나오라 → 너희가 평안히 인도를 받을 것이라(55:12)

이러한 맥락 위에서 40-55장은 옛일과 새일을 대비시키고 있는데, 다음과 같은 구절들은 주목할 만 하다:

· 41:2 "누가 동방에서 사람을 일깨워서 공의로 그를 불러 자기 발 앞에 이르게 하였느냐 …"

· 41:25 "내가 한 사람을 일으켜 북방에서 오게 하며 내 이름을 부르는 자를 해 돋는 곳에서 오게 하였나니 그가 이르러 고관들을 석회 같이, 토기장이가 진흙을 밟음 같이 하리니"

· 45:1 "여호와께서 그의 기름 부음을 받은 고레스에게 이같이 말씀하시되 내가 그의 오른손을 붙들고 그 앞에 열국을 항복하게 하며 내가 왕들의 허리를 풀어 그 앞에 문들을 열고 성문들이 닫히지 못하게 하리라"

· 45:13 "내가 공의로 그를 일으킨지라 그의 모든 길을 곧게 하리니 그가 나의 성읍을 건축할 것이며 사로잡힌 내 백성을 값이나 갚음이 없이 놓으리라 만군의 여호와의 말이니라 하셨느니라"

41장 2절과 41장 25절은 하나님께서 공의로 불러 오게 할 한 사람이 열방을 밟는 자가 될 것임을 말하고 있는데, 그 사용된 표현과 내용을 보건대, 그 한 사람은 45:1-3,13에서 설명되고 있는 고레스임을 알 수 있다.[139] 이와 연관해서, 이 장들은 이렇게 고레스의 등장에 대해 미리 예고하고 알린 존재는 오직 여호와 하나님 한 분뿐이며 어떤 우상도 그렇게 하지 못했다는 점을 여러 차례 강조하고 있다:

· 41:4 "이 일을 누가 행하였느냐 누가 이루었느냐 누가 처음부터 만대를 불러내었느냐 나 여호와라 처음에도 나요 나중 있을 자에게도 내가 곧 그니라"

· 41:21-24 "나 여호와가 말하노니 너희 우상들은 소송하라 야곱의 왕이 말하노니 너희는 확실한 증거를 보이라 장차 당할 일을 우리에게 진술하라 또 이전 일이 어떠한 것도 알게 하라 우리가 마음에 두고 그 결말을 알아보리라 혹 앞으로 올 일을 듣게 하며 뒤에 올 일을 알게 하라 그리하면 너희가 신들인 줄 우리가 알리라 또 복을 내리든지 재난을 내리든지 하라 우리가 함께 보고 놀라리라 보라 너희는 아무것도 아니며 너희 일은 허망하며 너희를 택한 자는 가

---

139. 41장 25절에 언급되는 "북방"은 특정한 방향이라기보다는 히브리말 "차폰"이 담고 있는 특별한 의미와 연관되어 강력하고 힘있는 이를 상징하는 것으로 볼 수 있다. 41장 2-3절과 41장 25절에서 공통되게 "동쪽"에서부터 여호와께서 일으키신(41:2,25; 45:13 모두 '일으키다'를 의미하는 "우르 עור"동사의 히필형을 쓰고 있다) 이를 언급하고 있다.

증하나라”

· 41:26 “누가 처음부터 이 일을 알게 하여 우리가 알았느냐 누가 이전부터 알게 하여 우리가 옳다고 말하게 하였느냐 알게 하는 자도 없고 들려 주는 자도 없고 너희 말을 듣는 자도 없도다”

· 44:6-7 “이스라엘의 왕인 여호와, 이스라엘의 구원자인 만군의 여호와가 이같이 말하노라 나는 처음이요 나는 마지막이라 나 외에 다른 신이 없느니라 내가 영원한 백성을 세운 이후로 나처럼 외치며 알리며 나에게 설명할 자가 누구냐 있거든 될 일과 장차 올 일을 그들에게 알릴지어다”

· 48:3 “내가 예로부터 처음 일들을 알게 하였고 내 입에서 그것들이 나갔으며 또 내가 그것들을 듣게 하였고 내가 홀연히 행하여 그 일들이 이루어졌느니라”(또한 45:21; 48:12-16)

이 말씀들은 공통되게 오직 여호와만이 미리 될 일을 예고하실 수 있는 분임을 확증하고 있다. 이것을 반복하여 강조하는 까닭은 이제 앞으로 새로운 일이 이루어질 것이 선포되고 있기 때문이다. 앞으로 임할 새로운 일을 어떻게 믿을 수 있는가? 왜냐하면 미리 될 일을 여호와께서 예고하셨고 성취하셨은즉, 이제 앞으로 될 일도 반드시 이루실 것이기 때문이다. 즉, 이전에 말씀하신 일들의 성취에 근거해서 앞으로 이루어질 새 일도 확실히 이루어질 것이라는 점이 강조되고 있다:

42:9 “보라 전에 예언한 일이 이미 이루어졌느니라 이제 내가 새 일을 알리노라 그 일이 시작되기 전에라도 너희에게 이르노라”

40장 이후의 본문이 전개하는 핵심은 하나님만이 고레스의 등장에 대해 예고하셨고, 이제 그 일이 이루어졌듯이, 앞으로 하나님이

하실 새 일도 반드시 이루어지고 성취될 것이라는 논리이다. 이를 통해 이 말씀을 듣는 청중들에게 다가올 구원에 대해 확신을 불러 일으키는 것이 이러한 논리와 설득의 목표일 것이다. 만일 한 예언 자가 과거에 예언한 어떤 일이 정확히 성취되었다고 주장하면 이제 사람들은 다가올 앞날에 대한 새로운 선포를 신뢰할 수 있게 될 것 이다. 이러한 주장은 앞일 예측 예언의 타당성을 받아들이는 것을 전제하고 있으며 아울러 화자 자신이 그러한 예측의 성취 이후에 존재하고 있을 것을 요구한다. 그러므로 본문 자체는 우리로 하여 금 본문의 일부가 이전 부분을 기록한 누군가의 시대보다 실질적으 로 이후의 어떤 시점에 이루어졌다는 것을 받아들일 것을 요구하고 있다. 이상에서 살펴 본 문맥에서 볼 때, 이미 성취되어 그 결과를 목격하고 있는 바, '이전 일'은 41:2-4; 45:1-3에서 기록된 고레스의 등장을 가리키는 것이라고 볼 수 있다. 그렇다면 이전 일의 성취에 근거해서 다가올 앞일에 대한 하나님의 행하심을 믿을 것을 선포하 는 이 화자의 시점은 적어도 고레스의 등장 이후의 어떤 시점일 것 을 요구한다. 즉, 본문 자체는 이 본문을 읽을 때에 독자의 자리가 고레스의 등장 이후의 시점에 서 있을 것을 요구하고 있다는 것이 다.[140]

이상의 논의에서 우리가 내린 결론은 40장 이후의 저자 문제를 다루기보다는 본문 자체가 제시하고 있는 관점에 충실하자는 원칙 으로 정리할 수 있을 것이다. 이에 따르면 이사야 40장 이후의 내용

---

140. 덧붙일 것은 회당에서 대예언서들이 읽혀지는 순서가 고대에는 예 레미야, 에스겔, 그리고 이사야의 순이었다는 점도 의미심장한데, 이러한 배열을 이룬 사람들에게 이사야서가 지니고 있는 내용들이 에스겔보다 후 대라고 여기게 만든 점이 인식이 되었다는 것을 의미하기 때문이다. 이에 대해, Hertz: 941.

들은 고레스 출현 직후의 상황과 시점에 서서 본문을 이해하도록
스스로 주장하고 있다. 고레스의 진군과 더불어 목전에 다가온 바
벨론의 패망을 바라보면서 실의에 빠진 백성을 향한 위로의 말씀이
야말로, 이 본문들을 바라보는 자리이다. 이를 달리 표현하면 결국
저자 문제라고 할 수도 있겠지만, 본문 자체는 저자에 대해 말하고
있지 않다는 점을 거듭 염두에 두게 된다.[141] 구약 안에 아직 이루어
지지 않은 미래에 대한 예언이 있음을 인정한다면, 주전 8세기 예언
자에 의해 이러한 앞 일에 대한 예언이 이루어졌을 가능성도 충분
하다는 것을 고려하면서도, 40장 이후의 본문을 다룰 때에 굳이 저
자를 상정하기보다는 본문이 제시하는 시점에 유의하는 읽기를 고
려하는 것이 좋을 것이다. 중요한 것은 본문을 바라보는 시점이지,
본문의 저자 문제가 아닌 것이다.

그러므로, 40장 이후의 본문은 바벨론 포로가 끝나가는 시점에서
읽는 것이 적절할 것이다. 마치 시편 57편에서 제시한 표제가 그 시
편의 내용을 이해하는 데에 결정적인 도움을 주듯이, 40장 이후의
본문이 선포되고 읽히는 배경을 아는 것은 본문을 이해함에 있어서
가장 기본적인 원칙이다. 바벨론 포로를 살아가고 있는 백성들을
향해 이 본문은 온 세상의 주관자가 하나님이심을 선포한다. 이것
을 입증하는 가장 강력하고 결정적인 것은 여호와만이 앞으로 올
일을 미리 알리시는 분이라는 선언이다(von Rad: 209-210). 앞 일을
미리 알게 하지 못하는 신이 어찌 세상사를 주관한다고 말할 수 있
을까. 강력한 바벨론과 그들의 우상들에 비해, 이스라엘은 자신들

---

141. 사실, 40장 이후에서는 이사야라는 이름을 비롯해 저자와 연관될
법한 이름에 대해 일절 언급하고 있지 않다. 이것은 주전 8세기 이사야를
저자로 보는 견해나 6세기의 "제2이사야"를 저자로 보는 견해나 모두 치
우친 것으로 만들고 있다.

이 마치 "지렁이"와 같다고 여겼을 수 있으나(41:14), 이 본문들은 그들을 향해 "두려워 말라"고 선포하고 있으며, 그 노역의 때가 끝났고(40:2), 바벨론을 떠날 때가 되었음을 선언한다(48:20; 52:11). 강해 보이는 세상의 이 모든 것들은 오히려 "풀이요 그의 모든 아름다움은 들의 꽃과 같"을 뿐이다. 이것은 강력한 바벨론의 힘에 대한 믿음의 선언이며, 영원하신 하나님의 말씀의 능력에 대한 담대한 선포이다. 이것이 가능함은 바로 하나님의 다스리심이 임하기 때문이다. 역설적이게도 이러한 하나님의 영광은 대체로 이스라엘의 곤경시에 참담한 실패 속에서 선포되는 경우가 많다. 하나님의 영광은 이스라엘의 영광스러운 현실에서 선포된다기보다는 지렁이 같은 상태에서 선포된다. 이 선포는 포로생활에 임한 하나님의 영광의 확신이라고 할 수 있다. 한 가지 유념할 것은 하나님의 말씀과 그 다스림만이 영원하며, 세상의 모든 것은 지나가는 것이요, 사라지는 것에 불과하되, 바로 이 세상 역사야말로 영원하시고 참되신 하나님의 능력과 말씀이 성취되는 현장이라는 점이다. "참된 하나님의 종들에 의한 증언이 이방신들과 그들의 예언이 지닌 주제 넘은 힘들에 맞서서 펼쳐져 있는 전쟁터"(von Rad: 211)가 바로 이 세상이다. 그러므로 '세상은 악한 것이고 썩어질 것'이라고 말하는 것으로 충분하지 않다. 이 세상이야말로 하나님의 말씀의 능력이 입증되는 현장이며, 살아계신 참된 하나님을 증거하는 하나님의 종들이 세상의 헛된 힘과 능력들에 맞서 싸우는 싸움터이기 때문이다. 아울러 40장 이후의 본문들이 증거하는 또 다른 중요한 점은 다가올 새 일에 대한 강력한 기대와 확신이라고 할 수 있다. 하나님께서 과거에 행하신 일을 기억하는 것이 무엇보다 중요한 이스라엘의 전통에서 이전의 일을 잊어버리라는 명령(43:18)은 뚜렷이 구별된다. 이 말씀은 과거를 묻어두라고 권한다기보다는 그만큼 앞으로 다가올 일들이 놀랍고 엄청나다는 것을 두드러지게 표현하고 있다고 볼 수 있다. 실제로 43장 18절에 이어지는 말씀들에서 광야에 길을 내고 황무지에서 물이 흐르게 하신 것(43:19-20)은 모두 출애굽과 광야 시절에 여호와께서 행하신 일을 그 근거로 사용하고 있다는 점에서 예언자는 과거의 일을 활용하고 있는 것을 볼 수 있다. 과거의 일이 다가올 미래의 근거로 사용되고 있지만, 예언자의 눈은 과거에 고정되어 있지 않고 다가올 새로운 날들을 향해 있다. 그 백성 이스라엘은 하나님께서 그의 찬송을 부르게 하려고 지으셨거니와, 이 백성은 여호와께서 행하실 놀라운 새 일을 기대하고 바라고 경험함을 통해 여호와를 찬송하고 드러내는 이들이다.

2. 하나님 나라의 선포

40장은 "너희의 하나님이 이르시되 너희는 위로하라 내 백성을 위로하라"로 시작한다. 이러한 시작은 이 부분의 주된 관심을 정확하게 보여준다. 더 이상 심판과 징벌이 주요 사항이 아니라, 이미 심판을 받았고 징벌을 받은 백성들을 위로하는 것이 과제인 것이다. "그 노역의 때가 끝났고 그 죄악이 사함을 받았느니라". 이사야 40장 이후는 이렇게 심판받은 하나님 백성들 가운데 하나님이 행하실 새로운 일에 대해 선포하고 있는 외침으로 시작한다. 첫 머리에 주어진 이 외침을 이스라엘에게 전하고 있는 주체가 누구인지가 본문 자체에서는 명확하지 않다.[142] 분명한 것은 하나님께서 전하시는 메시지의 알맹이를 먼저 선포하면서 이 장의 내용을 시작하고 있다

---

142. 아람어 번역인 타르굼에서는 이 명령이 예언자들에게 주어진 것임을 명확히 하고 있는데 비해, 칠십인경은 제사장을 향해 주어진 것으로 옮기고 있다. 이 명령이 향하고 있는 대상에 대해 Goldingay and Payne I: 63-64.

는 점이다. 이후에 전개될 내용의 알맹이는 바로 "위로"이다. 3절이하에서 이 위로의 외침에 대한 보다 상세한 내용이 제시되고 있다. 그런 점에서 40장 이후 말씀의 주제는 위로이다. 그러면 이러한 위로의 내용은 무엇인가? 이러한 위로의 실체는 무엇인가?

"외치는 자의 소리"의 정체보다 더 중요한 것은 그가 전하는 외침의 내용이다. 그의 외침은 하나님의 오실 길을 예비하라로 시작한다. 광야와 사막 같은 곳, 골짜기, 작은 산, 험한 곳, 이 모든 곳을 하나님께서 오실 평탄한 곳으로 만들라는 외침은 당연히 왕이 올 길을 예비하고 준비하는 상황을 떠올리게 한다. 이사야의 본문에서 메마른 땅이 기름진 땅으로 바뀔 것과 같은 변화의 모티브가 여기저기에 있지만(9:1; 29:17; 32:15; 35:6; 52:9; 54:3; 58:12), 본 40장의 말씀은 그러한 역전에 초점을 두고 있지 않다. 40장 3-5절 말씀의 초점은 광야이건 사막이건 험한 땅이건 왕이 지날 길이 될 것이라는 데에 있고, 이를 통해 왕이신 하나님의 오심을 선포하고 있다. 아울러 이러한 광야와 사막, 험한 산에 대한 언급은 바벨론 포로들이 유대땅으로 돌아오는 여정을 암시하는 것이기도 하다. 5절에서 "여호와의 영광이 나타"난다는 것은 바로 그렇게 왕으로 오시는 여호와의 영광을 모두 목도하게 될 것임을 전하고 있다. 복음서에서 예수 그리스도의 예루살렘 입성시에 사람들이 나아와서 자신들의 겉옷을 길에 펴거나 나무 가지를 베어 놓은 것도 왕의 입성에 대한 반응으로 이해할 수 있다. 참으로 예수께서 입성하실 때에, "여호와의 영광이 나타나고 모든 육체가 그것을 함께 보리라"는 말씀이 이루어졌다고 할 것이다. 6절 이하의 말씀은 그렇게 왕으로 오시는 여호와의 말씀을 전하는 전령의 소리를 대변하고 있다:

"모든 육체는 풀이요 그의 모든 아름다움은 들의 꽃과 같으니
풀은 마르고 꽃이 시듦은 여호와의 기운이 그 위에 붊이라 이

> 백성은 실로 풀이로다 풀은 마르고 꽃은 시드나 우리 하나님
> 의 말씀은 영원히 서리라"(40:6-8)

이제 왕이신 여호와 하나님의 전령이 그 왕의 말씀을 선포하기에 앞서, 그가 선포할 왕이신 하나님의 말씀이야말로 영원히 서게 될 말씀임을 분명히 하고 있는 것이 이 구절들의 의미일 것이다. 그렇다면, 이어지는 구절은 그 전령이 실제로 전한 여호와 하나님의 말씀, 여호와께서 그에게 부탁하신 말씀이라고 볼 수 있다. 9절에서 '시온에 아름다운 소식을 전하는 자'와 '예루살렘에 아름다운 소식을 전하는 자'가 서로 짝이 되어 여호와의 말씀을 전할 자로 호출되고 있으며, 그를 향해 '소리를 높이라', '두려워 말라', '말하라'와 같은 명령이 주어진다. 그러므로 실제로 그가 전할 아름다운 소식, 그가 두려움 없이 소리 높여 말해야 할 내용은 다음의 내용임을 알 수 있다:

> "너희의 하나님을 보라 … 보라 주 여호와께서 장차 강한 자로
> 임하실 것이요 친히 그의 팔로 다스리실 것이라 …"(40:9-10)

그가 전하는 말씀의 핵심은 다름아닌 '하나님께서 임하셔서 다스리신다' 즉, '하나님의 나라의 도래'이다. 이 점은 9절에서 '아름다운 소식을 전하다'라고 옮겨진 히브리말 동사 "바싸르 בשׂר"에서도 잘 드러난다. 이 동사는 이사야서에서 일곱 번 사용되고 있다.[143] 41장 27절은 40장 9절과 동일하게 그 백성에게 하나님의 기쁜 소식을 전하는 자에 대한 언급을 다루고 있는데 비해, 52장 7절은 이 기쁜 소식을 전하는 자가 실제로 전하는 소식의 내용이 소개된다:

> "좋은 소식을 전하며(מְבַשֵּׂר) 평화를 공포하며 복된 좋은 소식

---

143. 40:9×2; 41:27; 52:7×2; 60:6; 61:1.

을 *가져오며*(מְבַשֵּׂר טוֹב) 구원을 공포하며 시온을 향하여 이르기를 *네 하나님이 통치하신다*(מָלַךְ אֱלֹהָיִךְ) 하는 자의 산을 넘는 발이 어찌 그리 아름다운가"

"네 하나님이 통치하신다"야 말로 이 좋은 소식 전하는 자가 전하는 기쁜 소식 즉, 복음이다. "여호와께서 통치하신다(מָלַךְ יהוה)" 가 시편집 3권을 특징짓는 외침임은 잘 알려져 있다. 다윗 언약의 실패를 탄식하고 있는 시편 89편의 부르짖음에 대해 시편집 자체는 이어지는 시편집 3권에서 여호와의 통치, 여호와의 왕이 되심으로 응답하고 있다. 예루살렘의 멸망과 다윗 왕조의 붕괴는 여호와 하나님의 통치, 여호와 하나님의 나라의 도래로 이어지고 있는 것이다. 그리고 그러한 하나님 나라의 도래야말로 바벨론 포로기에 있는 백성들을 향한 하나님의 가장 큰 위로임을 40장이 명백히 보여주고 있다. "바싸르" 동사가 사용된 또 다른 구절인 60장 6절 역시 여호와의 임하심과 그 영광에 대한 찬양의 문맥을 보여주고 있다. 그러므로 이사야서에서 이 동사가 사용될 때, 이 아름다운 소식은 여호와의 영광, 여호와의 통치라고 말할 수 있다. 이것은 61장 1절에서 쓰인 "바싸르" 동사를 이해하는 데에 결정적인 역할을 한다. 이에 대해서는 나중에 살펴 보도록 할 것이다.

이사야 40장 이후에서 전개되는 내용은 이 말씀을 듣는 청중과 독자들로 하여금 고레스의 등장 이후인 바벨론 포로기가 끝나가는 시점에 서도록 한다. 이 본문들은 긴 포로생활 중에 있던 백성들을 향해, 현재 온 세계에 군림하고 있는 고레스가 다름 아닌 여호와 하나님이 세운 자임을 분명히 한다. 고레스가 여호와의 '기름 부음 받은 자' 즉, 메시야로 불려졌고, 칠십인경에서 "크리스토스" 즉, 그리스도라고 불려졌다는 점에서, 이 본문들이 고레스에 대해 대단한 의미를 부여하고 있는 것처럼 느껴지지만, 실상 40장 이후 본문의 핵심은 왕이신 여호와의 통치이다. 온 세상을 장악하고 있는 고레스도 참된 왕이신 여호와가 미리 예고하셔서 바벨론을 멸하기 위해 세우신 도구일 뿐이며, 고레스 사건의 본질 역시 하나님의 다스리심인 것이다. 그러므로 여호와의 보내심을 받은 이들이 그 백성에게 전할 기쁜 소식, 평화의 소식은 바로 "너의 하나님이 다스리신다"이다. 하나님의 다스리심, 하나님의 나라야말로 포로된 백성에게 선포되는 최고의 위로이다.

이 본문들에서 발견되는 창조주 하나님께 대한 웅장한 고백들은 하나님의 다스리심의 맥락에서 선포된다. 그래서 창조주 하나님께 대한 고백은 역사의 주관자이신 하나님께 대한 고백과 연결된다. 이를 생각하면 이 본문들에서 "창조"와 "구속"은 실질적으로 동의어인 것을 깨닫게 된다. 창조주 하나님의 능력에 대한 신뢰는 현재의 어려움 가운데 있는 이들에 대한 구원 요청의 기본에 깔려 있으며, 창조시에 태고적의 괴물을 무찌르신 하나님께 대한 요청도 이러한 맥락에서 이해된다. 앞에서 살펴본 대로, 이사야 51장 9-10절은 태고적의 대적 세력에 대한 언급이 모두 등장한다. 특히, 이 대적 세력의 한 부분인 깊은 물에 대한 언급이 출애굽시에 가르신 홍해에 대한 언급으로 바로 연결되고 있음을 볼 수 있으며, 출애굽 신앙과 창조 신앙이 바벨론 포로를 회복하시는 하나님의 다스리심의 틀로 비교되고 있다. 그러므로, 예언자는 고대 신앙 전승에 철저한 이들이다. 이사야를 비롯한 예언자들의 메시지는 그 다가올 새로운 날들에 대한 강력한 희망의 선포로 인해 두드러지지만, 그러한 미래에 대한 선포는 철저히 옛적에 행하신 하나님의 구원 행동에 근거해 있다(von Rad: 89-94). 그러므로 예언자는 사람들이 잊어버리고 포기해 버린 과거의 신앙 전승을 오늘에 적용한다는 점에서 지극히 보수적이며, 그 신앙 전승에 근거해 완전히 새롭게 임할 하나님의 나라를 선포한다는 점에서 지극히 급진적이라고 할 것이다. 이것은 이스라엘이 경험한 과거의 구원사건 가운데 가장 중심에 있는 출애굽 사건에 대한 이사야의 회상에서도 확연하게 드러난다. 출애굽 때에 하나님께서 행하신 놀라운 일을 회고하시는 여호와의 말씀(43:16-17)은 뜻밖에도 독자나 청중들의 예상과는 전혀 달리 "이전 일을 기억하지 말며 옛날 일을 생각하지 말라"는 권면으로 이어진다. 이에 대해 앞에서도 간단히 언급하였지만, 과거의 구원 사건이야말로 두고두고 기억하고 기념해야 할 사건일텐데, 오히려 여호와께서는 이전 일을 잊으라고 명하시는 것이다. 이것은 문자 그대로 과거의 것을 잊어버리라는 의미라기보다는 이제 앞으로 하나님이 하실 일이 과거의 사건을 훨씬 넘어서는 놀라운 일을 행할 것임을 강조하고 있다고 할 수 있다(von Rad: 215). 그러므로 예언자에게 있어서 과거의 신앙 전통은 견고하게 붙잡아야 할 기본적인 틀이면서, 그럼에도 에언자들의 눈은 과거에 머물러 있지 않고 앞으로 다가올 하나님의 새로운 행하심을 향하고 있다고 할 수 있다. 전통에 대한 고수는 새롭고 놀라운 미래를 향한 확고한 기대로 가득찬 경주로 방향지워져야 할 것이다.

제12장 여호와의 종

　　40장 이후의 이사야서 본문에서 빼놓을 수 없는 주제는 마땅히 "여호와의 종"이라고 할 수 있다. 베른하르트 둠(Bernhardt Duhm)이 네 개의 본문(42:1-4; 49:1-6; 50:4-9; 52:13-53:12)을 "여호와의 종 본문"으로 꼽은 이래, 이 본문들은 수많은 사람들로부터 지대한 관심을 받아왔으며, 이에 대한 참고문헌들은 계속해서 쌓여가고 있다(참고: Watts: 115-116). 에디오피아 내시가 이사야 53장의 본문을 읽으면서 이 종이 누구를 가리키는지 궁금해 했듯이(행 8:34), 이 종의 정체에 대해 지속적인 논쟁들이 있다. 오늘날의 논쟁에서 기본적으로 동일하다고 여겨지는 부분은 이 종에 대해 이 본문들이 속한 문맥 안에서 판단되어야 한다는 점이라고 할 수 있다(Baltzer: 125). 처음에 둠은 후대에 작성된 이 본문들이 소위 "제2이사야" 안으로 첨가 배열되었다고 하였지만, 오늘날에 이 본문들은 철저히 이 본문들이 속해 있는 이사야서의 문맥 안에서 검토되고 판단되고 있는 것이다. 나아가 이 본문들 뿐 아니라 다른 본문들에서도 '여호와의 종'과 유사한 표현들이 등장하고 있으며(41:8-9; 42:19; 43:10;

44:1-2,26; 45:4; 48:20; 50:10), '여호와의 종들'(54:10; 56:6; 63:17; 65:8-9; 65:13-15; 66:14)과 같은 표현도 있다는 점은 둠이 선정한 네 개의 본문만이 특별한 취급을 받아야 한다는 기존의 견해를 상당히 약화시키고 있다고 할 것이다. 그럼에도 흔히 '여호와의 종 본문'이라 불리는 네 본문을 제외한 나머지 단수로서의 여호와의 종을 가리키는 본문들에서는 대부분 이 종의 정체에 대해 "야곱" 혹은 "이스라엘"로 명백히 표현하고 있다는 점은 주목할 만 하다.[144] 그런 점에서 둠이 선정한 네 개의 본문은 여전히 다른 종 본문들과는 구별되는 특징을 지니고 있다는 점도 간과할 수 없다고 보인다. 이 본문들에 등장하는 '여호와의 종'은 어떤 개인을 가리키고 있다고 여겨진다. 그러나 한 개인이지만, 여전히 그는 이스라엘이기도 하다. 40장 이후의 장들에서 계속 민족 전체와 한 개인이 번갈아 가며 언급되고 있다는 점도 한 개인과 이스라엘 전체가 이 종 개념 안에 내포되어 있음을 보여준다. 시편의 탄식시들의 경우, 일인칭 단수의 "나(I)"는 환난과 곤경 가운데 있는 한 개인이지만, 동시에 그는 모든 이스라엘을 자신 안에 담고 있는 개인이기도 하다. 마찬가지로, 여호와의 종 역시 한 개인이지만, 동시에 자신 안에 온 이스라엘이 담겨 있는 개인이라고 볼 수 있을 것이다.[145] 시편에서 이러한 "나"는 다름아닌 시편 기자 자신이었듯이, 이사야서에서 등장하는 이 종 역시 기본적으로는 예언자 자신을 염두에 두는 것이 자연스러울 것이다. 이러한 점은 예레미야에서도 발견되는데, 하나님께서 맡기

---

144. 그러나 두 본문(44:26; 50:10)은 개인으로서의 여호와의 종을 가리킨다고 여겨진다.

145. 이스라엘과 개인의 유사점과 차이점에 대해, Anderson: 584f. 그리고 이 종을 이스라엘이라는 집단적 개념으로 보는 것에 대한 폰라트의 반대 주장들은 여전히 타당하다(von Rad: 226).

신 사명으로 인해 고난당하는 예레미야의 고백 역시 일인칭의 "나"
를 통해 표현되고 있으며, 이 본문들에서 그 고난은 예레미야 개인
의 고난이면서 동시에 이스라엘이 겪는 고난을 상징하고 있기도 하
다. 여호와의 종의 사명과 고난에도 이스라엘 전체의 사명과 고난
이 담겨 있다. 그러나 예레미야가 개인이었듯이, 이 여호와의 종도
개인이다. 이 종을 예언자 자신으로 보는 견해 외에, 스룹바벨이나
여호야긴 혹은 모세와 같은 이들과 동일시하는 견해들도 있지만,
기본적으로 이사야서 본문에서 전혀 언급되고 있지 않는 외부적인
인물과의 일치를 구하는 것은 이사야서를 이해하는 바른 시도라고
여겨지지 않는다(Goldingay and Payne II: 273). 아울러 이사야서 본
문 자체가 이 종의 정체를 명확히 밝히지 않은 채 익명으로 두었다
면, 이 본문들을 보면서 구체적인 어떤 이를 자꾸 찾아내려고 하기
보다는 이 종이 행하는 삶과 사역에 보다 집중하는 것이 타당하다
고 할 수 있다. 예언자 자신을 비롯한 개인과 이스라엘 전체의 표상
사이에 놓여 있는 이 본문들은 신구약 중간기를 거치면서 오실 메
시야에 대한 해석으로 확장되었고(Hengel: 101-118), 신약의 교회
는 이 종에서 예수 그리스도를 발견하였다.[146] 그렇지만, 이 본문들
이 오늘날의 신약 교회에서 단지 예수 그리스도를 가리키는 것으로
만 이해되는 것으로는 충분치 않을 것이다. 아래의 내용에서도 다
루겠지만, 이 종 자체가 익명으로 처리되어 있다는 것은 예수 그리
스도를 비롯해서, 오늘 예수 그리스도의 뒤를 따라가는 모든 그리

---

146. 빌립에게 이 종의 정체를 물었던 에디오피아 내시는 이 종이 예언
자 자신을 가리키는지 궁금해 하고 있으며, 이로부터 시작해서 빌립은 이
종이 예수를 가리킨다고 설명했을 것으로 여겨진다(행 8:34-35). 그러므로
빌립과 에디오피아 내시의 대화는 이 본문의 기본적인 의미와 신약에서의
'보다 완전한 의미'의 간격을 메우는 작업이었을 것이다.

스도인들의 모습 역시 이 종에게서 발견될 수 있음을 의미한다고
할 수 있다.

1. 42:1-4

1절은 이 종을 가리켜 '나의 종', '내 마음에 기뻐하는 자, 곧 나의
택한 사람'으로 부르고 있다.[147] 하나님께서는 그에게 하나님의 영
을 주셨고, 그렇게 여호와의 영을 받은 이 종은 열방을 향해 "정의"
를 베풀 것이다. 여기서 "정의"로 번역된 히브리말은 "미슈파트"이
다. 이 말은 이미 이사야서에서 여러 번 쓰였고, 현재의 위치에서 독
자와 청중으로 하여금 이전에 쓰인 이 말의 여러 쓰임새들을 기억
하게 만든다고 할 수 있다. 여호와께서 그 영을 부으시는 종은 열방

---

147. 칠십인경은 "나의 종" 앞에 "야곱"을, "나의 선택한 자" 앞에 "이스
라엘"을 더 지니고 있으면서, '여호와의 종'을 명백하게 야곱과 이스라엘
에 동일시하고 있음을 알 수 있다. 40장과 41장에서 여러 번 반복되고 있
는 야곱과 이스라엘에 대한 언급이 42장에도 쓰이면서 41장과 연결되고
있는 것이다. 마태복음 12장 18절은 이렇게 첨가된 "야곱"과 "이스라엘"
이 없다는 점에서 칠십인경과 차이난다. 칠십인경이 이 종을 야곱 혹은 이
스라엘과 일치시키고 있다는 점이 마태 기자가 인용하기에 부적절하다고
판단한 결과라고 볼 수 있다. 마태에게 이 구절은 명백히 예수 그리스도를
가리키는 것이었기 때문이다. "나의 사랑하는 자"와 같은 것도 이 구절을
기독론적으로 해석한 결과에서 온 것으로 볼 수 있으며, 여호와께서 그의
영을 이 종에게 '주셨다(נָתַתִּי; ἔδωκα)'는 마소라본문과 칠십인경의 진술
이, 마태에서는 그의 영을 '두실 것이다(θήσω)'로 옮겨진 것도, 예수 그리
스도를 통한 성취를 염두에 둔 마태의 표현이라고 볼 수 있다. 이어지는 42
장 2-4절을 인용하고 있는 마태 12장 19-21절에서도 마태는 때로 칠십인경
의 표현을, 때로는 마소라본문 식의 히브리어 본문들을 쓰고 있음을 볼 수
있는데, 마태의 구약 인용이 기본적으로 지극히 신학적인 성격을 띠고 있
음을 잘 보여주고 있다고 할 수 있다.

에게 "미슈파트"를 가져 올 것이다. 이 말의 기본적인 의미가 '재판'과 연관되어 있다고 할 때, 그가 가져올 "미슈파트"는 하나님의 올바른 판결 혹은 그로 인해 이루어지는 정의를 의미한다고 할 수 있다. 여호와의 종의 사역은 다름아닌 '정의'와 연관된 사역이다. 이러한 '정의'가 열방을 위해 오게 된다는 것도 이사야서에 일관된 주제이다. '미슈파트와 츠다카', 곧 '공평과 정의'가 이루어지고, 하나님의 다스리심이 이루어지면 열방이 여호와께로 돌아오게 된다(사 2:2-5; 11:1-10).

1절에 여러 번 나온 1인칭 어구들에서 느껴지는 사랑과 열정은 2-3절의 3인칭 주어의 담담한 사역과 대비된다. 2절 말씀은 이 종의 사역이 결코 시끌벅적하거나 요란한 것이 아님을 보여주고 있으며, 3-4절 말씀은 그의 사역의 내용에 대해 간결하게 제시하고 있다. 3절과 4절은 동일한 어휘들이 반복되어 서로 연결되어 있다. 3절에서 '상한'으로 옮겨진 히브리동사는 4절에서 '낙담하다'로 옮겨졌으며, 3절에서 '꺼져가는'으로 번역된 단어는 4절에서 '쇠하다'로 반영되었다. 이를 정리하면 3-4절에서 이들 표현들은 '상하다'(a) − '꺼져가다'(b) − '쇠하다'(b) − '낙담하다'(a) 와 같이 의도적으로 교차배열되어 있다. 이 종이 상한 갈대가 쓸모 없다 하여 꺾어 버리지 않으매, 이 종은 상하지 않을 것이니 즉, 낙담하지 않을 것이다. 그가 꺼져 가는 등불이라 하여 꺼버리지 않으매, 그 역시 결코 쇠하지 않을 것이다. 이것은 이 종 역시 겉보기로는 상한 갈대와 비슷하고 꺼져 가는 심지와 비슷함을 암시한다. 그리고 이러한 점은 계속되는 종의 노래들에서 확인된다. 스스로 상한 것처럼 보이고 꺼져가는 것처럼 보이지만, 결코 이 종은 상하여 낙담하지도, 꺼져 가서 쇠하지도 않을 것이며, 이 종은 또 다른 상한 갈대와 꺼져 가는 등불을 돌아볼 것이다. 여기에 쓰인 상한 갈대 혹은 꺼져 가는 등불은 그렇게 미약하고 보잘 것 없는 존재를 상징적으로 표현한 것이라고 할 수 있다. 여호와의 영을 받은 종의 사역은 바로 이러한 연약한 존재를 결코 포기하지 않고 회복시키고 세우는 것이다.

1-4절 말씀을 한데 묶고 있는 중요한 표현은 1절과, 3절, 4절에서 각각 등장하고 있는 "미슈파트"이다. 이 종이 하는 일이 상한 갈대와 꺼져 가는 등불을 회복하는 일임을 볼 때, 이것이야말로 이 종이 세우게 되고 베풀게 되는 "미슈파트", 정의의 핵심인 것을 알 수 있다. 그러므로 참된 "정의"는 그 사회에서 상한 갈대와 꺼져 가는 등불과 같은 존재들을 통해 드러난다. 정의는 강하고 힘있는 자들의 번영을 통해 드러나지 않되, 가장 약한 이들을 통해 드러난다는 것이다. 특히 이 종에게 여호와의 영이 임한 것을 감안하면, 참으로 약한 이들이 설 수 있게 되고, 약한 이들이 회복되는 곳이야말로 여호와의 영의 역사인 것을 알 수 있다. 그러므로 하나님의 종이 있는 곳은 가장 약한 이들을 통해 그 정의가 드러나는 곳이다. 오늘날의 현실로 말하자면, 이 땅에서 하나님의 나라를 이루어가는 교회는 가장 연약한 지체들을 세우고 회복하는 곳이라고 할 것이다. 앞서고 뛰어난 사람들의 여러 걸음보다 가장 연약한 지체들의 한 걸음이야말로 교회의 한 걸음이다. 그렇기에 아흔아홉 마리의 양이 무사함에도 불구하고 그 주인은 잃어버린 한 마리의 양을 찾도록 찾아 다니는 것이다. 그래서 하나님의 교회는 결코 숫자에 매여 있지 않으며 규모에 매여 있지도 않다. 하나님의 교회는 상한 갈대와 꺼져 가는 등불 같은 이들을 찾고 세우고 회복하는 곳이다.

상한 것처럼 보이고 꺼져가는 것처럼 보이지만 그리고 그와 함께 있던 무리들 역시 그렇게 보였지만, 마침내 이 종은 땅 위에 미슈파트를 세울 것이며, 열방("섬들")이 그의 "교훈"(토라)를 기다릴 것이다. 이 "섬들"은 41장에서 하나님이 행하시는 일을 보고 두려워

하며 우상을 만들었으나, 이제 하나님의 종의 사역을 보고서 그리고 그가 그 땅위에 세운 미슈파트를 보고서 도리어 이 종의 토라를 기다리게 된다. 열방이 상한 갈대를 회복하는 종으로 말미암아 토라로 나아오게 된다. 열방과 토라의 연결은 이사야 2장에서도 나타났었는데, 만방이 시온으로 모여오는 까닭은 토라가 시온에서 나오기 때문이며, 여호와께서 열방을 재판하시매, 그들이 칼을 보습으로 바꾼다. 42장에서도, 종의 사역은 열방이 여호와의 토라를 기다리게 만든 매개체가 되었다.

그러므로 하나님이 기뻐하시는 종의 사역은 상한 갈대로 상징되는 약한 자들에 대한 관심 그리고 진리로 세워진 미슈파트가 핵심이며, 이 종이 마태기자의 고백대로 예수 그리스도에게서 성취된다. 마태복음 12장에서 안식일에 시장하여 밀을 잘라 먹은 제자들의 행동, 구덩이에 빠진 양 한 마리에 대한 관심, 병든 자를 고쳐 주심 등을 이사야의 말씀과 연결시키고 있다(마 12:18-21).[148] 결국 예수께서 행하신 일의 핵심도 약한 자에 대한 관심과 그를 통한 미슈파트의 실행이며, 이를 통해 열방이 하나님의 토라로, 하나님의 말씀으로 나아오게 되고, 그 결과로 평화의 세상이 이루어진다. 하나님의 교회가 세상 가운데서 약한 자를 사랑하며 그들을 회복하며 그들과 한 걸음을 나아갈 때, 열방이 여호와의 말씀으로 돌아오게 된다. 그러므로 이사야서의 구절들은 무엇이 열방을 위한 말씀인지, 어떻게 열방을 하나님께로 돌아오게 할 것인지 오늘날의 우리를 향해 도전하고 있다.

---

148. 마태의 본문은 마소라와도 칠십인역과도 조금씩 다르다. "그 땅 위에" 대신에 뜻밖에도 "승리로"가 쓰여졌으며, 마지막 문장은 "그의 율법" 대신에 "그의 이름"을 쓰고, "기다리다" 대신에 "희망한다"를 쓴 점에서, 칠십인경과 일치된다.

2. 49:1-6

1절의 첫머리는 청중으로 먼 데 있는 존재들인 섬들과 먼 곳 백성을 부르고 있는데, 이를 통해 하나님의 구원의 선포가 땅 끝까지 미침을 보여준다. 여기서 언급된 "섬들"은 42장 4절에서 나왔던 "섬들"과 동일한 단어이며, 여호와의 종을 통한 새로운 날은 그저 유대와 이스라엘만을 위한 것이 아니라 열방을 향해 그 효과가 미쳐짐을 확실히 하고 있다(참고: Janowski: 55). 이와 더불어 1절의 말씀은 여호와께서 그 백성 이스라엘을 부르신 것이 우연한 일이 아니며 이스라엘이 생겨나기 전부터 계획된 일임을 보여준다. 복중에서부터 택함을 받는 이에 대한 언급은 예레미야에게서도 볼 수 있다(렘 1:5). 이러한 언급들은 이스라엘의 회복과 구원이 일시적이요, 순간적인 일이 아니라, 오래 전에 계획된 일이며, 하나님의 경륜 가운데 차근차근 이루어진 일임을 증거하고 있다. 하나님의 행하심은 즉흥적이지 않다. 우리는 우리의 삶속에서 이루어지는 구원을 볼 때, 이것이 오래 계획된 하나님의 사건임을 발견하게 된다.

하나님께서 그 부르신 자를 날카로운 칼과 예리한 화살로 만드시고 그의 손에 그를 쥐시고 그의 화살통에 담으셨다. 손에 쥐고 화살통에 담는 것은 이제 곧 사용할 무기로 준비하고 있는 것을 의미한다. 하나님이 친히 전사가 되어 싸우실 때, 그 손에 들린 칼이며, 그 화살통에 채워진 화살이 바로 여호와께 부름받은 존재인 것이다. 여호와의 종은 하나님의 날카로운 칼이요, 예리한 화살이다. 그를 향해 하나님께서는 "너는 나의 종이라 이스라엘아 너로 말미암아 내가 영광을 받으리라" 말씀하신다. 하나님께서 그 종으로 말미암아 그리고 이 종이 대표하고 있는 바, 이스라엘을 통해 영광을 받으신다(사 44:23). 세상이 어찌 하나님의 영광을 알 수 있을까? 세상이 어찌 하나님의 사랑을 알 수 있을까? 그 영광과 그 사랑은 그 백성 이스라엘을 통하여 나타난다. 예수께서는 하나님께서 명하신 일을 다 이루심으로 하나님 아버지를 세상에서 영화롭게 하셨다(요 17:4). 그러할 때, 하나님께서 예수를 영화롭게 하실 것이다(요 17:5). 그런 점에서 요한복음 17장에 나오는 예수님의 기도는 영광에 대한 것이라고 할 수 있다(특히, 17:1). 예수그리스도의 사역에서 이러한 영화롭게 되심은 이제 십자가를 통해 완성될 것이다. 예수와 아버지의 하나됨은 아버지께서 명하신 일에 대한 예수의 온전한 순종에서 보여지며 그 절정은 십자가이다. 우리와 주님의 하나됨은 주께서 명하신 일에 대한 온전한 순종에서 비롯되며, 우리 안에서의 하나됨은 역시 주께서 명하신 일에 대한 온전한 순종으로 서로 사랑함에서 비롯된다. 그리고 이 사랑의 핵심은 십자가이다. 사랑과 십자가는 영광의 핵심인 것이다.

예수 그리스도의 십자가를 통한 순종과 하나님의 영광이 서로 연관되듯이, 종의 영광과 종의 고난도 서로 연관된다. 4절이 말하고 있는 점은 이에 대한 것이다: "그러나 나는 말하기를 내가 헛되이 수고하였으며 무익하게 공연히 내 힘을 다하였다 하였도다 참으로 나에 대한 판단이 여호와께 있고 나의 보응이 나의 하나님께 있느니라". 하나님께서 말씀하신 자신의 정체와 삶의 열매없는 그 자신의 모습이 4절을 시작하는 "바아니 ואני ('그러나 나는')"를 통해 두드러지게 대조된다. 여호와께서 그를 통해 영광을 받으시리라 말씀하시지만, 현실은 종으로서의 그의 삶과 노력이 헛되고 무익했다고 여기게 한다. 여호와의 종의 수고와 애씀에도 불구하고 아무런 소용도 효과도 없다고 말할 수 밖에 없는 현실이었다. 이러한 고백에서 여호와의 종이 겪게 되는 고난 가득한 삶을 짐작하게 된다. 이러한 고난은 세 번째 종의 노래와 네 번째 종의 노래의 주제이기도 하다. 그는 하나님의 사람이기에, 여호와의 종으로서만 의미가 있다. 여호와가 아니라면 그의 삶은 허무한 삶이요, 헛된 것, 아무 것도 아닌 것을 위한 노력과 수고일 뿐이다. 그의 "미슈파트", 그를 제대로 판단하는 것은 오직 여호와께 있을 따름이며, 그의 보상과 대가, 결과도 오직 여호와와 함께 의미가 있다. 비록 세상에서 그의 삶은 헛수고와 같은 삶이라 할지라도, 5절은 여호와의 종이 스스로에 대해 지니고 있는 정체성을 보여준다. 이에 따르면 자신은 여호와께서 태에서부터 부르신 여호와의 종이며, 이를 통해 자신은 야곱과 이스라엘을 하나님께로 돌아오게 하며 하나님께로 다시 모으는 일을 하도록 부름받았다. 비록 세상에서 헛수고하는 사람으로 보일지라도, 여호와 보시기에는 영화로운 자이며, 하나님이 그의 힘이 되셨다. 6절은 이에서 한 걸음 더 나아간다. 이에 따르면 야곱을 돌아오게 하는 것은 오히려 작은 일이다. 이 종은 "이방의 빛"이며, 이를 통해 땅끝이 여호와의 구원을 경험하게 될 것이다. 이 종의 현실적인 모습은 헛수고하고 소용없는 일을 하는 사람처럼 보인다는 것이지만, 실제로 그가 하고 있는 일은 그 백성을 하나님께로 돌아오게 하는 일을 하고 있으며, 나아가 열방이 하나님의 구원을 보게 될 일을 행하고 있는 것이다. 그러므로 겉으로 보이는 것과 하나님께서 보시는 것은 참으로 다르다. 겉으로 초라해 보인다 하여, 하나님 보시기에도 초라한 것은 아니며, 겉으로 성과 없다 하여 하나님 보시기에도 성과 없는 것은 아닌 것이다.

　주목할 만한 것은 이 본문이 신약성경에서 인용되고 활용되는 방식이다. 누가복음 2장 32절에서 '이방의 빛'과 같은 의미는 예수 그리스도를 가리키는 데에 사용되었지만, 사도행전 13장 47절에서는 바울의 전도 사역에 적용되었다. 본래 여호와의 종을 가리키는 말씀이었으되, 신약 교회에 의해 예수님께 적용되었고, 나아가 바울과 같은 개개의 그리스도인의 삶과 사역에도 적용되고 있는 것이다. 이러한 적용들은 여호와의 종 본문의 오늘의 사용에 대해 힌트를 주고 있다. 그러므로 이사야서에 담긴 여호와의 종 본문은 신약의 그리스도인들에게 있어서, 예수 그리스도를 가리키는 표현이면서 동시에 그리스도를 따라 하나님의 종이 된 교회와 그리스도인들을 가리키는 말씀으로 이해될 수 있다. 예수께서 세상에서 사시면서 그의 사역이 헛된 것처럼 보이고 십자가에서 죽으심으로 실패하신 것처럼 보이지만, 실상 그를 통해 하나님은 야곱과 이스라엘로 하여금 하나님께 돌아오게 하신 것이며, 나아가 열방이 그를 통해 하나님의 구원을 보게 되었다. 마찬가지로, 오늘의 교회 역시 세상에서는 실패한 것처럼 보이고 헛수고를 하는 집단으로 보이지만, 하나님께서는 이 교회를 통해 그 백성들과 나아가 열방을 하나님께로 이끄실 것이다. 그러므로 교회는 세상에서 헛수고처럼 보이는 집단이다. 매우 효율적으로 일을 하는 능숙하고 유능한 사람들의 집단이라기보다는 어리숙하고 미련하게 실현 가능하지 않은 일들을 추구하는 집단처럼 보인다. 이 땅에 임하실 하나님의 나라를 추구하고 전하니 어찌 미련하고 헛된 일을 추구하는 것으로 보이지 않으랴. 그러나 하나님께서는 그들을 통해 하나님의 구원이 세상에 나타나게 하실 것이다.

여호와께서 복중에서부터 그의 종으로 삼으신 이가 있다. 그는 여호와가 쓰시는 잘 벼려진 화살과 칼 같으며 하나님께서 그를 사용하실 것이다. 그의 수고가 헛된 것 같고 헛된 곳에 자신의 힘을 다 써버린 것처럼 여겨지지만, 그의 공의는 여호와와 함께 있으며 그의 수고의 보상 역시 그의 하나님과 함께 있다. 세상에서는 그렇게 보이지 않겠지만, 그는 여호와가 보시기에 존귀한 자이며 여호와의 종으로서 그 백성 이스라엘을 여호와께로 돌이킬 자이며, 나아가 열방의 빛으로서 땅 끝까지 미치는 하나님의 구원을 증거할 자이다. 이스라엘이 하나님께로 돌아가는 일이 열방이 하나님의 구원의 빛을 보는 것과 연결되어 있다고 할 수 있다. 이스라엘의 회복과 열방의 구원이 여기서도 연결되어 있다.

3. 50:4-11

여기서 여호와의 종은 "학자의 혀('레숀 림무딤 לשׁון למוּדים')"를 가졌기에, 그의 말로 곤고한 자를 도울 수 있다. "학자"로 번역된 히브리말은 정확하게 말하자면 '배우는 자'이다. 사실, 그 의미가 '학자'라는 한자말의 의미이기도 할 것이다. 그러나 오늘날에 '학자'라고 말하면 왠지 더 이상 배울 것이 없는 사람처럼 여겨지기도 한다. 그런 점에서 현실적으로 '학자'보다는 개역 성경의 난하주에서 제시하듯이 '제자'라고 번역하는 것이 더 적당할 수 있다. '학자'는 더 이상 배울 것이 없는 사람, 혹은 현실과는 상관없는 사항을 하염없이 연구하는 사람이 아니라, 계속해서 '배우는 사람'이다. 그리고 이러한 배움의 목적과 쓸모는 곤고한 사람을 돕기 위한 것이다. 달리 말해 곤고한 사람을 돕기 위해 계속해서 배워야 한다. 여호와의 종은 이러한 학자의 혀가 있기에 늘 배우는 사람이며, 그를 통해 곤고한 자를 돕는 자이고, 학자의 귀가 있기에 하나님께서 명하시는 바를 늘 깨닫는 자이다. 그것이 계속해서 배움과 익힘의 목적이고 까닭이다. 어느 결엔가 우리네 교회에는 배움을 경시하고 많은 공부를 어리석은 것으로 여기는 풍토가 있다. 그러나 참으로 학자의 혀와 학자의 귀는 우리에게 절실히 요구된다. 곤고한 이를 섬기고 하나님의 말씀에 귀를 기울이기 위해서 말이다.

여호와의 종에게는 학자의 혀와 학자의 귀가 있다. 그래서 그는 자신의 사역 가운데 뒤로 물러서지 않으며, 하나님을 거역하지도 않는다. 그로 인해 그에게는 고난이 밀어닥친다. 말로 곤고한 자를 돕고 하나님 말씀을 잘 들은 것이 그의 삶임에도 그를 때리는 자가 있고, 그의 뺨을 치는 자가 있으며, 그의 수염을 잡아 당기는 자들이 있고, 급기야 침뱉음과 모욕을 당하기도 한다. 그러므로 여호와의 종에게는, 여호와의 말씀을 알아 듣고 곤고한 이를 돕는 자에게는, 고난이 있다. 그의 하는 일은 분명히 좋은 일이고 옳은 일인데 왜 그에게 이토록 모욕하는 자와 적대하는 자가 있는 것일까? 첫 번째 종의 노래에서 이 종은 상한 갈대를 꺾지 않는 사역을 행하는 자이며, 두 번째 종의 노래에서 이 종의 사역은 마치 헛수고와 같아 보인다는 것이 드러났다. 그리고 세 번째 종의 노래에서 이 종은 그를 대적하고 모욕하는 자들로 둘러 싸이기에 이른다. 왜 사람들은 이러한 종의 사역을 대적하고 부정하는 것일까? 이러한 고난과 모욕이 예수 그리스도에게서 고스란히 이루어졌음을 볼 때, 여호와의 종처럼 상한 갈대를 꺾지 않는 사역을 하면 고난과 모욕이 그에게 닥쳐 온다고 말할 수 있을 것이다. 유능하고 능력있는 이들을 상대하는 것이 아니라, 상한 갈대와 같은 이들을 상대하기에 그의 사역이 헛수고처럼 보일 것이라는 것은 능히 짐작할 수 있다. 참된 여호와의 종의 사역은 그런 것이다. 예수께서 이 땅에서 사실 동안 하신 일도 그러한 것이었다. 만일 주께서 바리새인과 사두개인들을 상대하시면서 그들 가운데서 활동하시고 그들을 파트너로 삼았더라면 훨씬 고난이 덜하였을 것이고, 십자가도 지게 되지 않으셨을 것이다. 그러므로 상한 갈대의 사역은 이미 출발부터 고난을 내포하고 있다. 그러므로 세 번째 종의 노래에서 보듯, 사람들이 그를 모욕하고 침뱉고 때리는 것은 필연적이다. 오늘의 우리 교회는 어떠한가? 오늘의 교회가 세상에서 욕을 먹는 까닭은 무엇인가?

7절에서 그의 고난과 모욕 중에서 여호와께서 그를 도우신다는 확신의 말씀이 그에게 주어진다. 여호와의 도우심의 결과는 무엇인가? 그에게서 고난이 사라지고 모욕이 사라지고 찬란한 영광의 날이 밝아오는 것을 의미하는가? 그러나 7절의 말씀은 하나님의 도우심으로 말미암아 그가 심한 모욕을 받음에도 부끄러워하지 않게 되었고, 얼굴이 부싯돌 같이 굳어져서 어떠한 모욕과 조롱에도 견딜 수 있게 되었다고 선언하고 있다. 즉, 여호와의 도우심은 고난을 없애는 것이 아니라, 고난을 이겨내고 견뎌내고 참아내는 것으로 나타난다. 그에게 주어진 하나님의 도우심으로 인해 그는 부끄러워하지 않게 되었다. 하나님의 도우심으로 고난과 곤경의 상황에서 빠져나오거나 승리와 영광이 임한 것이 아니라 고난속에서 견뎌낼 수 있게 된 것이다. 하나님의 도우심으로 그의 얼굴이 부싯돌[149]처럼 굳게 되었다. 하나님의 도우심으로 말미암아 부끄러워하지 않는 강함을 얻게 되는 것이 예언자의 특징이라고 할 수 있으며, 이것은 단단하게 굳게 된 그들의 얼굴 혹은 이마로 표현된다: 예레미야(렘 1:18 "쇠기둥, 놋성벽"), 에스겔(3:8-9 "화석보다 굳은 금강석같이"). 그러므로 여호와의 도우심을 힘입어 어떤 모욕과 고난을 견딜 수 있게 된 여호와의 종은 하나님께 대한 담대한 확신을 고백하게 된다. 8-9절은 이것을 보여주고 있다: "나를 의롭다 하시는 이가 가까이 계시니 나와 다툴 자가 누구냐 나와 함께 설지어다 나의 대적이 누구냐 내게 가까이 나아올지어다 보라 주 여호와께서 나를 도우시리니 나를 정죄할 자 누구냐 보라 그들은 다 옷과 같이 해어지

---

149. '부싯돌'-강철처럼 단단해서, 쇠로 된 부시로 치면 불꽃이 일 정도이다. 구약에서 하나님께서 쳐서 물을 내신 반석을 가리킬 때에 이 단어가 사용되었다(신 8:15; 32:13; 욥 28:9; 시 114:8).

며 좀이 그들을 먹으리라". 여기서 볼 수 있는 예언자의 담대한 증거는 로마서 8장 31-35절에서 선포되는 바울의 담대한 고백을 떠올리게 한다. 이사야서에서 이러한 고백이 고난받는 종의 사역과 연관되며, 로마서에서도 이러한 고백은 바울에게 그리고 하나님의 사람들에게 임하는 극심한 고난과 연관되어 있다(롬 8:36-39).

4. 52:13-53:12

종의 노래 가운데 가장 유명한 단락이라 할 수 있는 이 본문의 처음과 끝에서 하나님께서 화자로 등장하고, 종의 존귀케 됨에 대해서 표현하고 있다는 점에서 일종의 수미쌍관(inclusio)을 이루고 있다(Goldingay and Payne II: 275). 처음 부분에서는 그의 승리와 그가 높이 들려 존귀케 될 것이 언급된다. 그 시작이 전체 이야기의 결론으로 시작하고 있다는 점에서 이 네 번째 종의 노래는 특이하다. 나아가, 이렇게 종이 영화롭게 되리라는 결론이야말로 네 번째 종의 노래를 이해하는 중요한 출발점이며, 앞서 소개된 세 가지 종의 노래 본문 전체를 이해하는 지점이기도 하다(von Rad: 223).

첫머리에 제시된 종의 승리와 영화롭게됨은 정복과 영광에 의한 것이 아니라, 뜻밖에도 극심한 고난 속에서 이루어진다. 이러한 반전은 53장의 첫머리에서 제시되는 "여호와의 팔"(זרוע יהוה) 이미지에서도 잘 나타난다. 52장 13절부터 53장 마지막까지를 하나의 단락으로 취급하지만, 엄밀히 말해서 52장 13절 이하의 본문은 그에 선행하는 본문들과 긴밀히 연결되어 있다. 이를 보여주는 단적인 예는 "여호와의 팔"이 53장 1절에 나타날 뿐 아니라, 52장 10절에서도 이미 나타나고 있다는 점이다(Goldingay and Payne II: 273). 여호와께서 그 거룩한 팔을 열방의 목전에서 나타내시매 땅 끝이 하나님의 구원을 보게 되었으며, 이 점은 52장 15절에서 의미하는 바이기도 하다. 그러면 온 열방이 보고 놀라게 될 하나님의 구원을 상징하는 여호와의 팔이 누구에게 나타났는가? 53장은 하나님의 능력을 상징하는 이 강력한 이미지가 연한 순과 같은 고난받는 종에게 나타났음을 보이면서 이를 통해 참으로 여호와의 팔이 의미하는 바가 무엇인지를 보여준다. 우선, "여호와의 팔"은 구원의 도구이면서 동시에 심판의 도구이기도 하다:

> "(강한 손과) 편 팔"로 그 백성을 인도해내신 하나님(출 6:6; 15:16; 신 4:34; 5:15; 26:8; 시 136:12; 왕상 8:42; 왕하 17:36; 사 63:12); 그 팔로 심판을 행하시는 하나님(렘 21:5; 겔 20:33,34); 그 팔로 창조하심 (렘 27:5; 32:17); 그 팔로 연약한 자를 보호하심(시 79:11; 89:21 다윗; 사 40:11); 야곱을 구속하심(시 44:3; 77:15; 89:13; 98:1; 사 52:10); 대적을 물리치시는 하나님의 팔(신 33:27; 시 89:10; 사 30:30; 51:9).

이상에서 보듯, 하나님의 팔을 통해 그 구원하심과 심판하심이 이루어진다. 특히 구원의 수단으로서 하나님의 팔은 출애굽사건을 통하여 분명하게 드러났다. 이 경험에 기초해서, 이스라엘을 구속하시고 건지시며 하나님과 이스라엘을 대적하는 이들을 파하시는 하나님의 능력을 보여주는 표현으로 "여호와의 팔"이 사용된다. 이러한 여호와의 팔이 열방의 목전에서 드러났고 땅의 모든 끝이 그 구원을 보게될 것이다(사 52:10). 53장 1절은 이것을 받아서 여호와의 팔이 그 종에게 나타났음을 말하고 있다. 그런데 이렇게 강력한 여호와의 팔이 나타난 여호와의 종은 이 땅에서 마른 땅에서 나온 줄기 같고 연한 순과 같다고 묘사된다. 전혀 어울릴 것 같지 않은 결합이 이루어져 있는 셈이다. 그리고 이러한 줄기와 순에 대한 묘사가 실제로 의미하는 바는 이 여호와의 종의 초라함과 그가 받을 고난이라는 점에서, 고난 받는 종이야말로 여호와의 팔의 참된 구현임을 보여주고 있다. 하나님께서 고레스를 붙잡으시매 그를 통해 열방을 굴복케 하시지만, 여호와의 팔이 나타난 이 종은 그와는 정반대로 세상에서 고난받고 무기력하고 연약한 모습으로 나타난다. 여호와의 종을 통해 나타난 '하나님의 팔'은 여호와의 구원의 도구이되, 그 양상은 고난받는 종으로 드러났다. 고난받는 종이야말로 여호와의 팔의 능력이다. 종의 영광은 세상에서의 승리와 번영에 있지 않고 그 고난 받음에 있다. 종에게 임한 하나님의 능력은 세상에서의 영광스러운 승리와 진군에 있지 않고, 매맞고 채찍 맞는 고난에서 드러난다. 하나님의 팔이 임한 이 종은 메마른 땅에서 나온 싹과 같으며, 도무지 볼품도 없고 사람들이 무언가 기대하고 바랄 만한 것이 없어 보이는 이였다. 그런 점에서 이 본문은 백성들의 눈 멀음에 대한 고발이라고 볼 수 있다(von Rad: 223). 이사야서 전체에서 눈멀음이라는 주제가 반복되었거니와, 본문에서도 그 명백한 표현들은 전혀 쓰이지 않았지만, 종의 볼품 없는 외양에 대한 묘사를 통해 청중과 독자로 하여금 무엇을 보고 있는지를 강력하게 묻고 있다. 사람들은 그를 보고 무시하고 멸시했으나 실상 그는 다른 이를 위해 고난 받은 이였다. 오늘 우리는 무엇을 보고 있는가? 우리는 무엇으로 판단하고 있는가?

　3절의 표현은 유의할 필요가 있다: "간고를 많이 겪었으며 질고를 아는 자라". 여기에서 쓰인 "간고를 많이 겪었으며"는 직역하면 '슬픔의 사람(a man of sorrows: '이쉬 마크오보트 מכאבות אישׁ')이다. 여기에 쓰인 단어는 이스라엘이 애굽에서 겪는 고난을 가리키는 단어이기도 하다(출 3:7).[150] 이 종은 그의 몸에 이스라엘이 겪는

---

150. 출애굽기와 53장의 연관들은 이 장에 표현된 여호와의 종을 모세를 가리키는 것으로 보는 발처(K. Baltzer)의 견해의 근거가 되었다. 이에

고난 혹은 슬픔을 짊어졌다. 또한 그는 "질고를 아는 자"('예두아 홀리 יְדוּעַ חֳלִי')로 표현되는데, 직역하면 '병을 아는 사람'이다. 이 종에게는 고생과 슬픔이 끊이지 않았고, 내내 병치레했어야 했을 것이다. 시편의 한 구절은 악인이 누리는 샬롬에도 불구하고 하나님의 사람들은 늘 하나님께 책망받고 병이 끊이지 않는다고 말하는 시편 기자의 탄식을 전하고 있기도 하다(시 73:14). 그러나 이 종이 겪는 병치레와 이 종이 겪는 고생은 우리가 겪는 병치레와 고생을 대신 당한 것이다. 4절에서 쓰인 "질고"와 "슬픔"은 3절에서 쓰인 "질고"와 "간고"와 동일한 단어이다. 즉, 3절과 4절은 같은 단어들을 교차 대구시키면서(a-b-b-a), 여호와의 종의 고난이 우리의 고난을 대신 당한 것임을 분명히 표현하고 있다. 그의 고난은 우리의 죄악 때문이었다. 이스라엘의 고난에 대한 혹은 어떤 한 개인의 고난에 대한 이러한 인식은 구약의 다른 곳에서는 찾아볼 수 없는 생각이었다.151

대해 Baltzer: 392-429.

151. 대속적인 죽음에 대한 사고는 신구약 중간기 문헌들에서 발견된다. 마카비2서 7장 37-38절("나는 형들과 마찬가지로 조상들의 법을 위하여 몸도 목숨도 내놓았소. 그러면서 하느님께서 우리 민족에게는 어서 자비를 베푸시고 당신에게는 시련과 재앙을 내리시어 그분만이 하느님이심을 고백하게 해 주시기를 간청하오. 또한 우리 온 민족에게 정당하게 내렸던 전능하신 분의 분노가 나와 내형제들을 통하여 끝나기를 간청하고 있소": 공동번역)은 안티오커스 에피파네스 시절에 여호와신앙을 지키며 죽어간 이들의 순교를 통해 하나님의 진노가 거두어지길 기대하는 내용을 담고 있다는 점에서 그들의 순교가 대속적일 수 있음을 보여주고 있으며, 8장 5절에서는 하나님의 진노가 실제로 돌이켜졌다고 적고 있다. 그런 점에서 이 시기의 순교자들의 죽음은 민족을 위한 죽음이었다고 할 것이다. 이들 순교자들을 다루고 있는 또다른 본문인 마카비4서(주전 1세기-주후 1세기 경 기록)는 이 점을 훨씬 명확하게 표현한다: "당신의 백성들에게 자비하사

그가 고난을 견디는 방식은 그야말로 양과 같은 침묵이었다. 그는 체포되고, 심문받고 재판받았으며 마침내는 처형되었다. 산 자의 땅에서 끊어져 버렸다. 그리고 그의 무덤은 범죄자와 함께 있었다. 그러나 그의 죽음은 우연이나 환경에 의해 어쩔 수 없이 주어진 운명이 아니었다. 그것은 하나님의 사건이었고, 하나님의 계획 속에 있던 사건이었다. 이를 보여주는 것이 10절이다: "여호와께서 그에게 상함을 받게 하시기를 원하사 질고를 당하게 하셨은즉". 여기서 '원하다'로 번역된 히브리 동사는 "하페츠 חפץ"로써, '기뻐하다'를 의미한다. 즉, 여호와께서 그 종이 고난 받는 것을 기뻐하셨다는 것이다. 이 종은 하나님께 "속건제물("아샴 אשם")"로 드려졌다. 속건제는 하나님의 권리 혹은 하나님의 이름을 손상시키거나 하나님께 잘못을 범하였을 때에 그것을 보상하기 위하여 드리는 제사이다(Goldingay and Payne II: 320). 여호와의 종은 자신의 잘못이 아니라 백성들이 하나님께 행한 잘못에 대해 보상하기 위해 자신을('그의 생명을'-"나프쇼 נפשו") 속건제물로 드렸다. 11절에서 다시금 여호와께서 화자로 등장하시면서 이 종을 향해 의롭다 말씀하시고 이 의로운 종이 그의 지식으로 많은 사람을 의롭게 하였음을 선언하신다. 다시금 '지식'은 그저 상아탑에 갇힌 것이나 단순한 정보의 축적이 아니라, 다른 이를 섬기며 유익하게 하며 나아가 의롭게 하는 것임을 볼 수 있다. 여호와의 종은 "학자"이며, 그에게는 "지식"이 있어, 이를 통해 곤고한 자를 돕고 많은 사람을 의롭게 하였

우리가 받은 처벌로 충분하게 하소서 나의 피로 그들을 정결케 하시고, 그들의 목숨 대신에 나의 목숨을 취하소서"(6:28-29); "그 폭군은 처벌되었으며, 고국은 정결케 되었다; 그들은 (역주: 순교자들은), 말하자면, 우리 민족의 죄를 위한 대속물 (ἀντίψυχος)이었다"(17:21-22). 여기에서도 고난과 대속이 서로 연결되어 있는 것을 볼 수 있다.

다. 여기서 의롭게 하였다는 것은 이 종으로 인해 많은 사람들과 하나님과의 관계가 회복되었음을 의미한다고 볼 수 있다(von Rad: 224). 이 점은 여기에 이어지는 말씀이 이 종이 사람들의 죄악을 담당하였다는 내용이라는 점에서도 드러난다.

네 번째 종의 노래는 여호와의 종의 최종적인 승리와 존귀에 대해 말하고 있다. 그러나 위에서 살펴본 대로 이 모든 승리는 철저히 다른 이를 대신하여 짊어진 고생과 수고, 고난을 통해 이루어졌다. 여호와의 종에게 있어서 승리는 고난에 대한 순종이었다. 52장 13절과 53장 12절에서 볼 수 있는 종의 형통은 이 종의 고난의 맥락에서 이해되어야 할 것이다. 그런 점에서 이 여호와의 종은 그의 고난과 죽음을 통해 많은 사람들을 회복하는 메시야로 여겨졌고, 신약 교회에게 있어서 이 종은 당연히 메시야이신 예수 그리스도와 동일시되었다. 그러므로 기독교 교회는 다 자란 큰 나무 같은 이가 아닌 메마른 땅에서 나온 연한 순 같은 이를 구세주로 고백하는 교회이며, 세상에서 멸시받고 천대 받고 도무지 흠모할 만한 것이 없어 보일 뿐 아니라, 극심한 고생과 질병 속에서 고통받았던 이를 구주로 영접하는 교회이다. 그렇기에 기독교 교회는 결코 겉으로 드러난 외모를 보고 판단할 수 없으며 세상에서의 성공과 성취를 가지고 아무 것도 판단하지 않는다. 그리스도를 나타내고 있는 이 종이 이토록 고난과 고초 속에 사셨고 마침내 말없이 죽기까지 이르렀음을 고백하는 교회는 세상에서 고난받으며 가난과 고초 속에 사는 모든 이들의 어려움을 인과응보적인 기준으로 판단할 수 없을 것이다. 오히려 고난이야말로 참 예언자의 표시라고 말할 수 있을 것이다 (von Rad: 241-242). 이를 생각하면 이사야 53장의 고난받는 종은 구약의 다른 본문들에서 유례를 찾을 수 없는 독특하기만 한 본문은 아닐 것이다. 다른 이를 위해 중보하는 예언자의 직무, 그리고 예언자로 살아간다는 것이 단지 어떤 메시지를 선포하는 것 뿐 아니라, 그의 삶과 영 전체에 깊은 영향을 미치며 고난으로 이끌어간다는 두 가지 사항의 결과물이 53장의 고난받는 대속적인 종에 관한 말씀이라고 할 수 있다(von Rad: 244).

그렇지만, 52장 13절과 같이 종의 형통에 대한 선언들은 영광스러운 메시야, 승리하는 메시야에 대한 이해에로의 길을 열고 있으며, 이러한 이해는 타르굼 이사야 53장에서 그대로 반영되어 있다. 타르굼 이사야에서 볼 수 있는 영광의 메시야는 고난 받는 메시야로서 예수를 제시하는 기독교에 대한 유대교의 의도적 반대로 이루어진 결과일 수 있다(Jeremias: 695). 그러나 죠스탱 아드나(Jostein Ådna: 189-224)는 번역자가 이사야서의 다른 본문에서처럼 일관된 번역을 의도한 결과로 현재의 타르굼 본문이 생겨났다고 주장한다. 52장 13절에서 타르굼은 "나의 종"다음에 "메시야"를 첨가하면서 여호와의 종과 메시야를 동일시한다.152 그에게 있어서 형통하고 받들어 높이 들려서 존귀하게 될 이는 메시야 외에는 달리 없기 때문이다. 그렇다면 타르굼 이사야 번역자에게, 52장 14절 이하에 나오는 고난 받는 사람은 당연히 다른 사람을 가리키는 것으로 여겨졌으리라 볼 수 있다. 그리고 타르굼에서 볼 수 있는 이러한 영광스러운 메시야 이해는 구약의 다른 본문들에 나오는 메시야 이해와도 일치한다(시 110:1; 단 7:13-14)(Watts 2007: 220).153 그러므로 타르굼에 나타나고 있는 여호와의 종에 대한 표현은 메시야에 대한 근

152. 타르굼은 4장 2절과 11장 1절에 나오는 "(여호와의) 가지"를 의미하는 "체마흐"를 "메시야"로 옮기고 있기도 한데, 이것은 아마도 스가랴 3장 8절을 따른 것으로 보인다. 타르굼 이사야의 "메시야" 호칭에 대해 Chilton: 86-96.

153. 타르굼 이사야서 53장에 표현되고 있는 메시야는 율법의 교사(5절), 성전의 건축자(5절), 중보자(4,11,12절)의 역할로 나타나기도 한다.

본적인 문제를 첨예하게 보여준다. 교회가 타르굼이 아니라 히브리 성경의 이사야서를 정경으로 인정한다는 것은 메시야에 대한 근본적인 고백으로 고난과 고통을 고백한다는 것이다. 예로부터 우리는 고통으로부터의 구원, 고통으로부터 건져 내는 것이 메시야의 사역의 근본이라고 생각한다. 그러나 53장의 말씀은 고통받으신 메시야를 보여주며, 예수 그리스도 역시 그 십자가에서 고통당하는 메시야의 참된 모습을 보여주고 있다.

군사적이고 승리하는 메시야에 대한 기대는 마카비 혁명과 연관된다. 비록 "메시야"라는 말을 사용하지 않지만, 마카비1서는 하나님의 대행자로 임명되어 하나님의 백성들을 이끌면서 이스라엘의 정치적 독립을 쟁취하고 유대에서 이방 세력들을 몰아낼 정치적 군사적 지도자를 찬미하고 있다는 점에서, 이후의 유대 역사에 큰 영향을 미쳤다. 로마 시대의 유대인들의 소요 사태에는 마카비1서가 보여주는 이상에 대한 기대가 담겨 있다고 할 수 있다. 하나님께서 적은 무리들을 통하여도 승리를 가져오실 것이며 이스라엘이 다시금 민족의 지도자와 더불어 경제적 풍요를 누리게 되리라는 예언자들의 예언은 이후의 시대에서 새로운 해방자, 새로운 다윗의 후예에 대한 기대로 이어지게 하였을 것이다(deSilva: 264). 당연히 이러한 기대는 신약성경에 등장하는 유대인들의 기대이기도 할 것이다. 예수께서 로마당국에 의해 처형된 것과 예수를 고소하는 바리새인들의 고소에도 이러한 군사적 정치적 메시야에 대한 희망이 배경에 있다고 할 것이다. 그러므로, 예수의 부활은 제자들로 하여금 드디어 때가 무르익었다고 여기게 하기에 충분하였을 것이다: "주께서 이스라엘 나라를 회복하심이 이 때니이까?"(행 1:6). 또한 마카비의 폭력적 저항은 열심당에서 시카리(Sicarii)에 이르는 무력 저항 전통의 기반이 되었다. 바울 역시 폭력을 사용해서라도 유대교에 거스르는 배교자들인 기독교인들을 체포하였다(deSilva: 265). 그러므로 고난 받는 메시야 상이야말로 유대인들이 예수를 바라볼 때에 가장 큰 실족거리인 셈이다. 오늘 우리는 어떠한가? 우리의 교회는 혹시 십자가를 바라보며 실족하고 있지 않는가? 영광의 그리스도, 승리의 메시야를 기대하고 있지 않는가? 그런 점에서 부활하신 주님께서 제자들에게만 그 모습을 나타내시고(행 10:41) 승천하신 것도 의미 깊다. 주님의 부활은 온 세상을 향한 증거가 아니라 그를 따르고 믿는 자들을 향한 증거이다. 평생에 그 제자들로 주님을 따르고 주님을 증거하며 살게 하는 힘이다. 주님의 십자가는 모든 이들에게 나타났지만, 주님의 부활은 오직 미리 택하신 증인들에게만 나타났다. 십자가는 세상에 보여야 할 모습이고 부활은 믿는 이들이 간직한 소망이고 약속이다. 유대인들은 표적을 구한다. 마카비가 행한 일이 그 가문의 영광의 근거이듯이, 예수를 통해서도 그러한 표적 보기를 구하였다. 그러나 그들을 향해 전할 것은 오직 십자가에 못박힌 그리스도였다. 십자가에 못박히신 그리스도야말로 이 땅 가운데 나타난 하나님의 능력이었다(고전 1:22-24).

한 가지 주목할 것은 이사야 53장의 본문이 유대인들을 배척하고 핍박하는 중대한 근거 본문으로 사용되었다는 점이다(Sawyer: 150-185). 유럽의 역사속에서 예수의 수난 장면은 대개 이사야 53장과 연관되어 표현되었고, 그 주변에는 예수를 핍박하는 유대인들이 그려져 있다. 중세 유럽에서(11-13세기경) 이러한 유대인 박해에 가장 앞장선 사람들은 도미니칸과 프란시스칸 수도회였다. 구세주를 죽인 이들이 유대인이며, 이 유대인들이 하나님을 거역하고 메시야를 거역했다고 이해한 수많은 경건한 그리스도인들은 유럽 전역에서 유대인들을 핍박한 것이다. 그리고 이러한 상황에서 이사야서의 구절들은 유대인들을 향한 좋은 공격거리들을 제공했다(가령, 사 6장;

65:13 같은 구절들). 그러므로 문자를 따라 읽는 성경 읽기는 오히려 반성경적이며 사람을 죽게 한다. 문자적으로 읽는 이사야서는 실제 역사에서 그랬던 것처럼 "반유대주의(Anti-Judaism)"의 무기로 사용되어 버린다. 그렇지만, 예수를 죽인 이는 결코 유대인이 아니라 바로 오늘 살아 있는 우리이다. 참으로 영은 살리는 것이요, 육은 무익하다(요 6:63). 그러므로 우리는 성경 전체에 흐르는 영을 깨닫고 발견하며 성경을 읽는 것이 얼마나 중요한 지를 다시 한번 깨닫게 된다.

끝으로, 베드로전서 2장 18-25절에서의 이사야 53장 사용에 대해 언급해야 할 것이다. 이사야 53장의 표현들이 베드로전서 2장 22절 이하에서 주님의 고난을 표현하는 것으로서 설명되고 있고, 2장 21절은 주님께서 그렇게 죄 없이 고난을 받으시고도 참으셨던 것처럼, 우리도 그러한 고난의 삶으로 부르심을 받았다고 증거하고 있다: "이를 위하여 너희가 부르심을 받았나니(공동번역: "여러분은 바로 그렇게 살아가라고 부르심을 받은 사람들입니다") 그리스도도 너희를 위하여 고난을 받으사 너희에게 본을 끼쳐 *그 자취를 따라* (τοῖς ἴχνεσιν αὐτοῦ; 'in his steps/footprints') 오게 하셨느니라" (벧전 2:21). 여기서 "이를 위하여(εἰς τοῦτο)"가 가리키는 것은 20절에 있는 "선을 행함으로 고난을 받고 참으면"이다. 그러므로 이사야 53장은 단지 예수 그리스도의 고난에 대해서만 말하고 있지 않다. 베드로전서의 구절들은 53장에 나타난 그리스도의 고난이 성도들이 걸어가야 할 고난의 삶의 본보기가 된다고 제시하고 있다. 위에서 살펴본 두 번째 종의 노래에서도 나타났듯이, 여호와의 종에 대한 이 말씀들은 여호와의 종이신 예수 그리스도를 따르는 백성들에게도 적용된다. 여호와의 종이 이방의 빛이듯이, 그를 따르는 교회도 이방의 빛이다. 여호와의 종이 보잘것없는 외양을 가졌으나 실상은 다른 이들을 위해 고난과 죽음의 길을 가셨듯이, 그를 따르는 교회도 보잘 것 없으되 고난과 죽음의 길을 따르도록 부름을 받았다. 참으로 역설적인 것은 53장 본문을 메시야적으로 읽을 뿐 그다지 큰 관심을 기울이지 않던 유대인 주석가들이 이 본문의 의미를 새롭게 발견하게 된 계기가 중세 시대에 자행된 극심한 유대인 박해라는 점이다(Goldingay and Payne II: 286-287). 전 유럽에 걸쳐서 혹독한 박해를 겪으면서 고난받는 종으로서의 유대민족에 대해 53장의 본문이 빛을 던져주게 되었다는 것이다. 결국 기독교인들이 초대 교회의 박해와 순교의 역사 속에서 53장에 담긴 그리스도의 고난과 그를 따르는 그리스도인들의 고난을 발견하였듯이, 거의 동일한 이유로 유대인들 역시 중세를 거치며 고난 받는 민족의 의미를 이 장에서 발견하게 되었다.

제13장 주 여호와의 신이 내게 임하셨으니(61:1-3)

56-66장에서 두드러진 점은 하나님의 약속의 성취가 늦추어지고 있는 현실과 그로 인한 갈등과 실망이 그 이면에 놓여 있다는 점이다. 이 장들에서 예언자의 사고의 출발점이라고 할 수 있는 시온은 여전히 여호와께 도움을 간청하며 기다리고 있고, 여전히 지체되고 있는 하나님의 도시의 영광을 일으켜 주시길 구하고 있는, 구속되지 않은 시온이다(von Rad: 247). 여호와의 오심의 지체에 대한 실망과 체념, 믿음이 사라져 버리게 되고, 그 결과는 현실 속에서 공평과 정의가 붕괴된 것으로 나타난다(59:1-5). 이러한 세상에서 정의롭게 행하고 성실히 행하는 자들은 "거리에" 엎드러지게 되며 고난과 피해를 겪게 될 것이다(59:14). 여호와 하나님의 오심, 하나님이 행하시는 나라에 대한 기대와 믿음이 사라지면, 공평과 정의가 무너지고 체념이 사회를 지배하며, 오직 자기 집과 자기 삶에만 분주하게 될 수 밖에 없다(학 1:9). 그러한 현실속에서 56-66장은 여호와께서 반드시 곧 오실 것이며 세계를 뒤흔들 놀라운 사건으로 임하실 것임을 확고하게 선언하고 있다. 이것이 이 장들이 당대의 백성

들을 향해 선포하고 있는 위로이다. 그러므로 참된 위로는 하나님의 약속의 실현에 있다. 위로는 현실을 잊게 만들고 정의를 잊게 만드는 것이 아니라, 여호와의 오심을 믿고 기대하며 말씀대로 바르게 살게 하는 데 있다. 하나님의 오심에 대한 위로야말로 힘이다. 그것이 이 장들의 메시지의 핵심이다. 56-66장의 말씀을 선포하고 있는 예언자는 그의 동시대인들을 경고하면서, 비록 지체되고 있지만, 여호와의 오심을 통해 여호와께서 그의 도성을 변화시킬 것이며, 이것이야말로 참되고도 세계를 뒤흔들 사건이라는 점을 분명히 하고 있다(von Rad: 247).

"여호와의 종"에 대해 다루고 있는 대표적인 본문들을 앞장에서 살펴보았지만, 여호와 하나님께 쓰임받는 자에 대한 언급은 단지 그 본문들에만 제한되지 않는다. 여호와의 영을 받고 그가 맡긴 사명을 행하는 이는 그 누구이든지 여호와의 종일 것이다. 이사야 6장이 그렇게 하나님께로부터 부름을 받아 여호와의 종이 되어 그 백성들에게 심판을 선포하는 이사야의 모습을 보여주었다면, 이사야 40장은 여호와 하나님의 다스리심을 외치도록 사명을 받은 이를 표현하고 있다고 할 것이다. 여호와의 종으로 부름을 받아 하나님이 맡기실 사명을 행하는 이의 모습은 이사야서의 후반부에 위치한 61장에서도 두드러진다. 이 종은 자신에게 여호와의 영이 임하셨다고 선언함으로 자신의 사명을 설명하고 있다. 이사야서의 중요한 본문들을 다루어 온 본서의 마지막을 여호와의 영이 임한 종의 사역을 살펴보는 것으로 맺으려고 한다.

> "주 여호와의 영이 내게 내리셨으니
> 이는 여호와께서 내게 기름을 부으사
> 가난한 자에게 아름다운 소식을 전하게 하려 하심이라
> 나를 보내사 마음이 상한 자를 고치며

포로된 자에게 자유를, 갇힌 자에게 놓임을 선포하며
여호와의 은혜의 해와 우리 하나님의 보복의 날을 선포하여
모든 슬픈 자를 위로하되
무릇 시온에서 슬퍼하는 자에게 화관을 주어 그 재를 대신하며
기쁨의 기름으로 그 슬픔을 대신하며
찬송의 옷으로 그 근심을 대신하시고
그들이 의의 나무 곧 여호와께서 심으신 그 영광을 나타낼 자
라 일컬음을 받게 하려 하심이라(사 61:1-3)"

주 하나님 여호와의 영이 임한 사람이 있다. 그에게 하나님의 영이 임한 것은 그에게 기름 붓기 위해서이다. 기름을 붓는 것은 특정한 직무를 행하도록 따로 구별한다는 것을 의미하며, 그렇게 기름 부어 구별된 직책으로 왕과(삿 9:8; 삼상 16:3; 삼하 5:17; 왕하 9:3; 대상 29:22; 시 45:7; 89:20) 제사장(출 28:41; 레 7:36; 민 3:3), 선지자(왕상 19:16)를 들 수 있다. 선지자에게 기름을 붓는 경우는 구약에서 단 한 곳만 등장하지만, 이사야 61장의 본문 역시 그렇게 하나님의 선지자로 부름 받아 구별되었음을 의미하는 기름 부음의 예로 볼 수 있을 것이다. 여호와 하나님께서 그에게 기름을 부으신 것은 그를 구별하사 하나님께서 명하신 일을 행하게 하기 위해서이며, 이 일을 해낼 수 있도록 그에게 여호와의 영이 임하였다. 그러므로 기름부음과 하나님의 영이 임한 것은 까닭과 이유가 있는 것이다. 그래서 하나님의 사람이 되는 것은 특권이며 동시에 사명이고, 의무이다. 평화의 왕국을 이루시기 위해 성령의 칠중 은사를 새로운 다윗에게 임하게 하신 하나님께서(사 11:2), 이제 한 사람을 구별하여 그 영과 기름을 부으심으로 하나님의 일을 하게 하신다.

하나님께서 기름부으시고 그 영을 임하게 하신 이가 행할 사명은 무엇인가? 이 종이 행할 사명을 나타내기 위해 1-3절에서 전치사 '라메드'가 일곱 번 사용되고 있다.

1. "가난한 자에게 아름다운 소식을 전하게 하려 하심이라"

하나님께서 임하시고 역사하시는 날들이 은금과 마필이 무수하고 교만한 자들에게는 두렵고도 무서운 재앙의 날이어서 그 영광을 피해 바위틈에 숨어야 하지만(사 2:6-22), "가난한 자"에게는 하나님의 공의가 이루어지는 날이며(사 11:4), 그 날에 "가난한 자가 이스라엘의 거룩하신 이로 말미암아 즐거워하"게 될 것이다(사 29:19). 그러므로 여호와의 영이 임하여 보냄을 받는 종이 가난한 자에게 아름다운 소식을 전하게 된다는 것은 이사야서에서 일관된다. 기본적으로 여호와의 영을 받은 이의 사명은 가난하고 마음 상한 자들, 포로되고 갇힌 자들을 위한 것이다. 이 구절에서 '아름다운 소식을 전하다'는 의미로 쓰인 히브리말 동사는 "바싸르"이며 이에 대해 이미 앞에서 살펴 본 바 있다(11장 2 참고). 이 동사가 사용된 곳 마다에서 '하나님의 다스리심'이 그 아름다운 소식으로 제시되고 있다. 하나님의 통치, 하나님의 나라야말로 아름다운 소식이요, 기쁜 소식이다. 이사야서에서 이 동사의 용례를 볼 때, 61장 본문에서 가난한 자에게 전해지는 아름다운 소식도 동일한 맥락에서 보는 것이 타당할 것이다. 가난한 자에게 전해지는 아름다운 소식은 다른 무엇보다도 하나님의 다스리심, 하나님의 나라이다. 사실 이 땅에 하나님이 세우신 왕은 하나님을 본받아 세상을 통치하도록 부름 받은 존재들이라고 할 수 있다. 그래서 왕을 위해 기도하는 시편 72편에서 왕을 위한 기도의 가장 중요한 간구요 제목은 다름아닌 하나님의 "공평과 정의"를 왕에게 주십사 하는 것이다(시 72:1). 하나님의 공평과 정의가 이 왕에게 임한다면, 그는 "가난한 백성의 억울함을 풀어 주며 궁핍한 자의 자손을 구원하며 압박하는 자를 꺾"을 것이다(시 72:4). 마치 이 왕이 다스리는 나라의 백성은 가난한 사람 밖에는 없기라도 한 양, 72편의 구절들은 가난한 자를 회복하고 돕는 왕의 사역에 대해 거듭거듭 반복해서 다루고 있다:

· "그가 주의 백성을 공의로 재판하며 주의 가난한 자를 정의로 재판하리니"(72:2)

· "그는 궁핍한 자가 부르짖을 때에 건지며 도움이 없는 가난한 자도 건지며 그는 가난한 자와 궁핍한 자를 불쌍히 여기며 궁핍한 자의 생명을 구원하며 그들의 생명을 압박과 강포에서 구원하리니 그들의 피가 그의 눈 앞에서 존귀히 여김을 받으리라"(72:12-14)

그러므로 이러한 왕이 통치할 때, 가난한 백성들은 기뻐할 것이며 여호와 하나님을 찬송하게 될 것이다. 공평과 정의에 근거한 왕의 통치는 하나님의 다스리심을 세상에 드러내고 있다고 할 수 있다. 하나님께서 임하시는 날이 재앙인 이들도 있지만, 가난한 이들에게 그 날은 기쁨과 즐거움의 날이다. 예나 지금이나 참으로 가난한 사람들에게 복된 소식은 재물도 부귀도 아닌 하나님의 나라이다. 명확히 팔복의 첫 번째 복은 이러한 구약적 맥락에서 이해될 수 있을 것이다: "심령이 가난한 자는 복이 있나니 천국이 그들의 것이요"(마 5:3). 아울러 하나님의 나라와 의를 구할 것을 명령하고 있는 주 예수의 말씀 역시 이러한 맥락에서 이해할 수 있을 것이다. 여호와의 영이 임한 종은 가난한 자들에게 오실 하나님의 나라를 전하는 자이다. 의지할 재물이 없고 여호와 하나님만을 의지하는 가난한 이들을 위해 하나님의 나라가 임할 것이다.

2. "마음이 상한 자를 고치며"

‘마음이 상한 자’에 해당하는 히브리어 표현은 직역하자면, ‘마음이 부서진 자’라고 할 수 있다. 그 죄로 인해 마음이 부서진 채 하나님을 구하는 자의 기도를 하나님께서 찾으시고 들으신다(시 51:17). 시편 34편 18절은 여호와 하나님께서 마음이 상한 자들을 가까이 하신다고 증거한다. 이 구절에서 마음이 부서진 자와 평행되어 있는 표현은 “충심으로 통회하는 자”인데, 회개와 연관된 의미로 읽혀지게끔 번역되었다고 할 수 있다. 그렇지만, 34편은 죄의 회개와 연관된 본문이 아니라는 점에서 그러한 번역은 부적절하다고 보인다. 도리어 이 시편은 악을 행하는 자들로 인해 고난과 환난을 겪고 있는 의인들에 대해 노래하고 있으며, 특히 18절을 둘러싸고 있는 17절과 19절은 의인이 그 많은 고난 가운데 부르짖을 때에 하나님께서 건져내실 것을 선포하고 있다. 그러므로 18절에서 마음이 상하고 부서진 것은 죄로 인한 것이 아니라 의인으로서 살아가면서 겪게 되는 환난과 고난으로 인해 생겨난 결과라고 볼 수 있다(Kraus: 386). 그에 비해 “요셉의 환난”에 대해 전혀 아파하지 않는 이들도 있다(암 6:6)(von Rad: 108). 이들은 자신들에게 있는 물질적인 풍요와 안정 속에 편안히 거하면서 다윗처럼 노래하되, 하나님 백성의 아픔과 그 닥쳐올 환난에 대해서는 아무 것도 느끼지 못하고 애통해 하지도 않는 무리들이다. 아모스는 그렇게 “시온에서 교만한 자와 사마리아 산에서 마음이 든든한 자 곧 백성들의 머리인 지도자들”(암 6:1)을 향해 화를 선포한다. 여기서 폰라트는 아모스의 이 선포의 경우, 그 지도자들이 아무런 계명도 어긴 것으로 보이지 않는다는 점을 지적한다(108). 상아상에 누우며 귀한 기름을 바르는 것은 전혀 율법을 어긴 것이 아니다. 그런 점에서 여기에서 아모스의 화 선포는 그러한 풍요 가운데 이웃의 아픔과 환난을 함께 슬퍼하지 않는다면 그것은 계명의 어김 여부를 떠나서 만군의 여호와 앞에 합당치 않은 삶이라고 규정하고 있는 것이다. 이로 보건대, 상한 마음은 단지 죄의 회개에서만 초래되는 것이 아니라, 의를 위해 아파하고 슬퍼하며 고난 받는 데에서도 생겨나게 된다. 하나님의 의를 행하고, 그 의를 사모하며, 세상에서의 길을 걸어가지 않는 이들이 세상에서 겪는 많은 환난과 고난으로 인해 그 마음이 부서지고 영이 상한다. 그러나 하나님께서는 그들을 가까이 하시며, 그들을 건지실 것이다. 시편 147편 3절은 여호와 하나님이야말로 마음 상한 자들을 고치시며 그 상처를 싸매시는 분이라고 노래하고 있다. 그러므로 마음 상한 자를 고치는 이 종의 사역은 하나님의 사역을 대신하고 있는 것이다. 여호와께서는 그의 일을 그가 보내시는 자들을 통하여 행하신다. 여호와의 보냄을 받은 자들이야말로 여호와의 팔이며 여호와의 발이다.

3. "포로된 자에게 자유를, 갇힌 자에게 놓임을 선포하며"

여기에서 "자유"라고 번역된 히브리 낱말은 "드로르 דרור"이다. 이 말은 기본적으로 액체와 같은 물질의 막힘 없는 흐름을 가리키고 있으며(출 30:23), 여기에서 막히거나 거칠 것이 없는 상태인 "자유" 혹은 "해방"을 의미하게 되었다. 이 의미로 쓰인 경우들은 구약에서 그리 많지 않다. 가장 대표적인 본문은 레위기 25장 10절이라고 할 수 있을 것이다:

> "너희는 오십 년째 해를 거룩하게 하여 그 땅에 있는 모든 주민을 위하여 자유를 공포하라 이 해는 너희에게 희년이니 너희는 각각 자기의 소유지로 돌아가며 각각 자기의 가족에게로 돌아갈지며"

일곱 번의 안식년이 지난 후에 오게 되는 대속죄일에 희년이 선포된다. 희년은 땅을 잃었던 자에게 땅이 돌아오고 그 몸이 팔려 남의 종이 된 자가 다시 자유케 되는 해이다. 그러므로 희년은 가난의 대물림과 구조화를 막고 여호와 하나님의 땅에서 여호와 하나님의 종된 백성들이 다른 누구에게도 종이 되지 않고 여호와께서 경작을 맡기신 땅위에서 자유로이 농사지으며 살아가는 것을 주기적이고 구조적으로 확보하게 만드는 제도이다. 이러한 희년 규례는 이스라엘의 자유가 단지 정신적이거나 영적인 자유인 것이 아니라 땅과 몸을 포함한 전면적인 자유임을 분명히 보여준다. 이렇게 희년이 시작되는 날에 선포되는 외침이 바로 "드로르"이다. 그러므로 "드로르"는 희년에 선포되는 자유를 상징하고 있다고 할 수 있다. 이 어휘가 쓰인 또 다른 예인 에스겔 46장의 경우에서도 마찬가지인 것을 알 수 있다. 46장 17절에서 "희년"으로 옮겨진 것은 히브리말로 "쉐나트 하드로르 שנת הדרור" 즉, '드로르의 해(年)'이다. 이 본문은 회복된 이스라엘의 이상 안에 희년 규례가 견고하게 자리잡고 있음을 보여준다.

"드로르"가 사용된 또 하나의 본문인 예레미야 34장 8-22절은 좀 더 설명이 필요하다. 이 본문은 예루살렘 함락을 목전에 둔 시점에 시드기야와 유대의 귀족들이 자신들이 지니고 있던 노예를 해방시킨 사건을 다루고 있다. 이에 대해 예레미야서의 본문은 그들이 노예들에게 "드로르"를 선포했다고 적고 있다(34:8). 그러나 이들은 곧바로 자신들의 조치를 돌이키고 풀어주었던 노예들을 다시 잡아들여 버렸으며, 여호와께서는 이에 대해 진노하사 그들이 세상 가운데 흩어지게 되며 유다는 황무지가 될 것을 선언하신다. 여기에서 시드기야와 유대 귀족들의 행위를 책망하기 위해 예레미야서가 언급하고 있는 내용이 칠 년째 되는 해에 노예인 동족을 해방하는 규례이다(34:13-14). 이 규례는 출애굽기 21장 2절과 신명기 15장 12절에 있는 노예해방법을 염두에 두고 있는 것으로 보인다. 그렇지만, 이러한 법들은 각각의 이스라엘의 집에 있는 각각의 노예들에게 해당되는 법인지라, 각 사람마다 그 칠 년 째 되는 해가 다를 수 밖에 없다. 그런데, 예레미야 34장의 본문은 시드기야와 예루살렘의 백성들이 일괄적으로 히브리 동포를 노예에서 해방시켰다고 알려주고 있다는 점에서 출애굽기와 신명기의 노예해방법과 차이가 있다. 히브리 노예들은 각자 자신이 노예가 된 시점으로부터 칠 년 째 되던 해에 해방될 수 있었고, 당연히 희년이 되던 해에 일괄적으로 해방되었다. 그러므로, 예레미야 34장에서 노예들에게 선포된 "자유"는 오히려 희년의 실행과 보다 가깝다고 할 수 있다(Weinfeld: 153). 아울러 레위기 25장 10절에서 사용되고 있는 '드로르를 선포하다'는 표현이 예레미야 34장에서도 그대로 쓰이고 있다는 점에서도 예레미야의 드로르의 이면에 희년 규례가 작용하고 있음을 짐작하게 한다. 실제적으로 고대근동에서 "드로르"의 선포는 종의 해방, 땅의 회복, 그리고 빚의 면제를 그 중요 요소로 담고 있으며 공평과 정의를 집행하는 실질적 내용이었다(Weinfeld: 9). 그러므로 희년은 이스라엘 역사 안에서 실제로 성취되었는가의 여부와 상관없이 하나님의 회복된 나라의 중대한 핵심을 이루고 있다.[154] 그러므로 포로된 자에게 선포되는 "드로르"를 말하고 있는

---

154. 희년법을 거론할 때마다 대개 희년이 실제로 실행되었는지, 그리고 실행가능한지에 대한 문제가 제기되면서 현실과는 거리가 먼 법으로 치부되거나 그렇지 않으면 '영적인 법으로 해석(spiritualized)'되어 버리곤 한다. 그러나 희년법이 이상적(ideal)인 까닭은 희년법의 근본 정신에 여호와를 경외하는 인간이 전제되어 있기 때문이다. 여호와를 경외하지 않는다면 희년법은 곧바로 유명무실해져 버린다. 이스라엘은 가나안땅에 들어

이사야 61장의 본문에는 희년 규례가 놓여 있다. 61장에서 여호와의 영이 임한 종은 여호와 하나님께로부터 보냄을 받고 이 백성들에게 임하는 희년을 선포하는 중재자의 역할을 하고 있다. 레위기 25장에서는 희년이 법적 제도적 차원에서 제시되고 있지만, 이사야서에서의 희년은 최종적인 조치로서 종말론적 의미를 지니고 있으며, 여호와의 영을 받은 중재자에 의해 선포된다는 점에서 메시야적 의미로 확장되고 있다고 볼 수 있는 것이다.[155] 그런 점에서 "드로르"는 희년을 상징하면서 희년 규례의 본질에 있는 자유를 담아내고 있다. 이러한 자유가 현실 속에서는 노예들의 해방으로 나타나고 땅이 원래의 주인에게 돌아가는 것으로 구현된다. 진정한 자유는 그 몸의 자유와 그 땅의 자유가 없이는 지탱될 수 없기 때문이다. 그러므로 희년 정신이라고 하면 바로 "드로르'의 정신이라고 할 수 있으며, 자유와 해방의 정신이라고 말할 수 있을 것이다. 희년이 일곱 안식년 마다 찾아온다는 것도 지극히 상징적이다. 일곱이라는 숫자가 구약에서 하나님과 연관된 신학적 개념을 담은 것으로 사용되거니와, 일곱의 일곱 배인 49 역시 극히 신학적인 숫자라고 할 수 있다. 그 모든 완전함이 포괄된 수인 것이다. 7년 안식년이 땅의 안식을 지시하고, 7년 면제년에서는 빚의 탕감이 선포되며, 일곱 안식

갈 때, 가나안의 철병거를 두려워했으되, 철병거를 지닌 블레셋을 물리칠 수 있었지만, 가나안의 바알 신앙은 물리치지 못하였고 도리어 이스라엘 자체가 우상 숭배로 인하여 패망하고 말았다. 그런 점에서 여호와를 경외하는 나라야말로 가장 실행불가능한 현실이라고 말할 수 있다. 그러나 이 점이 여호와 경외의 삶을 비현실적인 것으로 만들지 않듯이, 희년규례의 이상적 성격이 희년규례를 비현실적인 것으로 만들지도 않는다. 달리 말해 희년 규례의 실행가능성 여부는 전적으로 여호와를 경외하는 삶의 가능성 여부와 직결된다.

155. 이에 대해, Bergsma: 2-4를 보라.

년째인 희년에는 땅의 회복과 더불어, 노예의 해방, 빚의 탕감 모두가 약속된다. 그런 점에서 희년 개념의 핵심은 하나님의 완전하심과 더불어 이루어지는 그 모든 회복과 자유, 해방이라고 할 수 있을 것이다. 이를 생각하면, 해방과 자유, 회복을 희년 모티브로 보는 것도 그리 틀리다고 여겨지지 않는다. 이사야 61장에서 희년의 선포는 포로된 이스라엘 혹은 붕괴된 이스라엘 공동체 – 슬퍼하는 자를 위로하고 포로된 자에게 자유를 선포하는 식으로 – 를 향한 것으로 적용되고 있다. 개인에게 해당되는 사회경제적 조치이던 희년이 포로기 이후의 상황에서 공동체 혹은 민족 전체를 향한 상징적인 조치로 일반화되어 확대되고 해석되어 적용 선포되고 있다. 그런 점에서 하나님 나라 안에서 정치적인 것은 정치적인 것이 아니며, 사회적인 것은 그저 사회적인 것이 아님을 보게 된다. 희년규례에서 "드로르"가 하나님께서 각 가족에게 주신 기업의 회복과 연관되어 있고, 예레미야 34장에서는 노예해방과 연관되어 있는 것을 볼 때, 드로르는 실제적이고 구체적인 일이다. 단지 영적이고 정신적인 일로 국한될 수 없다. 그런 점에서 이 "자유"는 개인의 의사결정권과 같은 개념과는 거리가 멀고 공동체내에서 실질적인 평등한 자리를 회복하는 것을 의미한다(Houston: 201-202). 사회적인 것은 영적인 실재와 통한다. 이 점은 희년이 대속죄일에 선포된다는 것과도 연결된다. 레위기 1-16장에 있는 제의 준수의 절정이 대속죄일이라면, 17-26장에 나오는 거룩 규정의 절정은 희년이라고 할 수 있을 것이다. 그래서 대속죄일에 선포된 희년규정은 레위기 전체를 연결시키는 강조점이라고 볼 수 있다. 고대근동에서와 마찬가지로, 구약의 사고 안에서도, 종교적 제의와 사회 윤리의 엄격한 구분은 찾아볼 수 없다. 또한, "드로르"가 고대 근동에서 새로운 왕의 등극과 더불어 선포되었음을 고려할 때, 희년에 선포되는 드로르는 여호와의 왕되심에 대한 재확증의 선포로 이해될 수 있다(Bergsma: 92). 이스라엘은 여호와를 그 하나님으로 모신 백성, 여호와를 왕으로 삼은 백성이다. 61장에서는 여호와의 보내심을 받은 종에 의해 여호와께서 선언하신 희년이 선포되고 있다.

여기서 잡히고 갇힌 자들은 누구인가? 포로된 자들일 수도 있고, 혹은 노예로 팔려간 자들일 수도 있다. 자신의 땅도 잃고 자신의 모든 것을 잃고 자신의 몸마저 종이 되어 버린 자들을 향해 이제 "자유"와 "놓임"이 선포되고 있다. 이러한 자유에는 이 드로르가 희년과 연관되어 있음을 알 때, 당연히 땅의 회복도 포함됨은 불문가지이다. 땅을 사고 팔 수 없는 것은 땅이 여호와의 것이기 때문이며(레 25:23), 사람을 사고 팔지 못하는 것은 이스라엘이 하나님의 종이기 때문이다(레 25:42,55)(Weinfeld: 176-177). 이러한 드로르는 고대 근동에서 왕에 의해 선포된다. 이스라엘의 경우, 하나님의 기름부음을 받은 이들에 의해 선포되며 61장의 종 역시 그렇게 하나님의 기름부음을 받은 이이다. 그는 여호와의 명을 따라 희년을 선포하고 있는 것이다.

4. "여호와의 은혜의 해와 우리 하나님의 보복의 날을 선포하여"

하나님이 주시는 은혜로운 해는 하나님이 베푸시는 복수와 연결된다. 그 복수는 하나님과 가난한 이들을 대적한 세력을 파하시는 것이며, 하나님을 따른 의인들의 눈물을 씻어주시는 것이다. 오늘날의 그리스도인들의 이해에서 '복수' 혹은 '보복'이라는 말들은 상당히 낯설게 들릴 수 있다. 그렇지만, 하나님의 복수라는 구약의 표현들에는 정의를 세우시는 하나님, 가난한 자의 눈물을 닦아 주시는 사랑의 하나님이 반영되어 있다.[156]

"은혜의 해"는 여호와께서 베푸시는 놀라운 구원의 날을 가리킨다. 앞에서 여호와의 종이 선포하는 자유에서 희년 사상이 전제되어 있음을 보았거니와, "은혜의 해"와 "보복의 날"에서도 희년 사상이 연관되어 있음을 볼 수 있다. 포로되고 갇힌 자들에게 자유와 놓임이 선포되는 "은혜의 해"는 다른 어떤 절기나 거룩한 시간들보다 더 희년과 잘 어울리며 부합된다고 할 수 있기 때문이다. 아울러 해(年)와 날(日)이 평행되어 있는 이 구절의 표현 역시 대속죄일이라는 특정한 날에 선포된 특정한 해인 희년과 잘 들어맞는다고 할 수 있다(참고: 사 34:8; 63:4). 희년을 49 혹은 50이라는 숫자에 묶어서 생각할 수 있지만, 본 구절에서 여호와의 종은 그 은혜의 해를 지금 선포하고 있다. 즉, 희년을 현재화시키고 일상으로 끌어들여 선포하고 있는 것이다. 이것이 하나님의 사람들의 안목이고 예언자의 안목이다. 말씀에 규정된 것들을 먼 미래의 것으로 여기지 않고, 시간에 묶인 것으로 여기지 않고 오늘 우리를 향한 말씀으로 선포하고 오늘 우리에게 이루어지는 현실로 선포하고 있는 것이다. 그러므로, 희년의 법은 50년에 묶인 것이 아니라, 오늘 우리를 향한 해방과 자유의 법이다. 오직 믿는 사람들이 그 성취를 볼 것이다. 하나님께 예배할 때가 오나니 예배할 때는 장소에 묶여 있지 않고, 신령과 진리와 결부된 것이듯이, 희년의 날, 하나님의 은혜의 날이 오는데, 그 날은 시간에 묶인 것이 아니라, 하나님의 사람의 확신과 사역에 결부된 것이다.

5. "모든 슬픈 자를 위로하되"

여기에 쓰인 '슬퍼하는 자'라는 표현은 이사야 57장 18절에서도 나타나는데, 거기에서 이들은 그들의 죄악과 그로 인한 하나님의

---

156. 10장 2항을 참고하라.

진노와 심판으로 인해 슬퍼하는 자들이다. 하나님께서는 그들의 죄악을 사하시며 그들의 슬픔을 위로하신다. 아울러, 이들은 하나님의 구원만을 사모하며 갈망하는 겸손하고 통회하는 자이기도 하다. 이 어휘가 사용되는 또다른 본문들인 이사야 60장 20절과 66장 10절에서는 예루살렘의 멸망을 슬퍼하며 탄식하며 괴로워하던 자들의 슬픔을 바꾸시는 하나님이 나온다. 이들 슬퍼하는 자들은 멸망해가는 이스라엘을 보며, 쇠퇴한 그 백성을 보며 탄식하던 자들이며, 그 죄악을 돌이키기 위해 애쓰던 이들일 것이다. 예루살렘의 참담한 모습에 대해서는 56-59장에서 여실히 볼 수 있다. 죄악으로 인해 슬퍼하고 그 죄의 결과로 인해 애통하며 우는 사람들이 있되, 이제 하나님께서 그 슬픔을 끝내실 날이 올 것이며, 도리어 슬픔이 변하여 기쁨이 될 날이 올 것이다. 여호와의 종은 하나님께서 행하실 기쁨의 날을 그 슬퍼하는 자에게 전하여 위로하는 자이다. 예수께서 선포하신 복도 이 말씀과 직접적으로 연관된다: "애통하는 자는 복이 있나니 저희가 위로를 받을 것임이요"(마 5:4).

다음에 이어지는 내용은 여호와의 종이 행할 위로의 내용을 열거하고 있으면서, 초점이 그의 선포에서, 임하게 될 구원에 대한 묘사로 옮겨가고 있다(Westermann: 367).

6. "무릇 시온에서 슬퍼하는 자에게 화관을 주어 …"

여기에 쓰인 '슬퍼하다' 동사는 바로 앞의 2절에서 쓰인 동사이며, 슬픈 자에 대한 위로의 구체적인 내용이 소개되고 있다고 할 수 있다. 엄밀하게 따지면, 여호와의 영을 받은 자가 해야 할 일들을 가리키고 있는 전치사 "라메드"가 3절에서 두 가지가 소개되고 있는데, 먼저 나오는 동사는 '두다, 놓다, 주다'를 의미하는 "숨 שׂום"이고 나중에 나오는 동사는 '주다'를 의미하는 "나탄 נתן"이다. 두 동사 모두 또 다른 "라메드"와 연결되어 이 동사들의 동작의 대상을 표현하고 있다('시온의 슬퍼하는 자들에게'-'그들에게'). 이를 보면, 2절 마지막에 있는 슬픈 자를 위로하는 종의 사역이 3절 첫머리에서 시온의 슬퍼하는 자들을 위한 사역으로 추가 설명되고, 이어지는 내용에서 그들에게 화관과 기쁨과 찬송의 옷을 주는 사역으로 부연확장되고 있다고 할 수 있다. 앞에서 보았듯이, 여기서의 '슬픔'은 죄로 인해 닥쳐온 처참함과 연관된 것이다. 그 속에서 이 슬퍼하는 이들은 재를 뒤집어 쓴 채로, 탄식하면서 근심에 잠겨 있었을 것이다. 그러나 여호와께서 그 영을 부으신 이가 오면 그는 재 대신 그 머리에 화관을 씌워 주고, 탄식 대신 기쁨의 기름을 온 몸에 바를 것이며, 근심하고 침울한 마음 대신에 찬송의 옷을 입혀 주게 될 것이다. 그들은 슬퍼하였으나 이제 기뻐하게 될 것이며, 그들은 재를 뿌리며 탄식하였으나 이제 화관과 찬송 가운데 거하게 될 것이다. 참으로 하나님께서 오시면 슬픔과 기쁨의 질서가 뒤바뀌게 되거니와, 여호와의 영을 받은 이가 올 때에도 이러한 뒤바뀜이 일어난다.

3절의 후반절은 여호와의 보내신 자의 사역의 결과를 서술하고 있다. 이제껏 여호와의 보내신 이는 가난한 자, 마음 상한 자, 포로된 자, 갇힌 자, 슬픈 자를 위해 사역하였거니와, 세상에서 밀려나고 연약하고 보잘 것 없다 여겨지는 이 사람들은 이제 여호와께서 그 영광을 나타내시기 위해 심으신 "의의 나무"라고 불리게 될 것이다. 42장 1-4절에 나타난 여호와의 종의 사역은 상한 갈대를 꺽지 않고 꺼져 가는 등불을 끄지 않는 사역이라 하였지만, 61장에 나타난 이 종 역시 그렇게 초라하고 연약하며 상한 이들을 향해 사역한다. 세상에서 이들은 내어 놓을 것이 없는 사람들이지만, 이들이야말로 여호와의 영광을 드러낼 자들이며, 이들이야말로 하나님께서 친히 심으신 나무, 하나님의 의를 드러내는 나무들이다. 그러므로 하나님의 나라는 세상 질서의 역전이 이루어지는 나라이다. 세상에서 초라한 이들이 하나님의 영광을 드러내게 되는 나라이며, 세상에서 마음 상한 자들이 하나님의 의를 드러내는 나라이다. 이 구절들에 담겨 있는 여호와의 종의 사역은 단지 그 시기로 그치지 않을 것이다. 초대 교회의 구성원들에 대한 소개와 그 의미에 대한 바울의 증거는 본질적으로 61장의 말씀들과 동일하다:

> "형제들아 너희를 부르심을 보라 육체를 따라 지혜로운 자가 많지 아니하며 능한 자가 많지 아니하며 문벌 좋은 자가 많지 아니하도다 그러나 하나님께서 세상의 미련한 것들을 택하사 지혜 있는 자들을 부끄럽게 하려 하시고 세상의 약한 것들을 택하사 강한 것들을 부끄럽게 하려 하시며 하나님께서 세상의 천한 것들과 멸시 받는 것들과 없는 것들을 택하사 있는 것들을 폐하려 하시나니"(고전 1:26-28)

이들 슬퍼하는 자들, 가난한 자들, 포로되고 갇혔던 자들이야말로 사실은 하나님께서 그 영광을 위해 친히 심으신 의의 나무들이며, 이 나무들로부터 그 백성들이 자라나게 될 것이다. 이 세대의 피조물들이 고대하고 기다리는 하나님의 아들들인 것이다(롬 8:18-19).

7. 그의 사역의 결과

61장 4절은 바브연속 완료 3인칭 복수동사들(וַהֲרַס, וּבָנוּ)이 쓰이면서 3절의 내용에서 이어지는 것임을 알리고 있다. 이 3인칭복수가 가리키는 것은 1-3절에서 언급된 가난한 자, 마음 상한 자, 포로된 자 등이다. 그들은 그렇게 약한 자들이었고 슬퍼하는 자들이었지만, 여호와의 보내신 자의 사역으로 말미암아 하나님 나라의 기쁜 소식을 듣게 되었고, 자유와 놓임을 경험하였으며, 그들의 슬픔과 탄식이 변하여 기쁨과 찬송이 되었다. 그리고 그들이 경험한 변화는 그들 자신에게서만 그치지 않으며, 이들은 나아가 오래도록 허물어졌던 것들을 다시 지을 것이고, 옛적부터 황폐하였던 것들을 다시 세울 것이다. 강하고 능력있는 자들을 통해서가 아니라 이들 연약하고 가난한 이들을 통해 허물어진 도시들이, 대대로 황폐한 곳들이 새로이 세워지게 될 것이다. 그러므로 이 구절은 세상에서 무기력해 보이고 연약해 보였던 그 가난한 자들과 포로된 자들, 애통하던 자들을 통하여 이루어질 하나님의 나라를 보여준다.

8. 누가복음 4:16-21

이사야 61장이 지닌 또 다른 중요성은 이 구절들이 신약 누가복음에 인용되었다는 점에 있다. 예수께서 공생애 사역을 시작하시면서 안식일에 나사렛 회당에 들어가셔서 성경을 읽게 되셨다. 회당을 지키던 이들은 예수님께 이사야서를 드렸고, 예수께서는 이사야서를 펴시고는 61장 1-2절 말씀을 낭독하신 것이다. 그러므로 이 이사야 구절은 예수님에 의해 의도적으로 선택된 본문이다.

누가가 인용하고 있는 이사야 구절은 현재 우리가 지닌 마소라 본문과는 차이가 있다:

> "주 여호와의 영이 나에게 있었다; 여호와께서 내게 기름을 부으셨기 때문이니, 가난한 자들에게 아름다운 소식을 전하게 하려고; 그가 나를 보내셨으니, 마음이 상한 자들을 싸매라고, 포로된 자들에게 해방을, 그리고 갇힌 자들에게 놓여남을 선포하라고, 여호와께서 열납하시는 해 그리고 우리 하나님의 복수의 날을 선포하라고, 모든 탄식하는 자들을 위로하라고"

(마소라본문 이사야 61장 1-2절의 직역)

·"주님의 영이 내 위에 있었다; 그 때문에 그가 내게 기름을 부
으셨으니 가난한 자들에게 기쁜 소식을 전하라고; 그가 나를
보내셨으니, 마음이 상한 자들을 고치라고, 포로된 자들에게
해방을 그리고 *눈먼 자들에게 다시 보게 함*을 전파하라고, 주
님의 열납하시는 해와 되갚음의 날을 선포하라고, 모든 애통
하는 자들을 위로하라고"
(칠십인경 이사야 61장 1-2절의 직역)

·"주님의 영이 내 위에 있었다; 그 때문에 그가 내게 기름을 부
으셨으니 가난한 자들에게 기쁜 소식을 전하라고; 그가 나를
보내셨으니, 포로된 자에게 해방을 *눈먼 자에게 다시 보게 함*
을 전파하라고, **눌린 자를 자유롭게 하라고**, 주님의 열납하시
는 해를 전파하라고"
(누가복음 4장 18-19절의 직역)

누가복음의 경우 마소라본문에는 없는 "눈먼 자에게 다시 보게
함을"이 있다는 점에서 기본적으로 칠십인경의 읽기를 인용하고
있다고 할 수 있다. 칠십인경을 구약의 기본 본문으로 삼는 것은 누
가를 비롯한 신약 기자들의 공통된 특징이라고 할 수 있다. 특히 예
수님의 실제 사역 가운데 눈먼 자를 고치신 사례들이 무수하다는
사실로 미루어 볼 때 누가가 칠십인경의 읽기를 선호하였을 것이라
는 점을 짐작할 수 있다. 그러나 누가는 마소라본문에도 있고 칠십
인경에도 있는 '마음 상한 자들을 고치는 것'에 대한 언급을 아예
빼버렸고, 하나님의 '보복하시는 날'에 대한 언급 역시 생략하였다.
신약 기자들이 구약을 인용할 때에 필요한 부분만을 인용하는 것은
일상적이라고 할 수 있다. 이렇게 생략된 부분보다 한층 의미 있는
것은 누가복음에 추가된 부분이 있다는 점이다. "눌린 자를 자유롭
게 하고(ἀποστεῖλαι τεθραυσμένους ἐν ἀφέσει)"는 마소라본문

이사야서나 칠십인경 이사야서 모두에서 나타나지 않는 표현인데, 누가에서는 예수께서 읽으신 이사야 구절의 내용으로 소개되어 있다. 예수께서 회당에서 읽으신 이사야서 본문에는 오늘날의 마소라 본문이나 칠십인경의 본문과는 달리 이 구절이 더 있었다고 보기는 어려울 것이다. 그러한 읽기가 반영되어 있는 히브리어 사본들이나 칠십인경 사본들이 없기 때문이다. 그런 점에서 이 읽기는 누가복음의 안목과 신학을 반영하는 구절이라고 할 수 있다. 이 어휘의 출처는 이사야 58장 6절로 여겨진다:

> "내가 기뻐하는 금식은 흉악의 결박을 풀어 주며 멍에의 줄을 끌러 주며 *압제 당하는 자를 자유롭게 하며* 모든 멍에를 꺾는 것이 아니겠느냐"

여기에 있는 "압제 당하는 자를 자유롭게 하며"의 칠십인경 번역($\acute{\alpha}\pi\acute{o}\sigma\tau\epsilon\lambda\lambda\epsilon$ $\tau\epsilon\theta\rho\alpha\upsilon\sigma\mu\acute{\epsilon}\nu\upsilon\upsilon\varsigma$ $\acute{\epsilon}\nu$ $\acute{\alpha}\phi\acute{\epsilon}\sigma\epsilon\iota$)이 고스란히 누가의 인용에 사용되고 있다. 그러므로 누가복음의 기자는 두 이사야 구절을 필요에 따라 병합하고 있다고 할 수 있다. 이 부분에서 58장에 대해 살펴 볼 필요가 있다. 58장 2절은 당시의 백성들의 모습을 알려 주고 있다. 그들은 날마다 하나님을 찾으며 하나님의 길 알기를 즐거워한다. 츠다카를 행하고 하나님의 미슈파트를 버리지 아니한 백성들처럼, 이 백성들이 그렇게 하나님께 의로운 판단(מִשְׁפְּטֵי־צֶדֶק)을 구하고 하나님을 가까이 하기를 즐거워한다. 여기에 담긴 표현들은 이제껏 구약의 예언자들이 외쳐온 핵심을 담고 있다. 그런 가운데서 이들은 금식까지 행한다. 그러나 기도와 말로는 그렇게 하나님의 공의를 구하지만, 그리고 하나님을 기뻐한다고 말하지만, 그들의 실상은 그와 거리가 멀다. 공평과 정의까지도 지식의 하나가 되어 버리고 경건한 외양의 재료가 되어 버렸다. 하나님을 부지런히 찾는 것 같으나 실상은 형식에만 그치고 있는 이스라엘에게 주시는 하나님의 말씀이 6절 이하에서 선포되고 있는데, 이 말씀은 참된 금식이 무엇인지를 일러주고 있다. 진정한 금식은 어떤 것인가? 내 이웃을 돌아 보아 묶인 자를 자유케 하며 압제 당하는 자를 자유케 하고 가난한 이웃을 돌아보는 것이야말로 금식이다. 금식은 자기를 죽이고 자기의 육적인 욕심을 죽이는 것인데, 그렇게 이웃의 결박을 풀어주고 가난한 이웃을 영접하는 것이야말로 자신의 육을 죽이는 일이며, 참된 금식이다. 관계에서의 올바른 행함과 섬김이야말로 금식이며, 이러할 때에 하나님께서 그 기도에 응답하시며, 이들의 삶은 물댄 동산과 같을 것이다. 나아가 이들로부터 날 자들이 오랫 동안 황폐되었던 곳들을 다시 세울 것이며 역대의 파괴된 기초를 쌓게 될 것이다(58:12). 특히 이 마지막 말씀은 61장에서 여호와의 보냄 받은 자에 의해 회복된 가난한 자들이 행할 사역과 동일한 것을 전하고 있기도 하다. 그런 점에서 58장의 말씀은 61장의 말씀과 연결된다. 이와 연관해 행크스(T.D. Hanks)는 58장이 희년 규례와 관련되어 있음을 효과적으로 제시하고 있다. 그의 주장은 다음과 같이 요약된다(97-104):

1. 레위기의 희년 규례가 안식일 규례의 틀안에 있듯이(레 25:2-7; 26:2,34-35), 56-58장도 안식일 맥락으로 틀이 짜여 있으며, 58장 내용도 안식일에 관한 규정으로 결론지어져 있다.

2. 58장 3-6절은 합당한 금식에 대해 다루고 있다. 토라에서 실제로 금식이 명령되고 있는 유일한 경우는 대속죄일이다(레 23:26-32). 그리고 바로 그 날에 희년이 선포된다(레 25:9). 다른 금식 규례들은 포로기 이후에 생겨난 것으로 보이는데(슥 7:3-10; 8:18), 이사야 58장은 이 금식을 여호와께서 보시고 기뻐하시는 금식으로 표현

한다(5,6).

3. 58장 1절은 "네 목소리를 나팔(שׁופר) 같이 날려 내 백성에게 그 허물을 … 고하라"로 시작한다. 희년과 대속죄일은 죄에 대한 숙고와 연관되어 있고, 나팔(쇼파르)이 불려졌다.

4. 58장 2절은 "규례(מִשְׁפָּט)"가 버려진 것을 지적하는데, 그 결과로 압제와 불의가 생겨나며, 희년이야말로 이러한 불의를 방지하는 핵심적 규례이다.

5. 58장 5절은 "열납될 날(יום רצון)"을 언급하는데, 49장 8절에는 "은혜의 때(בעת רצון)", 61장 2절에는 "은혜의 해(שׁנת רצון)"가 있다. 이들 사이에는 희년에 대한 이해가 내포되어 있다. "은혜의 해"인 희년은 대속죄일 즉, "열납될 날"에 선언된다.

6. 58장의 윤리적 가르침들은 레위기 25장의 가르침들과 일맥상통한다. 58장 6절에서 표현하는 주제는 한 마디로 '종을 해방시키는 것'이라고 할 수 있으며, 이에 대해 가장 적합한 문맥은 레위기의 희년법이다.

7. 특히 가난한 친족과 음식과 옷을 나누는 것 등이 희년 규례에서도 발견된다.

8. 58장 4절 전반절에서 보는 대로, 금식일에 다투고 싸우며 악한 주먹으로 치는 행동은 빚을 탕감해주기는 커녕 힘 다해 그 빚을 거두어 들이려는 행동을 표현한 것으로 볼 수 있다.

9. 58장 9절 후반절의 "손가락질과 허망한 말"은 조롱이라기보다는 거짓된 고소로 볼 수 있는데, 이것은 나봇의 포도원을 뺏으려는 이세벨의 방법에서 잘 드러난다. 가난한 이들의 땅을 빼앗기 위한 이러한 시도들은 쉽게 현실에서 볼 수 있다.

10. 약속된 축복(8,11,14) 역시 레위기 25장 18-19절과 레위기 26장 3-13절에서 발견되는 것과 유사하다. 특히, 58장 14절에 있는 "야

곱의 유업(נחלת יעקב)"이라는 표현은 주목할 만 하다.

희년과 이사야 58장의 연관을 고려할 때, 우리는 이사야 58장이 레위기의 규례를 윤리적으로 사용하고 있다고 말할 수 있다. 제2성전기로 가면서 희년 규례는 종말론적으로 해석되는 경향이 완연해지지만(Bergsma: 298-302), 적어도 이사야 58장에서 희년 규례는 철저히 윤리적인 관심에서 사용되고 있다. 그는 희년의 모든 규례를 다 언급하고 사용하지는 않는다. 그렇지만 그는 이러한 전통적인 규례안에 담겨 있는 바, 하나님과 이웃에 대한 올바른 원칙들을 그 자신의 시대에 적용하고 있다고 할 것이다. 땅에 관한 다른 규례들을 언급함 없이도 전통적 규례들을 자신의 시대에 십분 활용하고 있는 것이다. 그런 점에서 58장은 희년 규례의 윤리적 재해석이라고 할 수 있을 것이다. 58장의 기자에게 희년 규례에서 제시되는 핵심은 하나님을 향한 올바른 섬김은 이웃을 향한 올바른 삶에 달려 있다는 것이다. 58장에서 엿볼 수 있는 이러한 해석은 오늘날 우리가 어떻게 구약과 신약의 규례들을 오늘의 사회에 적용할지를 보여주는 좋은 예가 될 수 있다.

결론적으로 행크스는, 누가복음 4장 18절에서 이사야 58장 5절의 한 부분을 인용하고 있는 것이 예수 자신의 주석적/예언자적 통찰력을 반영하고 있으며, 단지 "죄용서"가 아니라 "해방"의 측면이 그 사고안에 존재함을 강조하고 있다고 지적한다(103-104). 이를 고려하면, 누가의 본문은 근본적으로 '해방'과 '자유케 함'으로서의 희년을 선포하고 있다고 말할 수 있을 것이다.

한 가지 더 언급할 것은 예수께서 이 말씀을 읽으신 후 "오늘날 이 말씀이 응하였도다"라고 선언하셨다는 점이다.[157] 이것은 그가

---

157. σήμερον πεπλήρωται ἡ γραφὴ αὕτη ἐν τοῖς ὠσὶν ὑμῶν. 직역

읽으신 이사야 구절에 나오는 해방과 자유의 때가 앞으로 희년까지 몇 년 남았는가에 달려 있는 것이 아니라, 바로 지금 그 말씀이 이루어졌음을 선언하는 것이다. 종종 숫자값으로서의 49년 혹은 50년에 집중하지만,[158] 희년 사상이 49년에만 한정된다고 볼 수는 없을 것이다. 희년을 통해 나타난 구약의 사상은 칠 년 안식년과 면제년을 통해서도 부분적으로 구현되고 있기 때문이다. 그리고 이러한 거룩한 시간들을 통해 구약이 보여주고 있는 것은 해방하시고 회복하시며 자유케 하시는 하나님이다. 아울러 고대근동에서도 특정한 기간보다는 노예 해방 등의 자유와 해방의 선포라는 주제가 발견된다는 점에서도, 특정한 숫자 보다는 그 선포되고 실행되는 내용에 집중하는 것이 타당하다고 볼 수 있다. 그러므로 예수께서 오늘 이 말씀이 응하였다 선언하심은 앞으로 몇 년 뒤에 오게 될 회복이 아니라 지금 당장 이루어지고 성취되는 역사에 대해 말씀하고 있다는 점에서 희년을 지금 이 순간의 일로 적용하고 있다고 할 수 있으며, 49보다는 49에 담긴 의미의 실현이라고 할 것이다. 61장에서 보았던 대로, 희년의 현재화가 예수님의 이 선언의 배경에 있다고 할 것이다.

1-39장에서 볼 수 있는 남은 자에 대한 희망의 약속은 40-55장에서 바벨론 포로들에게로 이어졌다. 그리고 이러한 남은 자 사상은 특히 여호와의 종에 관한 말씀으로 연결된다. 그 남은 자의 삶과 사역의 모습이 여호와의 종 본문에서 그려진다. 그리고 61장에서 이러한 종의 사역이 소개되고 이러한 사역을 감당하는 이들이 바로 남은 자요 종임이 분명해진다. 여기에 "여호와의 팔"이 중요한 소재가 된다. 백성에게 전해질 기쁜 소식은 여호와께서 다스리신다는

하자면, "이 말씀이 오늘 너희 들을 때에 성취되었도다"라고 할 수 있다.

158. 희년이 49년째인지 50년째인지에 대해서 Bergsma: 88-92를 보라.

것이며, 여호와께서는 그 팔로 다스리실 것이다(40:10). 그런데, 여호와의 팔은 그 종에게 드러났으며(53:1), 그의 종들에게 나타날 것이다(66:14). 그러므로, 여호와의 세상 다스리심은 그의 팔이 나타난 종을 통해, 또한 그를 뒤이어 여호와의 손이 나타날 종들을 통해 이루어지게 될 것이다. 65장 13-16절에서도 여호와의 종들에 대한 말씀이 있다. 그리고 이 말씀이 17절 이하에서 새 하늘과 새 땅에 대한 말씀으로 이어진다. 그러므로 이사야 전체가 이러한 남은 자와 종에 관한 말씀으로 연결되며 새 하늘과 새 땅에 대한 1-39장 이래의 비전의 성취와 연관된다고 할 수 있다. 그러므로 남은 자는 이러한 종의 사역을 감당하도록 부름받고 세워진 사람들이다. 이사야가 성전에서 목격한 보좌에 앉으신 하나님의 통치는 이사야와 같은 하나님의 종을 통해 이루어졌고, 바벨론 포로와 같은 곤고한 상황에서도 여전히 하나님의 나라를 선포하는 그의 심부름꾼들을 통해 아름다운 소식이 그 백성들에게 전해졌다. 그 아름다운 소식이야말로 61장에 등장하는 여호와의 영을 받은 이가 전할 소식의 핵심이며, 이 종의 사역을 통해 가난한 자, 슬픈 자, 포로되고 갇힌 자들이 자유와 해방의 희년을 경험하게 되며, 이러한 자들을 통해 오래 황폐되었던 곳이 다시 세워지게 될 것이다. 그들이 살고 있는 현실은 여전히 "정의가 우리에게서 멀고 공의가 우리에게 미치지 못하"는 상황이었지만(사 59:9), 이사야서는 황폐된 곳을 다시 세울 가난한 이들이 나타날 것을 보여주고 있다. 이사야 11장에서 이새의 줄기와 연관하여 제시되었던 이리와 어린 양이 함께 뛰어노는 세상은 이사야 마지막 부분인 65장에서 여호와의 종들이 행할 사역과 연관하여 다시금 제시되고 있다. 그런 점에서 이사야서는 전체로 "환상"이다. 그들의 일상은 거리가 멀지만, 이사야서는 하나님이 창조하실 새 하늘과 새 땅을 바라보고 있다는 점에서 이사야서에 담긴 말씀은 참으로 "이사야가 본 환상"이다.

부록: 스가랴 7장에 나타난 금식과 진실한 재판

　참된 금식에 대한 말씀은 스가랴 7장에서도 볼 수 있다. 포로 이후 시기는 더더욱 제의의 회복이 중요했고 제의가 차지하는 자리가 컸음에도, 예언자들의 선포의 타당성은 확고하였다. 포로 이후 시기의 글인 스가랴 7장의 본문은 우리에게 이와 연관해 말하는 바가 있다. 특히 스가랴서의 중요한 주제이며 배경이 성전 재건이라는 점에서 지극히 제의적인 측면이 강조될 수 있는 상황임에도 불구하고 스가랴가 귀환 공동체에게 요구하는 것은 예상을 뒤집는 것임을 확인할 수 있다. 먼저 스가랴서의 시작은 하나님께로 돌아오라는 외침이다(슥 1:3). "옛적 선지자들"(הנביאים הראשנים)이 외친 하나님의 "말과 전례들"을 떠나 "악한 길, 악한 행실"로 행하여 하나님을 떠났으므로 하나님께서는 유다의 열조들에게 "심히 진노"하셨다(슥 1:2-6). 포로후 귀환공동체에 속한 이들이 여호와의 은혜를 구하고자 금식과 연관된 구별의 규례("힌나제르 הִנָּזֵר")에 대해 스가랴에게 물었을 때(슥 7:2-3), 하나님께서는 그들의 금식이 하나님을 위한 것이 아니라 자신을 위한 것임을 드러내신다. 이와 더불어 오히려 그들이 귀담아 들어야 할 말은 다시금 "이전 선지자로 외친 말(7:7,12)"임이 강조된다. 7장 7절에 여호와께서 옛 선지자들을 통해 외치신 말씀은 바로 7장 12절에서 여호와께서 그의 영을 통해 옛 선지자들에게 보내신 말씀이며, 이 말씀의 내용으로 제시하고 있는 것이 바로 7장 9-10절 말씀인데, 그 내용은 지극히 고전적이다:

> "만군의 여호와가 이같이 말하여 이르시기를 너희는 진실한
> 재판을 행하며 서로 인애와 긍휼을 베풀며 과부와 고아와 나
> 그네와 궁핍한 자를 압제하지 말며 서로 해하려고 마음에 도
> 모하지 말라 하였으나"

즉, 스가랴 선지자에게 있어서, 지난 시절 동안에 존재했던 여호와의 선지자들이 외쳤던 말씀은 바로 9-10절에 나오는대로, 가난한 자를 억압하지 않는 진실한 재판, 이웃에 대한 인애와 긍휼이었다. 나아가서 이것은 "율법" 혹은 "토라"의 내용이기도 하다는 것을 12절에서 알 수 있다:

> "그 마음을 금강석 같게 하여 율법(הַתּוֹרָה)과 만군의 여호와
> 가 그의 영으로 옛 선지자들을 통하여 전한 말(הַדְּבָרִים)을 듣
> 지 아니하므로 큰 노가 만군의 여호와께로부터 나왔도다"

"율법"(토라)가 모세를 통하여 하나님께서 이스라엘에게 주신 규례 혹은 율례라면, "말씀들"(데바림)은 예언자를 통해 주신 것으로 풀이된다(참고: Meyers and Meyers: 402). 그러므로 토라와 말씀들은 하나님께서 일찍부터 이스라엘에게 명령하신 전부를 나타내고 있다고 할 수 있다.[159] 그리고 스가랴에게, 이 토라와 말씀들의 핵심은 진실한 재판, 인애와 긍휼이었다. 이를 생각하면, 1장 4절에서 언급된 바, 옛적 선지자들이 악한 행실에서 떠나 돌아오라는 내용의 실질적인 의미 역시, 진실한 재판과 인애와 긍휼의 삶으로 부

---

159. 신약성경에서 구약성경을 가리켜 표현할 때에 종종 "율법과 선지자"(마 22:40; 눅 16:16; 참고 행 13:15; 28:23; 롬 3:21), 혹은 "율법과 선지자의 글과 시편"으로 표현한다(눅 24:44). 이를 보건대, 본 스가랴 구절에 있는 "율법과 (선지자들의) 말씀들"은 포로 이후 시기에 이전의 거룩한 글들의 전통을 표현하고 있는 것일 수도 있다.

르시는 것이라고 여기게 된다. 1장 첫머리를 시작하는 말씀들과 7장이 이렇게 연결된다는 것의 또다른 증거로는 "진노"에 관한 언급이다. 이스라엘이 선지자들의 말씀을 듣지 않으매, 하나님의 진노가 임하였다고 본 절에서 선언하고 있는데, 이러한 하나님의 진노는 1장 4절에서도 언급되고 있기 때문이다. 이를 보건대, 스가랴서는 1장과 7장이 서로 짝을 이루고 있음을 알 수 있다(inclusio). 그러므로 1장 1-6절의 말씀은 7장과 연관하여 읽혀야 한다. 이것이 주는 의미는 크다. 우리는 흔히 여호와께로 돌아간다고 할 때에, 어떤 종교적이며 내적인 것을 생각한다. 쉽게 말해서 회개가 의미하는 바를 하나님 앞에서 마음을 바꾸고 그래서 올바른 예배를 드리고 하나님을 의뢰하는 것으로 생각하게 된다. 이것이 결코 틀린 내용이 아니지만, 적어도 스가랴서에 있어서, 이제까지의 선지자들이 힘써서 외치고 증거하였던 대로 여호와께로 돌아간다는 것은 성전 안에서 이루어지는 어떤 일이 아니다. 오히려 우리가 살아가는 사회의 현실 속에서 올바른 재판을 하는 것이다. 이미 보았지만, 이 올바른 재판, 진실한 재판의 골자는 가난하고 힘없는 이웃을 억울하지 않게 하는 것, 고아와 과부와 나그네로 상징되는, 힘없고 의지할 것 없는 사람들의 억울한 것을 풀어주고 그들의 편에 서는 것을 의미한다. 그리고 하나님께서 우리를 대하셨듯이 이웃에 대해 인애와 긍휼로 대하는 것이며, 스스로 복수하지 않고 이웃을 경쟁자로 여기지 않고 사랑하는 것을 의미한다. 즉, 하나님께로 돌아가라는 옛 선지자들의 말씀은 오직 일상의 사회 현실 속에서 지켜지고 드러나게 된다. 그러므로 여호와께로 돌아가는 것은 단지 또 다른 예배, 가령 '회개의 예배'라든지, 회개를 촉구하는 어떤 전국적인 집회라든지, 대각성집회 같은 것으로 해결되지 않는다. 벧엘 사람들이 하나님의 은혜를 구하기 위해 의도한 것은 금식이었지 않은가. 그러나 하나님께서는 그러한 금식이 실상은 자신들을 위한 것이었다고 선언하셨다. 금식으로 대표되는 종교적인 규례들, 예배라든지 기도회라든지, 이것이 하나님의 은혜를 회복하는 수단이 아니다. 아마도 많은 경우, 이제껏 우리 교회들이 행해온 예배나 기도회, 전국적인 규모의 집회에 대해서도 하나님께서 동일한 것을 말씀하시지 않을까. 그 대집회들이 정녕 나를 위하여 나를 위하여 한 것이냐, 이것이 하나님의 음성이지 않을까. 우리의 돌아감과 옛 선지자들의 말에 귀 기울임은 오직 우리와 함께 살아가는 이웃들과의 관계에서 드러난다. 세상 속에서 정의로운 그리스도인의 삶이야말로 스가랴가 우리에게 전하고 있는 대로의 회개이며 돌아감이고, 하나님 말씀에 귀 기울임이다. 이것이야말로 하나님이 모세를 통하여 주신 토라이고, 선지자들을 통하여 외치신 말씀들이다.

참고문헌

Ackroyd, P.R. 1974. "An Interpretation of the Babylonian Exile: A Study of II Kings 20, Isaiah 38-39", *SJT* 27, 329-352.

___. 1987. *Studies in the Religious Tradition of the Old Testament.* London: SCM Press.

Ådna, Jostein. 2004. "The Servant of Isaiah 53 as Triumphant and Interceding Messiah: The Reception of Isaiah 52:13-53:12 in the Targum of Isaiah with Special Attention to the Concept of the Messiah" in B. Janowski and P. Stulmacher (eds.), *The Suffering Servant: Isaiah 53 in Jewish and Christian Sources.* Grand Rapids/ Cambridge: Wm. B. Eerdmans, 189-224.

Allis, O.T. 1961. *The Unity of Isaiah: A Study in Prophecy.* P&R Publishing.

Anderson, B.W. 2000. *구약 성서 이해.* 제4개정판. 강성열, 노항규 옮김. 크리스찬다이제스트.

Auvray, P. 1972. *Isaïe 1-39.* Paris.

Baltzer, K. 2001. *Deutero-Isaiah: A Commentary on Isaiah 40-55.* Hermeneia. Minneapolis: Fortress Press.

Barton, J. 2004. *Isaiah 1-39.* T & T Clark Study Guides. Edinburgh: T & T Clark.

Ben-Sasson, H. (ed.). 1985. *A History of the Jewish People.* Harvard University Press.

Berges, U. 1998. *Das Buch Jesaja.* Herders Biblische Studien 16. Herder.

Bergsma, J.S. 2007. *The Jubilee from Leviticus to Qumran.* VTSup 115.

Leiden/Boston: Brill.

Beuken, W.A.M. 2000. *Isaiah II: Volume 2 / Isaiah 28-39*. Translated by Brian Doyle. Leuven: Peeters.

__. 2003. *Jesaja 1-12*. HThKAT. Freiburg/Basel/Wien: Herder.

Beyer, B.E. 2007. *Encountering the Book of Isaiah. A Historical and Theological Survey*. Grand Rapids: Baker Academic.

Blenkinsopp, J. 2000. *Isaiah 1-39: A New Translation with Introduction and Commentary*. The Anchor Bible 19. Doubleday.

Blomberg, C.L. 2007. "Matthew" in G.K. Beale and D.A. Carson (eds.), *Commentary on the New Testament Use of the Old Testament*. Grand Rapids: Baker Academic.

Bright, J. 1993. *이스라엘 역사*. 박문재 옮김. 1981년 제3증보판. 크리스챤 다이제스트.

Brownlee, W.H. 1964. *The Meaning of the Qumrân Scrolls for the Bible with Special Attnetion to the Book of Isaiah*. New York/Oxford: Oxford University Press.

Charlesworth, J.H. 1985. *The Old Testament Pseudepigrapha*. Volume 2. Yale University Press.

Cheyne, T.K. 1886. *The Book of the Prophet Isaiah*. 4th ed. London: Kegan Paul.

Childs, B.S. 2001. *Isaiah*. OTL. Louisville: Westminster John Knox Press.

Chilton, B.D. 1983. *The Glory of Israel: The Theology and Provenience of the Isaiah Targum*. JSOTSup 23. Shefffield.

Clements, R.E. 1980. *Isaiah 1-39*. NCB. London: Marshall, Morgan & Scott.

__. 1985. "Beyond Tradition-History: Deutero-Isaianic Development of First Isaiah's Themes", *JSOT* 31, 95-113.

Conrad, E. 2002. *이사야서 읽기*. 장세훈 옮김. 기독교문서선교회.

deSilva, D.A. 2002. *Introducing the Apocrypha: Message, Context, and Significance.* Grand Rapids: Baker Academics.

Darr, K.P. 1994. *Isaiah's Vision and the Family of God.* Louisville: Westminster John Knox Press.

Day, J. 1992. "Leviathan" in *ABD* IV:295-296.

Dillard, R. and Tremper Longman III. 1997. *최신 구약 개론*. 박철현 옮김. 크리스찬 다이제스트.

Enns, P. 2006. *성육신의 관점에서 본 성경 영감설*. 김구원 옮김. CLC.

Evans, C.A. 1988. "On the Unity and Parallel Structure of Isaiah", *VT* 38, 129-147.

__. 1989. *To See and Not Perceive: Isaiah 6.9-10 in Early Jewish and Christian Interpretation.* JSOTSup 64. JSOT Press.

Fischer, I. 1995. *Tora für Israel − Tora für die Völker. Das Konzept des Jesajabuches.* Stuttgarter Bibelstudien 164. Stuttgart: Verlag Katholisches Bibelwerk.

Gesenius, F.H.W. 1821. *Philologisch-kritischer und historischer Commentar über den Jesaia.* 2 Teile in 3; Leibzig.

Gesenius, W. 2003. *게제니우스 히브리어 문법*. 신윤수 옮김. 비블리카 아카데미아.

Ginzberg, L. 2007. *성경에 관한 전설들*. 박문재 옮김. 크리스찬 다이제스트.

Gitay, Y. 2001. "Prophetic Criticism—'What Are They Doing?': The Case Of Isaiah—A Methodological Assessment", *JSOT* 96, 101-127.

Goldingay, J. and Payne D. 2006. *A Critical and Exegetical Commentary on Isaiah 40-55.* vol.I and vol. II. ICC. London/New York: T & T Clark.

Gray, G.B. 1912. *A Critical and Exegetical Commentary on the Book of*

Isaiah I-XXVII. ICC. Edinburgh.

Hanks, T.D. 2000. *God So Loved the Third World: The Biblical Vocabulary of Oppression*. Translated by J.C. Dekker. Eugene: Wipf and Stock.

Harrison, R. 1995. *구약서론*. 2판. 류호준·박철현 옮김. 크리스찬 다이제스트.

Hengel, M. 2004. "The Effective History of Isaiah 53 in the Pre-Christian Period", in B. Janowski and P. Stulmacher (eds.), *The Suffering Servant: Isaiah 53 in Jewish and Christian Sources*. Grand Rapids/ Cambridge: Wm. B. Eerdmans, 75-146.

Hertz, J.H. (ed.). 1960. *The Pentateuch and Haftorahs*. Soncino Press.

Heschel, A. 2003. *예언자들*. 이현주 옮김. 삼인.

Houston, W.J. 2008. *Contending for Justice*. London/New York: T&T Clark.

Janowski, Bernd. 2004. "He Bore Our Sins: Isaiah 53 and the Drama of Taking Another's Place", in B. Janowski and P. Stulmacher (eds.), *The Suffering Servant: Isaiah 53 in Jewish and Christian Sources*. Grand Rapids/Cambridge: Wm. B. Eerdmans, 48-74.

Jensen, J. 1973. *The Use of tôrâ by Isaiah. His Debate with the Wisdom Tradition*. CBQMS 3. Washington, D.C.: The Catholic Biblical Association of America.

__. 1984. *Isaiah 1-39*. Old Testament Message 8. Wilmington: Michael Glazier.

Jeremias, J. "παῖς θεοῦ". *TDNT* 5:695.

Joüon, P. 1993. *A Grammar of Biblical Hebrew*. Translated and Revised by T. Muraoka. Editrice Roma: Pontificio Istituto Biblico.

Kaiser, O. 1974. *Isaiah 13-39: A Commentary*. OTL. SCM Press.

__. 1983. *Isaiah 1-12: A Commentary*. OTL. Second edition: completely rewritten. SCM Press.

Kissane, E.J. 1941. *The Book of Isaiah, Translated from a Critically Revised Hebrew Text with Commentary.* I-XXXIX. Dublin.

Kraus, H.-J. 1988. *Psalms 1-59. A Commentary.* Minneapolis: Augsburg Publishing House.

LaSor, W. et al. 1995. *구약개관.* 2판. 박철현 옮김. 크리스찬 다이제스트.

Loader, J.A. 1990. *A Tale of Two Cities.* Contributions to Biblical Exegesis and Theology 1. Kampen: J.H. Kok.

Mason, S.D. 2007. "Another Flood? Genesis 9 and Isaiah's Broken Eternal Covenant", *JSOT* 32, 177-198.

McCann, J.C. 2000. *새로운 시편 여행.* 김영일 옮김. 은성.

McNight, E.V. 1997. "독자 반응 비평" in S.L. McKenzie and S.R. Hayness. (eds.) *성서비평 방법론과 그 적용.* 김은규, 김수남 공역. 대한기독교서회, 309-344.

Melugin, R.F. & M.A. Sweeney. 1996. *New Visions of Isaiah.* JSOTSup 214. Sheffield Academic Press.

Melugin, R.F. 1976. *The Formation of Isaiah 40-55.* BZAW 141. Berlin/ New York: de Gruyter.

Meyers,C.L. and Meyers, E.M. 1987. *Haggai, Zechariah 1-8.* Anchor Bible 25B. Doubleday.

Millar, W.R. 1976. *Isaiah 24-27 and the Origin of Apocalytic.* Harvard Semitic Monographs 11; Missoula: Scholars Press.

Miller, J.M. and Hayes, J.H. 1996. *고대 이스라엘 역사.* 박문재 옮김. 크리스찬 다이제스트.

Miscall, P.D. 1993. *Isaiah.* JSOT Press.

Motyer, J.Alec. 1993. *The Prophecy of Isaiah. An Introduction & Commentary.* Downers Grove: IVP Press.

__. 1999. *Isaiah*. Tyndale Old Testament Commentaries. IVP.

Newsome Jr. J.D. 1984. *The Hebrew Prophets*. Atlanta: Westminster John Knox Press.

Nielsen, K. 1989. *There is Hope for a Tree: The Tree as Metaphor in Isaiah*. JSOTSup 65. JSOT Press.

Noth, M. 1996. *이스라엘 역사*. 박문재 옮김. 크리스찬 다이제스트.

Oswalt, J.N. 1986. *The Book of Isaiah. Chapters 1-39*. Grand Rapids: Wm.B. Eerdmans.

Powell, M.A. 1993. *서사비평이란 무엇인가?*. 이종록 옮김. 대한 예수교 장로회 총회교육부편.

Pritchard, J.B. 1969. *Ancient Near Eastern Texts Relating to the Old Testament with Supplement*. Third Edition. Princeton University Press (=*ANET*)

Rendtorff, R. 2009. *구약 정경 신학*. 하경택 옮김. 새물결플러스.

Roberts, J.J.M. 1992. "Double Entendre in First Isaiah", *CBQ* 54, 39-48.

Rosenberg, A.J. 1987. *Isaiah*. Volume one. New York: The Judaica Press.

Sawyer, J.F.A. 1984-86. *Isaiah*. 2 vols. The Daily Study Bible Series. Louisville: Westminster John Knox Press.

__. 2003. *이사야: 제5 복음서*. 김근주 옮김. 크리스찬 다이제스트.

Scullion, J.J. 1992. "Righteousness" in *ABD* V: 724-36.

Seitz, C.R. 1990. "The Divine Council: Temporal Transition and New Prophecy in the Book of Isaiah", *JBL* 109, 229-247.

__. 1991. *Zion's Final Destiny: The Development of the Book of Isaiah. A Reassessment of Isaiah 36-39*. Minneapolis: Fortress.

Skinner, J. 1915. *The Book of the Prophet Isaiah: Chapters I-XXXIX*. 2nd ed. Cambridge: Cambridge University Press.

Sweeney, M.A. 1996. *Isaiah 1-39 with an Introduction to Prophetic*

Literature. FOTL 16. Grand Rapids: Wm B. Eerdmans.

___. 2005. *The Prophetic Literature*. IBT. Abingdon Press: Nashville.

Troxel, R.L. 1992. "ΕΣΧΑΤΟΣ and Eschatology in LXX-Isaiah", *BIOSCS* 25, 18-27.

von Rad, G. 1972. *The Message of the Prophets*. New York: Harper & Row.

Watts, J.D. 1985-87. *Isaiah 1-33, 34-66*. WBC 24-25. Waco: Word Books.

Watts, R.E. 2007. "Mark", in G.K. Beale and D.A. Carson (eds.), *Commentary of the New Testament Use of the Old Testament*. Grand Rapids: Baker Academics.

Weinfeld, M. 1983. "Zion and Jerusalem as Religious and Political Capital: Ideology and Utopia" in R.E. Friedman (ed.), *The Poet and the Historian: Essays in Literary and Historical Biblical Criticism*. HSS 26. Chico, 75-115.

___. 1995. *Social Justice in Ancient Israel and in the Ancient Near East* (Jerusalem: Magnes Press.

Westermann, C. 1969. *Isaiah 40-66: A Commentary*. OTL. SCM Press.

Whybray, R.N. 1975. *Isaiah 40-66*. NBC. Grand Rapids.

Wildberger, H. 1991-2002. *Isaiah 1-12, 13-27, 28-39*. 3 vols. Translated by T.H. Trapp. Continental Commentaries. Minneapolis.

Williamson, H.G.M. 1994. *The Book Called Isaiah*. Oxford: Clarendon Press.

___. 2006. *Isaiah 1-5*. vol.1 of A Critical and Exegetical Commentary on Isaiah 1-27. ICC. T & T Clark.

Wood, L. 1985. *이스라엘 역사*. 김의원 옮김. 기독교문서선교회.

Wright, N.T. 2009. *마침내 드러난 하나님 나라*. 양혜원 옮김. IVP.

Young, E.J. 1965. *The Book of Isaiah*. Vol. 1/Chapters 1-18. Grand Rapids: Wm.B. Eerdmans.

__. 1993. *구약 총론*. 홍반식/오병세 옮김. 개혁주의 신행 협회.

김근주. 2007a. "츠다카와 미슈파트". *복음과 상황* 196, 50-53.

__. 2007b. "현재를 위한 번역: 칠십인경 이사야 27장 12-13절", *깊은 말씀 맑은 가르침*. 청훈 강사문교수 정년퇴임 기념논문집 발간 위원회 편; 땅에 쓰신 글씨.

김회권. 2006. *성서주석: 이사야 I*. 대한기독교서회 창립 100주년 기념 주석. 대한기독교서회.

왕대일. 1994. *묵시문학연구*. 대한기독교서회.

장세훈. 2004. *한 권으로 읽는 이사야서*. 이레서원.

■ 저자 소개 ■

웨스트민스터신학대학원대학교 구약학 교수.

서울대 경제학과(B.A.)를 졸업하고, 장로회신학대학교에서 목회학석사 과정(M.Div.)을 마치고 호세아 11장을 주제로 구약석사 과정(Th.M.)을 마쳤다. 영국 옥스포드 대학교에서 칠십인경 이사야서의 신학에 대한 연구로 박사학위(Doctor of Philosophy)를 취득하였다. 역서로는 *이사야서: 제5 복음서*(크리스찬다이제스트)가 있으며, 칠십인경에 대한 여러 논문들을 썼다. 공평과 정의, 희년법에 깊은 관심을 가지고 성토모(성경적 토지정의를 위한 모임)의 자문위원으로 있으며, 현재 서울 도곡동의 푸른뜻교회를 섬기고 있다.

이사야가 본 환상

2010. 2. 10. 초판 1쇄 발행

지은이	김 근 주
발행인	이 두 경
발행처	비블리카 아카데미아
등록	1997년 8월 8일, 제10-1477호
주소	서울시 광진구 광장동 114번지
전화	(02) 456-3123
팩스	(02) 456-3174
홈페이지	www.biblica.net
전자우편	biblica@biblica.net
총판	기독교출판유통
전화	(031) 906-9192~4

값은 표지에 기재되어 있음

ISBN 978-89-88015-21-6 93230